上海国际经济贸易仲裁委员会
Shanghai International Economic and Trade Arbitration Commission
上海国际仲裁中心
Shanghai International Arbitration Center

上海国际仲裁评论

（2018年卷）

SHANGHAI INTERNATIONAL ARBITRATION REVIEW

主办

上海国际经济贸易仲裁委员会

（上海国际仲裁中心）

Sponsored by Shanghai International Economic and Trade Arbitration Commission
(Shanghai International Arbitration Center)

法律出版社
LAW PRESS · CHINA

卷首语

进入21世纪以来，经济全球化和信息科技革命迅速发展。根据联合国贸易和发展会议报告，2017年全球FDI流量约为1.8万亿美元，2018年预计将增至1.85万亿美元。良好、安全的商业环境离不开法治的保障，而公正高效的争议解决机制是法治社会最为重要的一环。仲裁作为一种与诉讼并行的民商事纠纷争议解决方式，有着悠久的历史，其发端于古希腊和古罗马时代，发展于欧洲的中世纪。当前，国际仲裁已经成为解决国际争议、消除投资和贸易障碍、维护国际法治秩序的重要途径。

放眼国际，在联合国国际贸易法委员会（以下简称联合国贸法会）的推动下，1958年《承认和执行外国仲裁裁决的公约》（以下简称《纽约公约》）已有157个成员方，是迄今为止最为成功的国际公约之一，为国际商事仲裁裁决在世界范围内的承认和执行提供了极大的便利。1976年联合国贸法会《仲裁规则》和1985年联合国《国际商事仲裁示范法》的制定及其近年来的修订，不仅为国际商事仲裁制度的发展探索出成功的经验，而且已经对各国的仲裁立法产生并将持续产生广泛而深远的影响。

聚焦国内，中国的商事仲裁制度经历了跨越式的发展，取得了巨大的突破和成就。中国于1986年批准加入《纽约公约》，于1992年批准加入《华盛顿公约》，与33个国家缔结了民商事或含民商事内容的司法协助条约，与130多个国家缔结了双边投资保护协定。这些国际条约为国际仲裁裁决在中国的承认和执行提供了坚实的法律依据。另外，中国相继颁布了仲裁法、民事诉讼法、涉外民事法律关系适用法等法律并配套出台了相应司法解释，明确了仲裁协议、仲裁程序和仲裁裁决的效力，并且严格限定司法对仲裁的监督权限。此外，最高人民法院出台的其他相关司法解释、指导意见、司法复函等与上述法律共同建构了完整的、具有中国特色的现代商事仲裁法律制度基本体系。目前,商事仲裁已成为中国法治社会的重要基石和推进、实施国家各项法治战略保障的重要内容。

作为国际化、现代化、法治化投资"软环境"的重要内容,商事仲裁在上海的发展得到了充分的重视和关注。2015年,国务院发布《关于印发进一步深化中国(上海)自由贸易试验区改革开放方案的通知》,明确要求上海加快打造面向全球的亚太仲裁中心;2016年,上海市人民政府发布《"十三五"时期上海国际贸易中心建设规划》,提出建设亚太国际仲裁中心的任务;2017年,上海市发布《上海服务国家"一带一路"建设发挥桥头堡作用行动方案》,进一步明确提出建设"一带一路"国际仲裁中心的要求。在此背景下,上海的商事仲裁事业得到了迅速的发展。目前,上海是中外仲裁机构数量最多的中国内地城市,已初步具备了国际商事中心城市的硬性条件。

诚然,除硬件之外,国际仲裁中心的建设也不能离开仲裁理论与实践研究的深厚沃土。事实上,纵观中外商事仲裁法律制度的发展历史,无不凝结着仲裁法律工作者和仲裁法学研究者的心血和智慧。作为中国最早开展涉外商事仲裁法律服务的仲裁机构之一,上海国际经济贸易仲裁委员会(上海国际仲裁中心)深深感受到仲裁理论知识和仲裁法律文化的传播对于仲裁法律制度建设所起到的重要作用。自1988年设立以来,上海国际仲裁中心一贯致力于国际商事仲裁法律制度和实务理论的研究,积极参加相关立法和司法解释的制定工作,并于2014年颁布实施了国内首部自由贸易试验区仲裁规则;上海国际仲裁中心设立了上海国际商事仲裁研究中心,并依托下设的上海国际航空仲裁院、金砖国家争议解决上海中心、中非联合仲裁上海中心及中国(上海)自由贸易试验区仲裁院等工作平台,与中外专业机构开展广泛的交流合作,编译中外仲裁资讯报告,撰写相关课题研究报告;此外,上海国际仲裁中心还组织在册仲裁员成立了7个仲裁业务研究会,定期开展"仲裁业务沙龙"和国际仲裁研讨会等活动。这些都为上海国际仲裁法律制度的建设和发展打下了坚实的基础,注入了强劲的活力。

时逢中国商事仲裁发展的新历史时期,承蒙法律出版社与中外仲裁理论界、实务界各位朋友的大力支持,《上海国际仲裁评论》得以正式出版。《上海国际仲裁评论》愿成为中外仲裁界同仁的交流平台，进一步推动业界对国际仲裁的中国问题进行关注、探讨，致力于为广大仲裁使用者提供专业的国际仲裁实务精要，为仲裁研究者提供前沿的国际仲裁智识，并借助国内外仲裁界专业人士以观察员和评论员的视角为中国仲裁的理论发展与制度创新提供智力支持。

诚如所有法学研究不可能一蹴而就，《上海国际仲裁评论》犹如法律浩瀚海洋中的一盏灯，虽然微弱却能照亮一方。希冀通过我们的努力，《上海国际仲裁评论》能够成为仲裁法律研究者、仲裁法律使用者、仲裁服务提供者的指引，助力上海建设面向全球的亚太仲裁中心及“一带一路”国际仲裁中心，推动中国特色社会之法治的完善。《上海国际仲裁评论》决意为之而努力。

编委会主任　杨建荣

目 录

【争议解决实务】

【域外撷英】

调研报告

上海构建国际仲裁中心路径研究*

上海国际经济贸易仲裁委员会课题组

【内容摘要】 在经济全球化背景下，仲裁作为一种具有特殊法律属性的争议解决机制，对于一国从国际经贸竞争中获益，从而促进本国经济发展具有重要作用。随着商事仲裁法律制度的重要性逐渐体现，仲裁地的法律意义和经济意义也逐渐凸显，国际仲裁地的竞争引入了“国际仲裁中心”的概念。国务院在2015年4月8日批准并印发的《进一步深化中国(上海)自由贸易试验区改革开放方案》中明确要求上海加快打造面向全球的亚太仲裁中心，上海市人民政府2016年发布的《“十三五”时期上海国际贸易中心建设规划》的通知中亦明确打造亚太国际商事争议解决中心，加大对上海商事仲裁、调解机构的培育，提升其专业服务能力和国际影响力，吸引和集聚国际知名商事争议解决机构，构建面向国际的商事争议解决平台。因此，建设国际仲裁中心、树立中国仲裁品牌也成为上海市为国家战略顺利实施而须承担的任务。

【关键词】 国际仲裁　仲裁地　上海　争议解决

一、全球化与国际商事仲裁发展

过去的几十年见证了现代国际秩序在世界各国经济日益相互依赖的全球

---

* 本文系上海市法学会2016年重大课题“上海构建国际仲裁中心路径研究”调研报告的最终成果。考虑到文章篇幅，本文在原调研报告的基础上略有删减，特此说明。

化浪潮中所表现出的重大调整。其中,随着经济全球化出现的是国际商贸的发展和国际合同数量的递增,相应地,有待解决的复杂的国际商事纠纷也不断递增。因此,是否拥有一套得以适应经济全球化下国际商事交易特点的争议解决机制,已成为影响一国是否可以通过参与国际经贸合作以谋求经济发展的重要因素。

(一)作为一种法治形式的国际仲裁

在经济全球化背景下,各国普遍把仲裁作为解决国际商贸纠纷的重要方式,而且从趋势看,国际仲裁正向解决非商贸纠纷领域扩展。有评论者认为,随着经济全球化而日益增多的商事纠纷正是国际商事仲裁的用武之地。在当今全球化的世界里,传统的以法院诉讼为代表的纠纷解决方式难以胜任解决从大量的国际商事合同中产生的复杂纠纷。这是因为在性质上,传统的法院管辖依然在很大程度上被限定于民族国家范围之内,法官在地方性的文化背景下工作,适用在此环境中被接受的程序性规则;而国际商人则拥有不用的文化背景,怀有对法律以及程序的不同期望。① 更为重要的是,仲裁作为一种法律制度,其本身所蕴含的以下内在属性也是使其在经济全球化进程中得以迅速发展的原因:第一,仲裁的中立性;第二,争议解决的集中化;第三,仲裁协议及仲裁裁决的可执行性;第四,仲裁裁决的终局性;第五,尊重当事人意思自治及程序灵活;第六,高效便捷与成本可控;第七,非公开审理原则。② 而其中的中立性原则及可执行性原则更被视为仲裁作为一种国际纠纷解决机制,最具生命力的两项属性。③ 仲裁与法院判决不同,仲裁是当事人自主协商解决纠纷,可以减轻一国司法负担,减少公共开支;国际经贸领域的纠纷不仅涉及法律知识,还都涉及较强的专业知识,仲裁解决这些纠纷比司法更具优势,因为仲裁员都是相关领域的专家;仲裁的整个过程是在协商中进行,可以充分体现当事人的意思自治,更利于执行,一般不会再发生争议。而且仲裁的程序也比较简单、便捷,一裁终局,节省时间,效率高,可以减轻企业解决纠纷的成本和负担。

---

① [比]Bernard Hanotiau:《经济全球化背景下的国际仲裁——未来的挑战》,傅攀峰译,宋连斌校,载广州仲裁委员会主办:《仲裁研究》(第 32 辑),法律出版社 2013 年版,第 55 页。

② Gary Born, *International Arbitration: Law and Practice*, Kluwer Law International, 2012, p. 26.

③ Nigel Blackaby et al., *Redfern and Hunter On International Arbitration*, Sixth Edition, Oxford University Press, 2015, p. 15.

可以说,商事仲裁业的发展既有助于仲裁业自身经济收益的提升,也有助于城市经济健康持续发展。仲裁业的发展能够改善社会贸易投资软环境,维护市场秩序,促进市场信用体系的完善,进而保障市场经济健康发展。经济的健康发展会提供更多的就业机会,为各行各业的发展提供优质土壤,又会吸引更多的人力、物力、资源汇聚,包括与仲裁相关的人才、社会组织,这些要素若进一步融入城市的建设中,能够使城市经济建设进入良性循环,从而促进经济持续发展。

(二)国际商事仲裁与"仲裁地"

在选择仲裁作为国际商事争议解决机制时,采用何种仲裁形式(form)及在何处进行仲裁(venue)往往是至关重要的。仲裁形式的选择涉及采用临时仲裁还是机构仲裁,而在何处仲裁的选择则涉及仲裁地的确定。尽管这是两个相对独立的问题,但在实践中经常会交织在一起,特别是在当事人选择临时仲裁形式时,仲裁地的选取就显得更为重要。[①] 在国际商事仲裁的理论和实践中,"仲裁地"一词可以从地理意义和法律意义两方面来理解。在地理意义上,仲裁地是指仲裁程序实际发生的地点。而在法律意义上,仲裁地是仲裁与特定的法律制度之间建立联系的地点。现代交通、通信技术飞速发展的条件下,某一仲裁案件的不同程序可能依次在不同国家进行,此时法律意义上的仲裁地与地理意义上的仲裁地开始出现不一致。当人们说伦敦、巴黎或日内瓦是仲裁地时,其不仅仅是指向一个地理位置,毋宁是该仲裁应在英国、法国或瑞士仲裁法的框架内进行,或用英语术语表示依据有关国家的程序法进行。概言之,现代国际商事仲裁法上的仲裁地已经不是传统意义上的"仲裁程序进行地",其选择会影响到国际商事仲裁的很多方面。譬如,仲裁协议效力及仲裁程序准据法的确定、仲裁员的选任、实体准据法的适用及仲裁裁决的承认和执行等。

另外,仲裁业的发展离不开人才和制度上的比较优势。仲裁业本身也是发展高端服务业的重要方面,也是衡量一国投资环境的重要指标。民商事纠纷往往涉及特殊知识领域,解决起来会遇到许多法律、商贸和其他技术性问题,所以仲裁服务是典型的知识和人才密集型高端服务业。发达的仲裁业不仅能产生良好的经济效益,成为支柱性产业,还能够带动律师、公证、咨询、旅游等相关产

① *Choice of Venue in Intern Ational Arbitration*, Edited by Michael Ostrove, Claudiat Salomon and Bette Shifman, Oxford University Press, 2014, Foreword.

业的发展。其发展除极大地有利于仲裁地的律师业发展外,也能为相关行业如翻译、酒店业等带来可观的收入。① 据研究显示,在 10 年前,伦敦一年能处理的国际仲裁业务所涉及的金额就达到400 亿到 500 亿英镑,而伦敦包括国际仲裁服务在内的法律服务所带来的收益也达到 150 亿英镑,相当于英国本地生产总值的 1.5% 。② 另据英国《金融时报》报道,2008 年国际金融危机以来,各国金融机构、企业和政府为解决与华尔街金融机构的金融衍生品争议,就向美国的仲裁和司法系统支付了高达 1000 多亿美元的费用,其中 2013 年占一半以上。高水平的仲裁服务业也将为一个国家发展全球性金融、商务、物流、贸易中心提供有力的保障。世界银行集团 2010 年发布的《跨境投资报告》,明确把仲裁作为评价各国和地区投资环境的一项重要内容。

基于上述分析,发展仲裁对于仲裁地的经济环境有深远的溢出效应。③ 由于仲裁是法律服务的重要组成部分,良好和完善的仲裁服务对提升仲裁地的营商环境和城市竞争力具有重要作用,故仲裁地的吸引力提升后,也会促进当地法律服务业的繁荣发展和法治环境的优化,在增加相应的政府财税收入的同时,促使当地经济发展。④

二、从"仲裁地"到"国际仲裁中心"

正是基于仲裁地的上述重要意义,在国际商事仲裁迅速发展的时代背景下,世界各国政府及仲裁机构开始倾力打造成得以成为当事人首选的国际商事仲裁地,随之而来的即是"国际仲裁中心"概念的形成。那么就仲裁当事人而言,其在拟定仲裁条款时,会基于何种因素来选择适当的仲裁地呢? 这涉及一个理想的国际商事仲裁地应当具备何种要素的问题。根据上述分析,法治环境、商事文化、地理位置、基础设施以及国际化程度等因素都会成为当事人在选择仲裁地时的考量因素。

---

① 向阳:《最受欢迎国际商事仲裁地之析》,载北京仲裁委员会/北京国际仲裁中心主办:《北京仲裁》(第 70 辑),中国法制出版社 2009 年版,第 65 页。

② Richard Fernyhough, *A World of Choice*: *The Competition for International Arbitration Work*, Keating Chambers, London, 2007.

③ 国务院研究室:《加快发展仲裁服务业的建议》,载《决策参考》2014 年 5 月 13 日。

④ *International Arbitration & Global Governance*, Edited by Walter Mattli and Thomas Dietz, Oxford University Press, p. 9.

（一）理想的国际仲裁地

2015 年，伦敦玛丽女王大学国际仲裁学院（School of International Arbitration at Queen Mary University of London，QMUL）与美国伟凯律师事务所（White & Case LLP）联合作出《2015 年国际仲裁调查报告：国际仲裁的改进与创新》（以下简称《2015 国际仲裁调查报告》）。① 作为该两所机构第六次作出的关于国际仲裁的实证调查报告，②《2015 国际仲裁调查报告》通过调研包括律师、公司法务、仲裁员、法官、政府官员、学者和仲裁机构工作人员，归纳总价了受访者在选择仲裁地时首要考虑的相关因素；同样在 2015 年，英国特许仲裁员协会（Chartered Institute of Arbitrators）发布了旨在促进国际仲裁地建设的关于高效、安全的国际仲裁地应具备何种要素的指导意见并列举了 10 项基本原则（Principles）（以下简称“10 原则”）。

1. 受青睐的仲裁地和有进步的仲裁地

《2015 国际仲裁调查报告》显示，调查者首先询问受访者关于最受青睐的也是被使用次数最多的仲裁地依次是：伦敦、巴黎、我国香港特别行政区、新加坡和日内瓦。受访者认为，选择仲裁地首要考虑的因素是仲裁地的声誉和认可度。受访者偏爱某一特定仲裁地的主要依据是他们对该仲裁地业已建成的、正式的、法律基础设施的评价，其中包括如下要素：法律制度的中立性和公正性；该国家的仲裁法律；及该国执行仲裁协议和仲裁裁决的历史记录。

此外，受访者还认为进步最大的仲裁地（过去五年中）是新加坡，其次是中国香港。受访者认为，以下几个方面的要素最能影响其判断某一仲裁地是否发展进步：是否有更先进的庭审设施；是否可以找到更多熟悉仲裁地法律制度的专家；是否具有更优秀的本地仲裁机构及本地仲裁法是否得到了更多的改进。

值得一提的是，《2015 国际仲裁调查报告》还显示，受青睐的仲裁地和有进步的仲裁地与受青睐的仲裁机构和有进步的仲裁机构的总部坐落地也基本吻合。报告显示最受青睐的五家仲裁机构是：国际商会国际仲裁院（ICC）、伦敦国际仲裁中心（LCIA）、香港国际仲裁中心（HKIAC）、新加坡国际仲裁中心

---

① 载 http://www.arbitration.qmul.ac.uk/research/2015/，最后访问日期：2016 年 10 月 1 日。

② 该数据统计至调研报告作出之日。截至本文刊登之日，伦敦玛丽女王大学国际仲裁学院与伟凯律师事务所已于 2018 年联合推出了其第七份国际商事仲裁调查报告。——编者注

(SIAC)和斯德哥尔摩商会仲裁院(SCC),进步最大的仲裁机构(过去五年中)则是 HKIAC,然后是 SIAC、ICC 和 LCIA。受访者偏爱某一特定仲裁机构的主要依据是他们对该仲裁机构管理水平和国际主义水平的评估。声誉和认可度对于仲裁机构的商业吸引力至关重要。受访者将依据仲裁机构的声誉和他们之前在该机构的体验来选择仲裁机构。

2. 特许仲裁员协会 2015 年"10 原则"

特许仲裁员协会表示,其发布的指导意见旨在为评判某地是否有条件成为国际仲裁地提供"试金石",同时也为一些尚在发展国际仲裁业务的法域提供建设国际仲裁地的参考标准。特许仲裁员协会发布的有关理想仲裁地的"10 原则"包括:

(1)仲裁法律:理想的仲裁地应当拥有一部清晰、有效且现代化的仲裁法,通过提供足以体现公平正义的法律制度设计,来保障当事人通过仲裁解决纠纷的意愿得到尊重和实现。

(2)法官和司法系统:理想的仲裁地应当拥有一批谙熟仲裁制度的法官和独立的司法系统,通过司法保障当事人在适用仲裁程序中的意思自治。

(3)专业人士:理想的仲裁地应当拥有一支强大的仲裁从业者队伍,以保障当事人在寻找专业人士为其代理仲裁案件、通过仲裁解决纠纷时得以拥有充分的选择。

(4)培训、教育体系:理想的仲裁地应当拥有一套成熟的仲裁专业人士培养和教育的体系,进而营造一个理解仲裁、尊重仲裁、热爱仲裁的法律环境。

(5)代理制度:理想的仲裁地应当拥有一个开放的仲裁案件代理制度,以保障仲裁当事人有权委托其期望的代理人参与仲裁,无论当事人本身处于仲裁地内还是仲裁地以外。

(6)便利和安全:理想的仲裁地应当交通便利,便于国际当事人的往来;同时还应当拥有一个稳定、安全的法治环境。

(7)基础设施:理想的仲裁地应当具备一系列完善、现代化的基础设施和硬件设施,足以为大型国际仲裁案件的开庭审理、国际仲裁会议的召开等仲裁服务提供硬件支持。

(8)职业伦理:理想的仲裁地应当有一套尊重法律及文化多元化的仲裁规范及伦理,以保障仲裁员和仲裁案件代理人在仲裁程序中得以公正行事。

(9)可执行性:理想的仲裁地应当充分尊重国际条约,允许外国仲裁协议、仲裁裁决甚至仲裁庭决定、命令等在本地得到顺利执行。

(10)免责:理想的仲裁地还应当拥有一套适度的仲裁员免责制度。

(二)国际仲裁中心的基本特征

从目前情况来看,很多国家都已认识到仲裁服务业的重要价值,都在努力建设本国的国际仲裁中心。依据上述分析,本文认为国际仲裁中心所具有的基本特征应当包括七个方面的特征:完善的仲裁法律制度;谙熟仲裁制度的法官群体;优秀的仲裁机构;强大的仲裁从业者队伍;成熟的仲裁员培训体系;友好的仲裁城市环境;地理优势。

1. 完善的仲裁法律制度

仲裁作为争议解决方式之一,其在某座城市被广泛采用的基础条件之一是该地法律制度十分完善。这里的法律制度既包括仲裁法等程序法律制度,也包括合同法、公司法、贸易法等实体法律制度。国际仲裁中心城市法律制度是否完善,应当以该城市的所在国或所在地的法律制度情况为评判标准。

首先,国际仲裁中心的所在国(地)必然是《承认和执行外国仲裁裁决公约》(以下简称《纽约公约》)的缔约方,目前还没有非《纽约公约》缔约方可称为国际仲裁中心;[①]其次,国际仲裁中心所在国(地)也必然拥有与时俱进的、体现国际仲裁实践潮流的仲裁法。于 1985 年 6 月 21 日起施行并于 2006 年修订的联合国国际贸易法委员会《示范法》为各个仲裁机构的发展提供了基础,同时它也为此后制定的几乎所有的仲裁法律规范提供了有益借鉴。[②]

---

① 迪拜是一个值得参考的案例。多年来,在迪拜商业与工业委员会的支持下,迪拜的国内仲裁发展良好。但在建成迪拜国际仲裁中心的过程中,因阿拉伯联合酋长国拒绝加入《纽约公约》而面临障碍。自 2006 年迪拜加入阿拉伯联合酋长国起,迪拜在建成海湾地区国际仲裁中心上取得了巨大的成就。2010 年,向迪拜国际仲裁中心提出的仲裁申请超过 430 件,而同一年度向新加坡或伦敦提出的仲裁申请则只有 200 件。关于《纽约公约》对于其缔约国经济发展的影响,参见 Philip J. McConnaughay, *The Potential of Private Commercial Arbitration for Facilitating Economic Growth in Less Developed Countries*, ICCA 2016 会议论文;Shen Wei, *Rethinking the New York Convention: A Law and Economics Approach*, Intersentia Ltd., 2013。

② 需要说明的是,英格兰和威尔士的 1996 年《仲裁法》独树一帜(但苏格兰的仲裁法却是以联合国国际贸易法委员会《示范法》为基础而制定);在美国,只有少数州采用了联合国国际贸易法委员会《示范法》,《联邦仲裁法案》依然是联邦层面的主要仲裁法律规范。在亚洲,除中国和印度外,采用联合国国际贸易法委员会《示范法》的国家不胜枚举。

2. 谙熟仲裁制度的法官群体

由于仲裁法律必须由该国法官依据国际仲裁一般原则进行合理适用。从这个意义上来说,法官应当对仲裁制度持友好态度。首先,法官不应将仲裁视为法院的敌人,仲裁是合法的争议解决替代机制;仲裁是与一国法院并行不悖的司法系统组成部分;其次,司法介入仲裁的唯一目的是协助仲裁庭审理案件,不是掠夺仲裁庭的管辖权,除非根据仲裁协议或其他有效法律文件的真实内容,仲裁庭没有管辖权;最后,法院不应对仲裁裁决进行二次审查。法院撤销仲裁裁决的基础应限于技术性原因、管辖权问题或其他违反程序正义的事项。

3. 优秀的仲裁机构

从理论上来讲,仲裁可以以临时仲裁的形式开展,即不由仲裁机构管理仲裁案件。但主流仲裁机构均位于国际仲裁中心内。根据上述《2015 国际仲裁调查报告》,几大国际仲裁中心城市均设有常设仲裁机构,且该等机构均在国际仲裁领域具有极高的地位。① 优秀的仲裁机构不仅能在案件管理、服务当事人等各个方面提供一流的用户保障,更能引领国际仲裁事业的发展,将自身的经验和理念推广至域外乃至全世界。

4. 强大的仲裁从业者队伍

专业性是国际商事仲裁的内生优势,国际仲裁中心城市必然是专业人才的集聚地,无一例外地蕴育着强大的仲裁从业者队伍,如伦敦、巴黎及纽约。一流的国际仲裁中心不仅需要大量符合资质的本地仲裁从业者,还要具备充足的可以被任命为仲裁员的仲裁从业者。他们可以在国际仲裁中心提起仲裁或审理仲裁案件。更重要的是,这些从业者在仲裁案件中能够妥善处理向法院提出的救济,如管辖权异议、临时救济措施、仲裁庭回避及撤销仲裁裁决申请等。

此外,为发挥国际商事仲裁机制的功能,不仅需要专业的仲裁法律工作者,

---

① 例如,成立于 1923 年巴黎国际商会仲裁院是国际商事仲裁领域中最具影响力的常设仲裁机构,其仲裁的一个主要特点是可以在世界任何一个地方进行仲裁程序,其秘书处工作人员来自不同国家,能够使用多种语言进行工作;伦敦国际仲裁院的组织机构源自 1892 年成立的伦敦仲裁会,后经与女王特许仲裁员协会合并,改名为伦敦国际仲裁院,是国际上最早成立的常设仲裁机构,在国际上享有很高的声誉,特别是国际海事纠纷案件,大多提交伦敦国际仲裁院仲裁;而新加坡国际仲裁中心和香港国际仲裁中心是亚洲仲裁圈最负盛名的两家国际仲裁机构。除制定有先进的仲裁规则以外,新加坡国际仲裁中心和香港国际仲裁中心均具有管理联合国贸易法委员会仲裁规则的丰富经验,且在使用中英双语管理案件方面,居亚洲领先地位。

还需要相关行业的专业人员,如鉴定人员、翻译人员,以及一大批商事领域从业人员的深度参与。在人口集聚与经济繁荣正相关的背景下,某座城市在某行业具有一定地位时,该座城市必然在该行业的仲裁业务中具有突出地位。比如,英国伦敦是国际海运业的重镇,拥有世界上最大的船运公司、最富活力的港口操作人员以及最全面的海事服务公司,由此带来了大量的海事商事仲裁案件,使伦敦一直保有全球海事仲裁中心的地位。因此,一座城市是否具有突出的经济地位或行业优势,直接决定相关专业人才会否在该城市集聚,也就决定着该城市能否成为国际仲裁中心城市。

5. 成熟的仲裁员培训体系

大多数国际仲裁中心还为仲裁从业者提供培训,无论是新晋的还是资深的,其中最为人熟知的当属英国特许仲裁员协会及其分支。而更最实际的问题的是对法官的培训,这对于成熟的国际仲裁中心而言并不是问题。法官们明确他们的定位,并且有丰富的判例以及明确的原则可以遵循。在仲裁实践比较少的国家,法官们经常产生误解,从而使他们所在的仲裁中心并不引人注目。有些国家的国际法庭还因仲裁决定招来恶评,其中有泰国、马来西亚、菲律宾以及孟加拉国。

以新加坡为例,新加坡国际仲裁中心曾为退休法官组织专项课程,传授仲裁的原则及仲裁实践,使退休法官们充分理解仲裁与诉讼这两种截然不同的争议解决方式的区别。这也是使其他法官成为更合格的、为人接受的国际仲裁员的必不可少的条件。

6. 友好的仲裁城市环境

一个国际仲裁中心的建立离不开政府的支持。政府应当给予具有吸引力的资金和其他各方面的支持国际仲裁中心的建立,对于来自外国无论是仲裁员还是律师的仲裁实务工作者应当给予移民和工作签的便利。另外,仲裁中心应当坐落于有利于工作顺利开展的地方。举例来说,如果没有一个专门的仲裁中心也应当有一个合适的庭审场所(至少应当在拥有足够庭审室和休息室的酒店进行)。除此之外,应当具有好的对外以及对内的交流,足够的力量支持,好的酒店和餐厅,良好的治安,优秀的翻译人员、书记员和优质的空气质量。一个管理有序的仲裁庭审中心和一个受欢迎的仲裁地城市有很大的不同。以新加坡的经验来说,在麦斯威尔仲裁大厦(Maxwell Chambers)建立后受理的案件数量有显著的提升。

当然国际仲裁中心城市的构建,不仅需要来自政府的财政税收支持,更需要政府以开放的态度,为仲裁机构营造相互竞争、相互借鉴、共同发展的有利条件。就这个角度而言,国际仲裁中心城市天然地拒绝仲裁服务市场的本地垄断。来自政府方面的各项政策支持,尤其是放开本国/本地仲裁市场使本地仲裁机构有机会在与国际同行的竞争中实现自我提升,是国际仲裁中心城市确立的重要基石。

7. 地理优势

地理区位优势在国际仲裁中心的评价体系中具有不容忽视的地位。原因在于,国际商事仲裁机制追求争议解决服务的便利性。若某一城市在地理区位上毫无优势可言,则当事人自然不会选择到该城市进行仲裁。以香港为例,香港地理位置方便,具备完善的基建、优良的通信和运输网络,以及一流的住宿设施,方便仲裁员和来自世界各地的投资者以高效率和符合成本效益的方式处理业务。香港亦拥有领先的机场服务以及国际航线网络,香港内部的城市交通也十分发达。因此,在虚拟庭审未成为国际商事仲裁实践的主流做法之前,某座城市是否拥有便于当事人出行的地理区位优势,将决定其在国际仲裁领域受到多大程度的关注和欢迎。

三、上海建设国际仲裁中心的资源及优势

商事仲裁是商事主体为解决商事纠纷而自愿选择的一种解决解决方式,体现出了商事主体的高度意思自治,因此,从一定程度上可以认为,商事仲裁服务的繁荣反映了意思自治、规则意识、法治精神的高度发达。反过来一样成立,良好的法治环境一定是商事仲裁得以生存、发展的基础。以此为起点,以下主要从司法环境、人才集聚、仲裁机构等几方面来分析上海建设国际仲裁中心的资源及优势。

(一)司法环境

1. 自贸区仲裁司法审查意见

2014 年,上海国际经济贸易仲裁委员会(又名“上海国际仲裁中心”,以下简称上海国仲)抓住了中国(上海)自由贸易试验区设立与“可复制、可推广”潮流带来的历史机遇,发布了《上海国际经济贸易仲裁委员会(上海国际仲裁中

心）中国（上海）自由贸易试验区仲裁规则》（以下简称《自贸区仲裁规则》）。该仲裁规则在中国仲裁法律的框架内，结合自贸区法制环境建设的特点，最大限度地借鉴吸收了国际商事仲裁的先进理念与制度，如采取了开放名册制、完善了仲裁临时措施制度，引入了紧急仲裁员（庭）制度、友好仲裁制度，全面与国际商事仲裁的发展潮流接轨，《自贸区仲裁规则》发布后获得了国内外各方人士的赞赏与好评，毫无疑问，《自贸区仲裁规则》的施行对提高中国商事仲裁的国际化、专业化水平，对提高上海及中国在国际商事仲裁中的地位与影响力起到了显著作用。然而，司法机关在对适用《自贸区仲裁规则》商事仲裁案件进行仲裁司法审查时，对《自贸区仲裁规则》中的创新性规则如果不给予充分的认可与支持，则《自贸区仲裁规则》的国际性、先进性就无法得到发挥。

作为上海国仲仲裁案件的司法审查管辖法院，上海市第二中级人民法院在2014年5月1日《自贸区仲裁规则》施行后，立即于2014年5月3日颁布了《关于适用〈中国（上海）自由贸易试验区仲裁规则〉仲裁案件司法审查和执行的若干意见》（以下简称《若干意见》），为《自贸区仲裁规则》的实施提供了强有力的保障。《若干意见》共20条，详细规定了上海第二中级人民法院对适用《自贸区仲裁规则》仲裁案件的司法审查和执行细则，适用于当事人提出的申请仲裁保全、申请确认仲裁协议效力、申请撤销仲裁裁决、申请执行仲裁裁决及申请不予执行仲裁裁决等各类型的司法审查和执行案件。《若干意见》建立了专项联动工作机制，畅通业务对接渠道，确保相关案件得到公正、便捷、高效的审理与执行；对《自贸区仲裁规则》涉及的各项制度创新，从司法审查和执行的角度均提出了积极的回应性意见。

为进一步说明和阐释《若干意见》的目的、内容和意义，促进《若干意见》的严格执行和顺利实施，为相关企业和个人准确理解和适用《若干意见》提供参考，并保障《自贸区仲裁规则》的顺利实施。上海市第二中级人民法院于2014年7月17日又颁布了《上海市第二中级人民法院关于适用〈中国（上海）自由贸易试验区仲裁规则〉仲裁案件司法审查和执行的若干意见》解读。为了确保《若干意见》及时让企业及社会公众知晓、理解并在实践中得到贯彻执行，上海市第二中级人民法院与制定《自贸区仲裁规则》的上海国际仲裁中心还于2014年7月17日共同举办了《自贸区仲裁规则》《关于适用〈中国（上海）自由贸易试验区仲裁规则〉仲裁案件司法审查和执行的若干意见》解读咨询会，向自贸区企业发放《自贸区仲裁规则》和《若干意见》及其解读资料,并现场解答自贸区企业代表的法律咨询。

2. 仲裁司法审查白皮书

上海市高级人民法院于 2013 年发布了上海法院《申请撤销仲裁裁决案件司法审查白皮书》(以下简称白皮书),白皮书通过对 2011 年、2012 年上海法院审理的申请撤销仲裁裁决案件梳理总结,通报仲裁司法审查领域的主要情况以及相关建议,以促进上海仲裁事业的新发展,优化自贸区建设的法治环境。[①]

根据白皮书披露的信息,2011 年至 2012 年,当事人向法院申请撤销仲裁裁决的案件中,被法院撤销仲裁裁决或者通知重新进行仲裁的案件占比仅 5% 不到。[②] 上海仲裁案件整体质量较高,仲裁一裁终局、高效便捷的制度优势得到了有效发挥。通过上海高级人民法院发布的白皮书中披露的数据与信息,不难发现,上海市的司法机关对商事仲裁的大力支持与鼓励。

(二)专业人才

仲裁的一个重要特点在于仲裁除了从法律的观点来解决争议,往往会加入行业的专业意见,以作出合理的裁决。上海作为金融、法律、商贸、运输、建筑等多个领域的中国乃至亚太中心,汇聚了各个行业的高端人才,是名副其实的专业人才聚集地。

1. 律师服务人员

根据 2016 年 10 月 9 日上海社会科学院发布的《上海蓝皮书》《2016 年上海法治发展报告》中显示的信息,2015 年,上海市共有律师事务所 1405 家,执业律师 18521 人。根据官方公布的数据,2010 年至 2014 年,上海市律师行业业务创收达到 346 亿元人民币。“十二五”期间,上海律师人数超过百人的律师事务所由 6 家增加到 18 家,年业务收入超过 1 亿元的律师事务所由 6 家增加到 19 家,增幅分别为 2 倍和 2. 2 倍。上海律师行业 2015 年业务收入增速是上

① 胡蝶飞、高远:《白皮书通过对近两年上海法院审理的申请撤销仲裁裁决案件梳理总结,通报仲裁司法审查领域的主要情况以及相关建议,以促进上海仲裁事业的新发展,优化自贸区建设的法治环境》,载 http://shfy. chinacourt. org/article/detail/2013/11/id/1124238. shtml,最后访问日期:2017 年 1 月 2 日。

② 根据上海市高级人民法院民二庭公布的数据,上海市法院 2016 年作出重新仲裁和撤裁裁定案件为 4 件,占仲裁司法审查案件的 2%;2017 年无重新仲裁和撤裁案件。

海 GDP 增长值的 3 倍多，人均业务收入多年位居全国第一。与此同时，上海律师行业在全市 17 个重点行业行风测评中始终位居前列。① 另外，值得注意的是，根据中华人民共和国司法部 2016 年 9 月 12 日发布的第 166 号公告，②有 229 家外国律师事务所驻华代表机构通过 2015 年度检验，获准在中国境内执业，提供境外法律服务。其中上海共有外国律师事务所驻华代表机构 128 家，比第二名的北京多出 40 家，全国外国律师事务所驻华代表机构有 56% 位于上海市。

2. 其他专业人员

上海作为中国乃至亚太的经济、金融、贸易、航运中心，是众多世界五百强公司、著名会计师事务所、投资银行等中介机构的总部或亚太区总部所在地，同时上海市也是复旦大学、交通大学等著名高校所在地，有诸多各个行业的顶级专家常驻上海。

（三）优秀的仲裁机构

1. 本地仲裁机构

上海目前有两家本土仲裁机构，分别是上海国仲和上海仲裁委员会，两者均是中国内地商事仲裁机构的佼佼者。根据公开数据显示，上海仲裁委员会 2015 年受理仲裁案件 2073 件，涉及争议金额人民币 114.59 亿元，③在中国内地仲裁机构中处于领先地位。上海国仲则是中国内地仲裁机构中国际化程度最高、最具国际影响力的仲裁机构之一。上海国仲有在册仲裁员 909 名，来自 61 个国家和地区，外籍及港澳台地区仲裁员 348 名，占 38.28%。案件当事人遍及全球 72 个国家和地区，仲裁裁决已根据《纽约公约》在 50 多个国家和地区得到承认和执行。④ 上海国仲于 2014 年制定了与国际最新仲裁实践相接轨的

① 郑法玮：《上海律师工作会议顺利召开，创收亿元律所增至 19 家》，载 http://www.acla.org.cn/html/industry/20160421/25142.html，最后访问日期：2017 年 1 月 2 日。

② 载 http://www.moj.gov.cn/index/content/2016-09/12/content_6800056_22.htm，最后访问日期：2016 年 11 月 20 日。

③ 载 http://www.accsh.org/index.php? m=content&c=index&a=lists&catid=42&menu=6-42-，最后访问日期：2016 月 12 月 25 日。

④ 上海国仲于 2018 年 5 月完成了仲裁员换届，新一届《仲裁员名册》的仲裁员为 965 名，其中，中国内地仲裁员为 604 名，占 62.59%，外籍及港澳台仲裁员为 361 名，占 37.41%。仲裁员来自全球 74 个国家和地区，其中"一带一路"沿线国家 36 个，国别数较上届《仲裁员名册》增加了 13 个，其中新增"一带一路"沿线国家 10 个。新一届《调解员名册》的调解员为 42 名，其中中国内地调解员 40 名，外籍调解员 2 名。

《自贸区仲裁规则》。该规则在中国仲裁法的框架下作了十大创新,如临时措施、紧急仲裁庭、友好仲裁、调解员调解等,具有国际领先水平,为中国仲裁、上海仲裁赢得了世界范围的肯定。2014 年 8 月,上海国仲与国际航空运输协会、中国航空运输协会共同设立了上海国际航空仲裁院,将国际航空仲裁引入了中国,落户上海。2015 年 10 月,上海国仲与华东政法大学合作设立了金砖国家争议解决上海中心,为金砖国家争议解决提供了"上海保障"。2015 年 11 月,上海国际仲裁中心联合南部非洲仲裁基金会设立了中非联合仲裁中心,对区域间仲裁合作进行了尝试。2016 年 3 月,上海国仲协助国际律师协会将国际律师协会"年度仲裁日大会"安排在上海召开,使上海的商事仲裁服务受到了全球仲裁专家的瞩目。值得一提的是,上海国仲还在第 6 届《环球仲裁评论》(*Global Arbitration Review*)年度颁奖典礼上获评"年度最受关注仲裁机构"和"年度仲裁创新大奖"提名两项殊荣,是迄今为止第一个同时获此两项殊荣的中国内地仲裁机构。

2. 境外知名仲裁机构入驻

2015 年 4 月 8 日,国务院发布了《国务院关于印发进一步深化中国(上海)自由贸易试验区改革开放方案的通知》(国发〔2015〕21 号),批准了《进一步深化中国(上海)自由贸易试验区改革开放方案》(以下简称《深改方案》)。在《深改方案》"推动权益保护制度创新"一节中,明确提出"支持国际知名商事争议解决机构入驻,提高商事纠纷仲裁国际化程度。探索建立全国性的自贸试验区仲裁法律服务联盟和亚太仲裁机构交流合作机制,加快打造面向全球的亚太仲裁中心"的任务与目标。在《深改方案》颁布后,境外争议解决机构相继入驻上海自贸区,2015 年 11 月 19 日,香港国际仲裁中心在上海自贸区设立代表处,2016 年 2 月 24 日,国际商会仲裁院在上海自贸区设立仲裁办公室,2016 年 3 月 3 日,新加坡国际仲裁中心在上海自贸区设立代表处。将来上海将成为境外仲裁机构在中国大陆的聚集地,并有望成为世界各知名争议解决机构在亚太地区的聚集地。

(四)城市战略优势

1. 区位优势

上海位于太平洋西岸,亚洲大陆东沿,中国南北海岸中心点,地处长江入海口，东向东海，南濒杭州湾，海陆位置优越。上海早已是世界第一大集装箱吞吐港，处于海上丝绸之路的上游地区，以上海为龙头的长江经济发展带可以借助长江流域“黄金水道”的地理优势，成为中国经济稳步增长的新动力和新支持，带动中国目前区域经济发展的格局由目前的“沿海一竖”转变为 T 形结构，带动内陆地区发展，对中国由沿海向内陆、沿边发展战略意义重大。此外，上海还是中国第一个倡导的国际多边合作机制——上海合作组织的发祥地，多次成为上海合作组织峰会、亚信峰会、APEAC 会议等重大国际组织会议承办地，上海作为“一带一路”的重要交汇点和亚洲龙头的区位优势地位无可替代。

2. 制度优势

上海正在推进国家第一个自贸试验区建设，其制度创新先发优势突出，主要集中于以负面清单为核心的投资管理制度，以贸易便利化为重点的贸易监管制度，以资本项目可兑换和金融服务业开放为目标的金融创新制度，以政府职能转变为导向的事中事后监管制度。上海的制度创新将助力中国应对全新一轮贸易投资自由化制度建设的挑战，提高制度建设能力和治理能力。

3. 经济优势

上海是中国人口最多、国民生产总值最高的城市。2014 年上海市生产总值为 2.36 兆元人民币，居中国城市第一位。同时，上海工业增加值增速持续高于工业总产值增速，经济效益继续提升。上海外贸发展质量和效益均有提高，2014 年，进出口 2.9 万亿元人民币，加工贸易增值率明显高于全国。

4. 产业优势

上海借鉴五大世界级都市圈在行程过程中都有产业集群作为支持的经验，已形成背面精品钢材及延伸产业集群，南面世界级化工产业带，东南面国内微电子生产线密集区，西北面集产、学、研、检测、展示、竞技、文化于一体的汽车城，长江口造船及港口设备产业集群，临港集装箱、物流产业集群，新兴的生物医药和中药产业集群等八大产业集群。同时，上海的金融、贸易、商务等现代服务业增速平均快于制造业 4 个百分点，构成了拉动经济增长的主动力。

5. 软硬件优势

上海拥有中国乃至世界最好的城市建设。在上海，24 层以上的摩天大楼达到了 3 万多栋，位居世界第一。截至 2014 年，上海市轨道交通长度达到 567 千米，是世界上拥有轨道交通长度最长的城市，上海市中的顶级写字楼与酒店的数量也均处于世界前列。

此外,上海拥有国内顶尖的专业人才优势。凭借其国内经济中心城市的地位及特有的“海纳百川,兼容并蓄”、中西大融汇的海派文化,上海成为国内外商业、金融、海运、建筑、科技、法律等专业知识人才的汇聚地。仅以律师业为例,上海市执业律师人数在过去的 4 年间增长 37%,业务创收达人民币 346 亿元。截至 2017 年,上海市共有律师事务所 1321 家,116 家外地律师事务所在上海开办了分所,另有境外律师事务所驻沪代表处 153 家,执业律师人数从 2010 年的 1.23 万人增长为目前的 2 万人,共办理各类诉讼及非诉讼案件 60 余万件,执业律师业务创收达 346 亿元,纳税近 45 亿元。

(五)海量的仲裁服务需求

上海是中国最大的经济中心城市。改革开放以来,上海经济总量增长迅速,经济结构日趋合理。当前,上海市正在按其国际战略部署,全力建设国际经济、金融、贸易和航运中心,在这个 ADR(替代性纠纷解决机制)饱受当事人欢迎的时代,巨量的商事活动自然意味对商事仲裁服务的巨大潜在需求。从目前的情况来看,全球各知名律师事务所、争议解决机构均注意到了上海商事仲裁服务的巨大市场,越来越多的仲裁服务机构与从业人员开始对上海展开布局。而对比上海市法院系统一年受理的第一审金融商事争议案件的数量,上海本地仲裁机构受理的同类争议案件数量仍有大幅提高的空间。

四、上海构建国际仲裁中心的总体思路和政策建议

根据前文分析,通常来讲,“拥有良好的法治环境”“得到政府的积极支持”“有着优越的地理位置”“具有完善的城市建设”“集聚众多专业人才”“汇聚知名国际争议解决机构”等是建成国际仲裁中心的基本要求。在对上海建设国仲裁中心,进一步发展国际仲裁服务的意义、优势、现存问题等问题作全面分析的基础上,本文认为应从政策引导、产业规划、市场拓展、宣传推广和人才培养五个方面着手,为推动国际仲裁在上海的发展,将上海打造成为国际仲裁中心提供支持。

(一)上海构建国际仲裁中心的总体思路

上海构建国际仲裁中心应当从中国经济转型的大局出发,以坚持本土化与国际化相结合、服务国家战略与城市发展需要相结合为基本思路和发展路径,

统筹、促进仲裁的发展。通过营造一个开放、高效、国际化和富有竞争力的国际营商环境，汇聚更多的仲裁专业人才，从而形成集聚的效应，提高上海国际仲裁在全球的知名度和地位，并最终把上海建设成国际仲裁中心。

1. 坚持本土化与国际化相结合

上海建设国际仲裁中心，首先必须遵循国际仲裁法律制度发展的一般规律，了解、学习国际商事仲裁的通行做法，这就需要国际化的视野。事实上，以上海为代表的中国国际仲裁机构近些年来一直在坚持国际化的发展道路。国际化意味着共同规则。仅就便利于解决商业纠纷、降低交易成本而言，仲裁天生具有国际性且敏于适应商业变迁。因此，仲裁规则的趋同性是不可避免的。当然，不是为国际化而国际化，国际化是名，共同规则是实。打造国际仲裁中心的过程，就是中国仲裁追寻国际仲裁一般实践、更广泛地适应国际商业需求的过程。上海国仲的实践也正表明此点，《自贸区仲裁规则》已基本体现了近5年国际商事仲裁实践中的所有制度创新点，在此后修订的其他国内主要仲裁机构的仲裁规则也基本参照了《自贸区仲裁规则》中的创新制度。

尽管中国当前本土仲裁的发展仍有一定的缺陷和不足，但应当看到，中国仲裁制度本身经过20多年来的发展，其已经展现了较强的制度生命力，而任何制度若要获得持久的生命力，都离不开对本土资源的依赖。更为重要的是，中国国际商事仲裁机构通过长期以来的“机构仲裁”运转模式，形成了相较于外国仲裁机构而言在仲裁案件程序管理的效率、仲裁成本的控制及仲裁裁决质量把控等方面的比较优势。各国的发展是不平衡的，对仲裁的理解也是不同步的，故后发者既需要尽可能地见贤思齐，也需要根据自身条件对共同规则有所变通。

应当认识到，国际仲裁的发展将会是一个“国际本土化”的进程，因为它体现了法律全球化和本土文化传统的综合影响。上海打造国际仲裁中心，在仲裁制度层面上亦应当坚持本土化与国际化相结合的道路。

2. 坚持服务国家战略与城市发展相结合

上海打造国际仲裁中心，本质上应是服务于上海的国家战略和城市发展需要的。比如，上海建设国际仲裁中心的发展策略中应当借力自贸试验区建设和“四个中心”建设，构建“一带一路”仲裁平台。事实上，经过近三年的实践和探索，上海自贸区已构建了自贸区仲裁院、自贸区仲裁规则、涉自贸区仲裁规则的司法审查及执行意见,这“三位一体”的自贸区仲裁机制,对国家经贸商事仲裁制度进行了新的探索、创新和实践的同时,也进一步发挥了自贸试验区的辐射效应;而上海本地仲裁机构的相关业务已从自贸区创新拓展到“国际航空仲裁”“金砖国家争议解决”“中非联合仲裁”等领域,将来可能进一步辐射到“亚投行”区域性投资项目、“丝路基金”的海外投资项目之上,这都为上海“五个中心”建设背景下的“一带一路”仲裁平台构想打下了更扎实基础。

(二)上海构建国际仲裁中心的政策建议

1. 政策引导

上海的任务是打造面向全球的亚太仲裁中心。然而,在亚太地区,新加坡、中国香港、首尔等城市也都有建设亚太仲裁中心的目标,竞争十分激烈,更遑论国际商会仲裁院、斯德哥尔摩商会仲裁院等国际知名仲裁机构早已将触角伸入到了亚太地区,建立了分支机构。前文中已经汇报了中国香港地区政府、新加坡政府为发展国际仲裁服务所进行的“财政拨款”“税收减免”“提供场地、设施”“助力宣传推广”等系列举措。日前,韩国政府为将首尔建设成为国际仲裁中心也动作频频,韩国商事仲裁院作为韩国本土机构得到了韩国政府的鼎力支持。而在 2014 年 11 月吉隆坡地区仲裁中心新址揭幕仪式上,时任马来西亚总理纳吉布宣布,该国将成为全球第一个为外籍仲裁机构和法律人士豁免签证和工作许可证的国家。因此我们认为,尽管上海市各部门都为上海仲裁事业的发展提供了较为有效的支持,但在各国及各地区政府都深刻认识到了发展仲裁服务业对于打造良好营商环境、提升城市乃至国家竞争力具有战略意义,都对仲裁服务业进行了深入布局的背景下,上海要完成“打造面向全球的亚太仲裁中心”的任务,要在激烈的竞争中脱颖而出,非常需要政府部门在政策层面进行宏观规划,并将相关政策尽快予以落实。

本文建议:

(1)将上海国际仲裁中心的建设写入上海市政府的工作报告,确定负责该项工作的具体部门,制定较为详细的发展规划。

(2)关于负责建设上海国际仲裁中心的负责部门,我们认为,建立一个由市商务、外资、司法行政主管部门牵头,本地仲裁机构、律师协会代表、行业协会代表、法院代表及科研机构代表参加的专门委员会,统筹上海国际仲裁、调解及其他非诉争端解决机制的发展较为合适。

(3)仲裁机构发展的本质推动力是商事活动参与者对该项争议解决服务的自主选择,因此满足商事活动参与者个性的、多样的争议解决需求非常重要,因此,我们建议要给予仲裁机构在仲裁费用收取、仲裁员报酬支取方面更大的自主权,以使仲裁机构能够及时、有效的为当事人提供当事人所需要的争议解决服务。

2. 产业规划

2015 年以来,上海市商务委根据《进一步深化中国(上海)自由贸易试验区改革开放方案》的要求,陆续以港澳、外国非企业经济组织设立常驻代表机构的形式,批准香港国际仲裁中心、新加坡国际仲裁中心、国际商会仲裁院、韩国商事仲裁院等国际知名商事争议解决机构在本市设立常驻代表机构。后续斯德哥尔摩国际商会仲裁院等机构还将落户上海。引进国际知名商事争议解决机构入驻上海是国务院《进一步深化中国(上海)自由贸易试验区改革开放方案》的要求,也是上海建设国际仲裁中心的正确举措,上海市商务委等有关部门为此进行的努力值得肯定。但同时,在引进国际知名商事争议解决机构入驻时,需要注意以下两点基本原则:

第一,引进国际知名商事争议解决机构入驻上海的目的是发展上海的仲裁服务业,是为了将上海建成面向全球的亚太仲裁中心。吸引国际知名商事争议解决机构落沪,一方面期待这些国际知名商事争议解决机构进驻上海后可以为上海带来国际仲裁的先进理念,促进位于上海的争议解决机构之间展开良性竞争,在竞争中成长;另一方面希望这些国际知名商事争议解决机构的入驻能够吸引更多的当事人选择上海作为争议解决地点,将仲裁放在上海进行。如果引进的国际知名商事争议解决机构可以发挥这两方面的作用,将有利于上海仲裁服务人才的培养,有利于上海本土仲裁机构的发展,有利于上海仲裁制度的完善,最终有利于实现将上海打造成面向全球的亚太仲裁中心的目标。但目前的状况并不尽如人意,这些国际知名商事争议解决机构进驻上海后更多的是游说中国当事人选择巴黎、中国香港、新加坡作为仲裁地点,而促使中国当事人将争议解决地点约定在境外,特别是促使双方都是中国当事人的商业合同将争议解决地点约定在境外,显然有悖于引进这些国际知名商事争议解决机构的初衷。

第二,为实现将上海建设成面向全球的亚太仲裁中心的目标必须要培养自身的仲裁服务队伍,培养本土的争议解决机构,单纯开放市场、盲目引进国际知名商事争议解决机构入驻是无法实现建成亚太仲裁中心的目标的。从历史经验的角度,无论是伦敦、巴黎、苏黎世,还是中国香港、新加坡,在打造国际仲裁中心的过程中,扶持本土仲裁机构发展都是核心举措。香港地区政府、新加坡政府更是为其本土仲裁机构的发展提供了资金、场地、宣传推广等全方位的支持。缺少本国的仲裁服务人才,缺少本土的争议解决机构,仅仅依靠开放市场显然是不可能建成国际仲裁中心的。2015 年 5 月 20 日进行的中央全面深化改革领导小组第二十四次会议指出:"发展涉外法律服务业,要适应构建对外开放型经济新体制要求,围绕服务中国外交工作大局和国家重大发展战略,健全完善扶持保障政策、进一步建设涉外法律服务机构、发展壮大涉外法律服务队伍、健全涉外法律服务方式、提高涉外法律服务质量、稳步推进法律服务业开放,更好维护中国公民、法人在海外及外国公民、法人在中国的正当权益。"很明显,培养本国的涉外法律服务人才,培养本土的涉外法律服务机构是发展涉外法律服务业的核心与关键。对于仲裁服务而言,引进国际知名商事争议解决机构的主要目的之一就是借此促进本土仲裁机构在竞争与学习中得到更好的发展。要始终明白,将境外知名争议解决机构请进来,是为了促进本土仲裁机构的发展,而不是借此放弃对本土仲裁机构的建设。但目前的情况是,上海市部分部门在引进国际知名商事争议解决机构入驻上海时,给予的优惠政策、便利措施远远地超过了其对本土仲裁机构的支持力度,相当于给予了境外仲裁机构"超国民待遇",这显然无益于中国涉外法律服务业的发展、无益于实现将上海打造成面向全球的亚太仲裁中心的目标。

本文建议:

上海目前是中国境内拥有仲裁机构资源最为丰富的城市,上海应当合理利用该资源优势,对本地仲裁机构及进驻的外国仲裁机构进行合理的资源配置。目前上海本土的仲裁机构与新落户的境外仲裁机构的办公场所十分分散,且缺乏高端定位的国际仲裁服务机构办公场所,难以满足开展国际仲裁业务的需要,也无法形成集聚效应。根据我国香港、新加坡、首尔等城市发展仲裁服务的经验,以及当前经济活动中纠纷解决服务需求日益增加的形势,本文建议由政府主管部门牵头,提供一所独立的纠纷解决综合大楼,首先让本地仲裁机构免费入驻(或象征性地收一点租金),同时邀请境外知名争议解决机构入驻。这样既能为当事人提供多样的选择,满足当事人对争议解决服务多元化的需求,又能促进争议解决机构间相互竞争、相互借鉴,最终实现以本土仲裁机构为中心,境外仲裁机构为补充,将上海打造成面向全球的亚太仲裁中心的目标。

3. 市场拓展

从上海本地仲裁机构目前处理的仲裁案件构成来看,当事人均为中国境内主体、无涉外因素的案件仍然占据了受理案件总量的绝大部分。此外,传统民商事纠纷,如货物买卖、借款、房屋租赁等仍然在本地仲裁机构受理案件类型中占据了一定的比重。传统的国内民商事纠纷因一般不涉及外国法律适用,也不涉及仲裁裁决的境外执行,无法充分发挥仲裁区别于诉讼的争议解决制度优势,而这类案件受理数量的单纯增加也不能帮助本地仲裁机构拓展仲裁实践。本文认为,相关主管部门应当鼓励和引导本地仲裁机构,从如下几个方面进一步拓展国际仲裁服务市场:

(1)进一步拓展高端跨国商事争议业务领域。上海应当结合“四个中心”的目标,着力推进高端跨国商业争议的仲裁业务。比如,目前上海已设立了国内第一家专司航空争议解决的平台,即上海国际航空仲裁院,其将处理的争议范围将涵盖航空企业与其燃料供应商、地勤服务供应商、飞机维护服务供应商、餐饮服务供应商等其他业内参与者共同订立的航空专业领域。航空仲裁院的设立解决了国际航协仲裁规则项下的仲裁裁决因临时仲裁性质无法在中国境内执行的问题,将国际航空争议解决机制引入了中国,为解决国际航空纠纷提供了重要途径,也将进一步增强上海国际航运中心功能建设。此外,上海还设立了中非联合仲裁上海中心、金砖国家争议解决中心等跨国商事争端仲裁解决平台。

本文建议有关部门应协同本地仲裁机构,充分利用上述高端跨国商事争议解决平台,并进一步将这些平台的功能落地,通过受理一批有国际影响力的案件,提升上海国际仲裁中心的国际知名度。

(2)进一步鼓励本地仲裁机构探索“投资者—东道国”争端仲裁业务。除商事仲裁外,还应鼓励本地仲裁机构尝试探索开展“投资者—东道国”争端仲裁业务。国际投资仲裁是一种独特的争端解决方式,它通过法律机制,将作为市场主体的投资者与作为主权者的东道国置于国际条约项下的平等地位,可以较为有效地保护投资者的利益。国际投资仲裁案件往往涉案标的金额巨大,具有广泛的国际影响力。数据显示,截至 2014 年年末,有 608 起已知的基于条约而提起的案件,平均每起案件索赔 11 亿美元,索赔超过 10 亿美元的已知案件共计 65 起,索赔金额介于 5 亿美元到 9.99 亿美元之间的案件有 37 起。

目前,绝大多数国际投资仲裁案件系由专司国际投资争端解决的解决投资争端国际中心(ICSID)受理,但其中也有不少案件系根据投资保护协议的约定,提交至斯德哥尔摩商会仲裁院、国际商会仲裁院等仲裁机构进行管理。目前,国内仲裁机构尚无管理国际投资仲裁案件的先例,但华南国际经济贸易仲裁委员会(深圳国际仲裁院)在其 2016 年版仲裁规则中明确其可根据当事人选择适用的《联合国国际贸易法委员会仲裁规则》管理投资仲裁案件,可以说是国内仲裁机构在该领域内所作的有益尝试。

截至目前,中国已与"一带一路"沿线中的数十个国家签订了双边投资保护协议,尽管目前这些投资保护协议的争议解决条款仍以提交 ICSID 仲裁为主,但本文认为,上海本地仲裁机构亦应当尝试在自贸试验区内,为"一带一路"双边投资保护协议下的当事人提供国际投资仲裁服务。

4. 宣传推广

仲裁是一项当事人自愿选择的争议解决服务,具有高度自主性。因此,仲裁的发展,需要不断地向潜在的使用者进行宣传和推广,让越来越多的商业活动参与者了解仲裁便捷、高效、保密、专业的特点,了解上海的仲裁服务业。宣传和推广,不仅可以令有仲裁需求的商业活动参与者选择上海的争议解决服务,还可以令更多的人了解上海仲裁服务,了解上海在争议解决服务、法治化营商环境建设方面所作出的努力与取得的成就。

目前,宣传仲裁的任务主要由仲裁机构承担,力度远远不够,受众面太窄。借鉴域外的成功经验,建议由上海市政府牵头,协调与仲裁服务相关的市商务委、市司法局、市政府法制办、浦东新区政府等部门形成合力,有计划地开展宣传、推广上海的仲裁服务。因此,本文建议:

(1)政府主管部门定期发布仲裁发展白皮书。通过政府白皮书的形式,将与上海商事仲裁有关的案件处理数量、案件争议金额、司法审查情况等动态信息向社会公布,一方面使潜在的商事仲裁使用者了解上海商事仲裁,另一方面让商事活动主体感受到上海始终在争议解决服务、法治化营商环境建设方面进行着努力。

(2)法院定期发布仲裁司法审查报告。商事仲裁的良好发展离不开司法的保障,上海商事仲裁服务的发展,上海国际仲裁中心的建立也一定离不开上海各级人民法院对仲裁的支持,上海人民法院定期发布仲裁司法审查的报告可以令商事仲裁使用者从上海商事仲裁司法审查的角度了解上海商事仲裁,从而使商事仲裁使用者对上海商事仲裁的司法保障感到信任与放心。

(3)本地品牌法治论坛。目前,上海自贸区法治论坛、陆家嘴法治论坛等专业研讨会已经成功举办了好几届,形成了一定的影响力,在这样的法治论坛上也均有介绍以商事仲裁为代表的争解决服务,取得了一定的宣传效果,应继续贯彻并与更多的本地法治论坛合作。

(4)鼓励本地仲裁机构赴海外宣传。我们建议市政府牵头组团赴海外推广中国产品、考察对外投资时,可以鼓励本地仲裁机构随团参加并同时宣传上海商事仲裁服务。

5. 人才培养

仲裁本文建议:

(1)鼓励更多行业内的资深人士担任仲裁员。仲裁裁决的质量很大程度上取决于仲裁员的专业能力,这里的专业能力不单指法律专业能力,还包括工程、计算机、机械等各个领域的专业能力。在一些涉及专业问题、专业判断的争议中,仲裁庭中如果有熟悉该领域,具有相关专业能力、经验的仲裁员,将会明显提高审理效率并且作出令双方当事人更为信服的仲裁裁决。

上海作为中国的经济中心,聚集了诸多领域的大量专业人才,我们建议,充分挖掘上海专业人才集聚的优势,鼓励各行业内的资深人士担任仲裁员,提升上海仲裁裁决的效率、质量。

(2)培养更多国际仲裁员。通过仲裁的方式来定分止争,化解民商事当事人的矛盾,不仅要求仲裁员具备十分专业的技能,还要求仲裁员具有丰富的争议解决经验,因此,一位优秀的仲裁员肯定是在审理过一定数量的案件,处理过各式各样的疑难问题的基础上成长起来的。目前,国际商事仲裁案件中,仍是以外籍仲裁员居多,上海要打造亚太仲裁中心,必然就需要培养自己的本土仲裁员,因此,我们建议,有条件时应给予本土仲裁员更多的锻炼机会。

(3)鼓励本地仲裁机构与高校、企业、律师事务所合作开设仲裁培训课程。

仲裁是一项争议解决服务,仲裁服务的发展离不开对宣传与推广。宣传与推广仲裁服务并不是一两家仲裁机构通过几场宣讲会、论坛就可以实现的。仲裁服务是法律服务的一种,只有让法律工作者首先全面、清晰地了解仲裁服务,才有可能让法律工作者将仲裁服务推荐给有争议解决服务需求的商事活动参与者。因此,我们建议,在政策层面,多鼓励本地仲裁机构与高校、企业、律师事务所等单位合作,开展仲裁培训课程,让法律工作者全面、清晰地了解仲裁服务的价值。

(4)探索创新法律人才培养新模式。众所周知,法律人才的培养是一个长期的工作,培养能提供高质量的仲裁服务人才是法律人才培养的诸多目标之一,模拟仲裁同模拟法庭一样,一直被各法学院广泛采用,是法律实践性教学的重要方式,我们认为,应当以给法学院学生提供一个更高的学习、交流平台,让法学院学生了解仲裁、参与仲裁为宗旨,积极举办如"Moot Shanghai 国际模拟商事仲裁庭邀请赛暨上海国际仲裁周"等活动。

五、结语

本文认为,在经济全球化背景下,仲裁作为一种具有特殊法律属性的争议解决机制,对于一国从国际经贸竞争中获益,从而促进本国经济发展起到了重要作用,仲裁得到国际社会越来越多的重视,也逐渐成为衡量一国投资环境的重要指标。另外,仲裁本身也是一种典型的知识和人才密集型高端服务业,发达的仲裁业不仅能产生良好的经济效益,也将为一个国家发展全球性金融、商务、物流、贸易中心提供有力的保障。

通过比较,国际仲裁中心城市一般具备 7 项主要组成要素,即完善的仲裁法律制度、谙熟仲裁制度的法官群体、优秀的仲裁机构、强大的仲裁从业者队伍、成熟的仲裁员培训体系、友好的仲裁城市环境及地理优势。而通过分析新加坡和中国香港这两个被誉为进步最快的仲裁地在发展国际仲裁方面所采取的举措,我们认为政策因素和法律因素是推动新兴国际仲裁中心城市发展的两个主要助力。

本文认为,上海是中国经济发展的中心,也是中国国际仲裁的重镇之一,上海国际仲裁长期以来代表了中国国际仲裁的领先水平。因此,上海构建国际仲裁中心,应当从中国经济转型的大局出发,以坚持本土化与国际化相结合、服务国家战略与服务城市发展需要相结合为发展路径，统筹、促进国际仲裁在上海的发展。通过政策引导、产业规划、市场拓展、宣传推广和人才培养五个方面着手开展工作，营造一个开放、高效、国际化和富有创造力的国际营商环境，营造一个支持仲裁、倡导诚信、尊重商业交易的国际仲裁法律环境，汇聚更多的仲裁专业人才，从而形成集聚的效应，提高上海国际仲裁在全球的知名度和地位，并最终把上海建设成国际仲裁中心。

专题论文

论“软法”对仲裁员独立性和公正性认定的影响

——以《IBA 国际仲裁利益冲突指引》为例

王　徽*

【内容摘要】　仲裁员的独立性与公正性不仅关乎仲裁裁决的执行力，它还影响到国际社会对于仲裁制度的信赖。部分学者将中国仲裁员独立性和公正性问题的症结归因于立法缺失，并寄希望于通过法律修改彻底解决问题的观点值得商榷。本文认为，如何发挥当事人、仲裁员、仲裁机构、法院的能动性，进而厘清已有的仲裁员披露义务，以及仲裁员独立性和公正性的抽象标准才是关键。国外仲裁实践表明，以《IBA 国际仲裁利益冲突指引》为代表的仲裁“软法”起到了辅助仲裁员披露义务落实，明晰仲裁员独立性和公正性抽象标准的效果。作为保障仲裁员独立性和公正性的举措，中国仲裁界应加强对仲裁“软法”的理解，中国仲裁机构应突出对仲裁员独立性和公正性的监督并提升机构透明度，中国法院应适时将仲裁“软法”纳入审判考量从而提升裁判的国际影响力。

【关键词】　《IBA 国际仲裁利益冲突指引》　软法　仲裁员独立性　仲裁员公正性

---

*　王徽，华东政法大学法学博士、瑞典斯德哥尔摩大学国际商事仲裁法硕士，现就职于英国盛德律师事务所香港办公室。本文系国家社科基金重大项目“法治引领推动自贸试验区建设的难点与路径研究”课题（14ZDC016）阶段性研究成果；本文同时系华东政法大学优秀博士学位论文培育项目（2017－1－004）阶段性成果。

一、问题的提出

随着国际经济贸易的不断发展，国际商事仲裁制度的重要性正日益凸显。根据伦敦玛丽王后大学（Queen Mary University of London）发布的2015年国际商事仲裁统计（2015 International Arbitration Survey）显示，有高达90%的受访者将仲裁列为解决跨境纠纷争议的首选程序。① 这背后折射出仲裁制度的优势，也反映了国际社会对于仲裁的认可。仲裁的最终目标在于化解纠纷，达成一份具有全球执行力的裁决书。鉴于仲裁制度遵循一裁终局原则，仲裁员的独立性和公正性显得尤为重要。一方面，仲裁的成功与否取决于仲裁员的道德和职业素养。② 正是基于高度的信任，当事人才会将案件的裁判权授予仲裁员。仲裁员若缺乏独立性和公正性显然会破坏这种信任，违反自然正义的基本要求。③ 另一方面，仲裁员缺乏独立性和公正性有违仲裁正当程序原则（due process），这会使仲裁裁决会面临被撤销和承认与执行受阻的风险。一旦如此，争议不仅得不到解决，巨额的仲裁费用和精力投入还会付之东流。

中国学界对于仲裁员独立性和公正性的研究成果颇丰。截至2016年12月18日，仅"中国知网"数据库以"仲裁员独立性""仲裁员公正性""仲裁员披露"为篇名的文献便有22篇，其中多数文献发表于2012年以前。有学者以仲裁员披露义务为主线，通篇分析了披露义务的强制性、标准和持续性，以及披露事项与方式；④也有文献开篇即强调中国制定法明确仲裁员独立性和公正性的必要性，以此为基础，该文献作者分析了中国仲裁员独立性和公正性保障制度的完善；⑤还有学者依比较法的方法探讨了仲裁员独立性制定标准的分析与认定问题。⑥ 梳理这些文献发现，尽管不同作者的分析视角各有不同，但最终落

---

① 2015 International Arbitration Survey: Improvements and Innovations in International Arbitration, available at: http://www.arbitration.qmul.ac.uk/docs/164761.pdf, 2016-09-10.

② Ramón Mullerat Obe, The IBA Guidelines on Conflicts of Interest Revisited Another Contribution to the Revision of an Excellent Instrument, Which Needs a Slight Daltonism Treatment, *Spain Arbitration Review*, Volume 2012, Issue 14, pp. 61-62.

③ 乔欣：《仲裁公正性基础：披露与回避制度的完善》，载《民事程序法研究》2013年第2期。

④ 张圣翠：《论国际商事仲裁员披露义务规则》，载《上海财经大学学报》（哲学社会科学版）2007年第3期。

⑤ 张圣翠、张心泉：《中国仲裁员独立性和公正性及其保障制度的完善》，载《法学》2009年第7期。

⑥ 马占军：《商事仲裁员独立性制定标准的分析与认定》，载《河南社会科学》2015年第4期。

脚点却高度相似地汇集于“立法完善论”,即将中国仲裁员独立性和公正性问题的症结归因于《仲裁法》的缺失,并呼吁修改法律以确立仲裁员披露制度,明确仲裁员独立性和公正性的一般判断标准。

是否只要立法得到完善,中国仲裁员独立性和公正性的相关问题就能得到彻底解决呢?对于“立法完善论”的观点,本文持怀疑态度。一方面,借助于仲裁规则的升级,中国已经确立仲裁员披露制度以及仲裁员独立性和公正性的判断标准。例如,中国国际经济贸易仲裁委员会(以下简称贸仲)2015 版《仲裁规则》第 31 条明确:“(一)被选定或被指定的仲裁员应签署声明书,披露可能引起对其公正性和独立性产生合理怀疑的任何事实或情况;(二)在仲裁程序中出现应披露情形的,仲裁员应立即书面披露。”此外,《贸仲规则》第 32 条还规定:“当事人对被选定或被指定的仲裁员的公正性和独立性产生具有正当理由的怀疑时,可以书面提出要求该仲裁员回避的请求,但应说明提出回避请求所依据的具体事实和理由,并举证。”这些条款不仅明确了仲裁员独立性和公正性的判断标准,即“正当怀疑”标准,还明确了仲裁员披露义务的持续性和程序。类似的规则设计亦可见于 2015 版《上海国际仲裁中心仲裁规则》《深圳国际仲裁院仲裁规则》《北京仲裁委员会仲裁规则》。需指出的是,在不违反强行法规定以及当事人意思自治的前提下,仲裁规则具有契约效果。它对于当事人、仲裁员具有拘束力,违反仲裁规则具有司法可诉性。由此可见,倘若中国仲裁制度的昔日症结在于缺乏仲裁员披露制度和仲裁员独立性和公正性的判断标准,那么如今仲裁规则已在一定程度上弥补了《仲裁法》规范层面的缺失。另一方面,且不谈中国《仲裁法》短期难获修订的现实,即便法律能获修订,结合域外的立法实践,中国法律修订至多也只是将仲裁规则中的语言和标准加以转换,并列举若干仲裁员缺乏独立性和正当性的事宜。事实上,中国仲裁规则确立的仲裁员披露义务以及“正当怀疑”标准与主流国际仲裁立法、国际知名仲裁机构仲裁规则项下的对应制度并无它异。域外实践表明,仅通过立法确立仲裁员披露义务以及仲裁员独立性和公正性条款是不够的,因为这并没有解决抽象标准的解释和适用问题。对照来看,就算中国法律进行了修改,抽象标准的解释和适用问题也是我们将会面临的。

鉴于此,本文认为当前的关键点在于如何发挥当事人、仲裁员、法院、仲裁机构的能动性,进而厘清既有仲裁员披露制度的落实以及仲裁员独立性和公正性抽象标准的适用问题。为此，本文将研究对象瞄准了以《IBA 国际仲裁利益冲突指引》(IBA Guidelines on Conflicts of Interest in International Arbitration 2014，以下简称《IBA 利益冲突指引》)为代表的仲裁“软法”(soft law)。这类仲裁“软法”是由国际组织、行业组织、仲裁机构等非国家主体制定的，旨在调整国际商事仲裁伦理(ethics)，自身虽不具有外部强制力保障，但却具有规范效果的文本。[①] 以《IBA 利益冲突指引》为切入点，一方面是因为前人并没有深入分析最新的 2014 版《IBA 利益冲突指引》，该指引的详细内容、起草历史、规范属性、影响力机制等均有待研究；另一方面，作为立法和条约这类“硬法”的相对面，仲裁“软法”同样是国际仲裁制度的重要组成部分，对于仲裁“软法”的研究有助于我们更好地解读仲裁员独立性和公正性的有关问题。

二、《IBA 利益冲突指引》的内容与影响力

《IBA 利益冲突指引》诞生于 2004 年，它是对 1987 年《IBA 仲裁员伦理》(IBA Rules of Ethics for International Arbitrators)的进一步发展。国际律师协会(International Bar Association, IBA)于 2012 年启动了指引的修订工作，并于 2014 年发布最新版的《IBA 利益冲突指引》。《IBA 利益冲突指引》旨在为仲裁员披露义务以及仲裁员独立性和公正性的认定提供参考。

(一)《IBA 利益冲突指引》的内容

1.《IBA 利益冲突指引》的一般标准

《IBA 利益冲突指引》共有 7 项一般标准。

第 1 项一般标准(General Principle)要求仲裁员从接受任命开始，直到裁决做出均保持独立性与公正性。将仲裁员独立性和公正性置于《IBA 利益冲突指引》一般标准的首位凸显了它的重要性。这样的顶层设计作用于《IBA 利益冲突指引》的方方面面，后续的标准和清单也均围绕仲裁员独立性与公正性而展开。

第 2 项一般标准涉及利益冲突(Conflicts of Interest)，并包含主客观两套标准。[②] 在主观标准方面，《IBA 利益冲突指引》指出倘若仲裁员主观上对自己

① “软法”不是实证法学(positive law)概念下的法律，它们并非国内立法和国际公约。以此为前提去论证“软法非法”完全成立，但这种论证的成立并不妨碍“软法”产生实然的规范效果和影响力。本文无意于做“法”的概念之争，相反旨在关注“软法”实然层面的效果。——笔者注

② Nathalie Voser and Angelina M. Petti, “The Revised IBA Guidelines on Conflicts of Interest in International Arbitration”, *ASA Bulletin*, Volume 33, Issue 1, 2015, pp. 10 – 11.

的公正性或独立性存疑时,他应该拒绝接受仲裁员任命或停止继续担任仲裁员。而在客观标准方面,《IBA 利益冲突指引》则指出倘若理性第三人(reasonable third person)结合具体案情会对仲裁员的独立性和公正性产生正当怀疑(justifiable doubts)时,那么该仲裁员应该拒绝接受仲裁员任命或停止继续担任仲裁员。结合《IBA 利益冲突指引》的评述,指引之所以会引入客观标准是为了与《联合国贸易法委员会国际商事仲裁示范法》(UNCITRAL Model Law on International Commercial Arbitration)第 12 条采取的标准保持一致。不仅如此,客观标准也是国际仲裁立法和实践的主流标准。① 在判断何为正当怀疑时,第 2 项一般标准进一步指出:若在理性第三人眼中,仲裁员在裁决做出的过程中可能受到案情以外的因素影响,那么该等怀疑便具有正当性。与此同时,第 2 项一般标准还明确指出,不可弃权红色清单(Non-Waivable Red List)的事由可当然引发正当怀疑。不难看出,《IBA 利益冲突指引》借助不可弃权红色清单实现了具体事项与仲裁员独立性和公正性之间的直接关联。

第 3 项一般标准涉及仲裁员披露(Disclosure by the Arbitrator)。该项一般标准要求仲裁员全程披露可能(may)引发对其独立性和公正性产生正当怀疑的事由。第 3 项一般标准还明确指出,事前放弃利益冲突(advance declaration or waiver)协议并不免除仲裁员的持续披露义务。② 至于该协议的有效性,则需根据案件适用的准据法而定。与此同时,针对仲裁实践中存在的一些误解,第 3 项一般标准特别指出披露本身并不意味着存在利益冲突,也并不当然导致仲裁员独立性和公正性存疑。披露事由在本质上有别于回避事由。前者为可能引发正当怀疑的事由,而后者则为客观上会引发正当怀疑的事由。③ 进一步说,披露本身反映了仲裁员对自身符合独立性和公正性的主观立场。至于客观上是否如此,则需要结合第 2 项一般标准中的"客观标准"加以判断。对于相关细节问题,如仲裁员就特定事实是否属于披露事宜存疑时,第 3 项一般标准

---

① Otto L O de Witt Wijnen, Nathalie Voser and Neomi Rao, Background Information on the IBA Guidelines on Conflicts of Interest in International Arbitration, *Business Law International*, Volume 5, No. 3, 2004, pp. 440 – 441.

② 事前放弃利益冲突协议,是指当事人为了指认特定仲裁员,而提前签署的放弃申请仲裁员回避权利的协议。——笔者注

③ Eduardo Zuleta and Paul Friedland, The 2014 Revisions to the IBA Guidelines on Conflicts of Interest in International Arbitration, *Dispute Resolution International*, Volume 9, 2015, p. 57.

是提倡进行披露(in favour of disclosure)的。考虑到仲裁员主观上的认知并不必然等同于理性第三人的认知,采取提倡披露的规则设计有助于保障当事人的知情权。因为只有保持信息畅通,当事人才能更好决定是否要以及如何行使请求仲裁员回避的权利。①

第4项标准为当事人弃权(Waiver by the Parties)。若当事人自仲裁员进行披露或知悉潜在利益冲突存在之日起30天内未明示异议的,那么便推定该当事人放弃了异议权,除非存在落入不可弃权红色清单的事由。如遇可弃权红色清单事由,在各方均明确认识到存在利益冲突,且当事人又明确同意的情况下,该人可担任仲裁员。不难看出,如此规定是平衡当事人意思自治和仲裁员权益的结果。此外,考虑到仲裁与其他替代性争议解决机制的衔接,第4项标准还指出仲裁员可在仲裁程序的任何阶段协助当事人和解争议。但在此之前,仲裁员应得到当事人的明示同意,即协助和解不使其当然丧失继续担任仲裁员的资格。但如果仲裁员因参与和解,进而令理性第三人对他的独立性和公正性产生正当怀疑时,该仲裁员应该辞职。

第5项标准为范围(Scope)。第5项标准指出《IBA利益冲突指引》平等适用于首席仲裁员、独任仲裁员和边裁(co-arbitrator)。与此同时,仲裁庭的行政秘书和助理(administrative secretaries and assistants)同样负有独立性和公正性义务。该等规则设计是为了扩大《IBA利益冲突指引》的适用范围,进而涵盖仲裁程序的新型主体。例如,因有助于仲裁程序的效率提升,仲裁庭任命行政秘书和助理在国际仲裁实践中越发常见。由于行政秘书和助理需要密切介入仲裁程序,因此确保他们的独立性和公正性同样符合当事人预期和仲裁的特质。

第6项标准为关系(Relationship)。该项标准明确指出,仲裁员所在律所的活动参涉一方当事人的事实并不必然构成潜在利益冲突的来源或披露的理由。与此同时,当事人所属集团同仲裁员所在律所有关联本身也不必然构成披露事项或利益冲突事由。《IBA利益冲突指引》第6项标准如此规定是考虑到法律行业客观现状的结果。不少仲裁员来自大型律师事务所。随着企业的发

① Alexis Mourre, Chapter Ⅱ: The Arbitrator and the Arbitration Procedure, Conflicts Disclosures: The IBA Guidelines and Beyondin Christian Klausegger, Peter Klein, et al. (eds.), *Austrian Yearbook on International Arbitration* 2015, Manz'sche Verlags-und Universitätsbuchhandlung, 2015, p. 294.

展,以及这些律所的全球扩张,产生潜在利益冲突的机会也随之增加。特别是特定人士会在律师和仲裁员角色之间较为频繁的切换(double-hat)。[①] 鉴于此,第 6 项标准主张对前述关系采取个案判断的模式。这既考虑到了当事人指定仲裁员的权利,也考虑到了律师仲裁员对于行业的参与度。除此之外,第 6 项标准还指出,如果一方当事人为法律实体,对该法律实体具有控制影响力、享有直接利益,或对裁决负有给付义务的任何自然人或法人应视同于该法律实体。结合评述可知,实际控制或利益享有主体概念的引入主要是为了应对"第三方资助方"(third party funder)和"保险方"(insurer)的介入。[②]

第 7 项标准为当事人和仲裁员义务(Duty of the Parties and the Arbitrator)。该项标准要求当事人应尽可能早地(at the earliest opportunity)主动告知仲裁员、仲裁庭、其他当事人、仲裁机构或其他仲裁员指定机构(如果有),该当事人(或其所属集团的另一公司)与仲裁员之间的任何直接或间接关系。除此之外,该当事人还应尽可能早地披露其代理律师(团队)与仲裁员之间的关系,包括代理律师与仲裁员是否同属一个大律师公会(chambers)。对此,当事人应尽到合理的调查义务,并提供所获取的相关信息。与此同时,仲裁员也有义务进行合理查询,调查任何潜在利益冲突以及任何可能使其公正性或独立性受到质疑的事实或情形。结合第 7 项标准的评述可知,《IBA 利益冲突指引》之所以要求当事人披露个人与仲裁员的关系,以及其代理律师与仲裁员的关系是为了保障信息的对称,提高仲裁效率,避免当事人在仲裁庭成立之后才发现能够影响仲裁员独立性和公正性的事由。另值得一提的是,对当事人和仲裁员施加合理的调查义务则是为了保障《IBA 利益冲突指引》的顺畅运行。提升当事人和仲裁员的主动性有助于仲裁员披露义务的更好履行,以及仲裁员独立性和公正性的更好判断。

2.《IBA 利益冲突指引》 般标准的实际适用

为了更好地落实一般标准,《IBA 利益冲突指引》进行了列举。这些非穷

---

① Eduardo Zuleta and Paul Friedland, The 2014 Revisions to the IBA Guidelines on Conflicts of Interest in International Arbitration, *Dispute Resolution International*, Volume 9, 2015, p. 61.

② "第三方资助方"和"保险方"是目前国际仲裁界热议的制度。它是指与案件无关的第三方通过融资和保险的方式支持当事人开展仲裁,并通过抽取受资助方胜诉标的额、收取保险费以盈利的制度。——笔者注

尽性的(non-exclusive)列举使用了三色清单,即红色清单、橙色清单和绿色清单。红色清单由“不可弃权红色清单”和“可弃权红色清单”(Waivable Red List)构成。红色清单所涉事项可直接引发理性第三人对仲裁员独立性和公正性的正当怀疑。① “不可弃权红色清单”共由4类事由组成,它们分别为“仲裁员为当事人的法定代表或雇员”“仲裁员系当事人或对当事人具有控制力或直接经济利益实体的高管”“仲裁员与当事人或案件的结果存在重大经济和个人利益”,以及“仲裁员或他的律所经常为指定方当事人或指定方当事人的关联公司提供咨询,并从咨询中获取重大经济收入”。分析“不可弃权红色清单”可知,它所列举的事由均可引发严重的利益冲突。特别是它们违背了一般原则,即“没有人能做自己的裁判者”。相比之下,“可弃权红色清单”项下事宜可引发的利益冲突程度则相对弱化。“可弃权红色清单”具体涉及“仲裁员与争议的关系”“仲裁员在争议中具有直接或间接利益”以及“仲裁员与当事人或法律顾问的关系”这3类事由,共涵盖14项具体事宜。例如,“仲裁员直接或间接地持有一方当事人或一方当事人的非上市关联公司股份”“仲裁员的紧密家庭成员对争议结果具有重大经济利益”“仲裁员目前代表一方当事人或一方当事人的关联公司或者为其提供咨询”“仲裁员与一方当事人的法律顾问是同一律师事务所的律师”“仲裁员经常为其指定方当事人或指定方当事人的关联公司提供咨询,但仲裁员本人和其律师事务所均未从该咨询中获得重大经济收入”,以及“仲裁员的紧密家庭成员在一方当事人或一方当事人的关联公司处拥有重大经济利益”等。

橙色清单下的列举并不当然可引发理性第三人对仲裁员独立性和公正性的正当怀疑。仲裁员对橙色清单事项的披露旨在确保《IBA 利益冲突指引》第3项一般标准的落实。在仲裁员已做披露的情况下,当事人有权决定是否进一步查明相关事实,以判断是否存在仲裁员独立性和公正性的正当怀疑。同理,仲裁员未披露橙色清单事宜本身亦不当然构成其缺乏独立性和公正性的原因。就仲裁员是否存在独立性和公正性问题,仲裁员的未披露事实仅作为客观分析

① Otto L O de Witt Wijnen, Nathalie Voser and Neomi Rao, Background Information on the IBA Guidelines on Conflicts of Interest in International Arbitration, *Business Law International*, Volume 5, No. 3, 2004, p. 434.

的考虑因素之一,它不具有决定性。另需指出的是,橙色清单以外的事项并不当然免于披露。仲裁员需结合个案案情,以及《IBA 利益冲突指引》一般标准进而决定是否披露。橙色清单共涉及 5 类事由,它们分别是“对一方当事人的先前服务或其他参涉案件情形”“目前对一方当事人的服务”“仲裁员与另一仲裁员或与法律顾问的关系”“仲裁员与当事人及其他仲裁参涉方的关系”,以及“其他情形”。在这 5 类事由涵盖的 26 项行为中,较具代表性的有“仲裁员在过去的三年中曾经两次或两次以上被一方当事人或一方当事人的关联公司指定为仲裁员”“仲裁员所在律所所正为一方当事人或一方当事人的关联公司提供服务,但没有形成重大的商业关系并且该仲裁员没有参涉其中”“仲裁员与另一仲裁员或一方当事人律师同属一个大律师公会”“仲裁员与所涉当事人高管具有密切的私人朋友关系”,以及“仲裁员直接或间接持有股份,其数量或面值构成对公开上市的一方当事人或一方当事人的关联公司的实质性持股”。

绿色清单列举了客观上不会引发利益冲突的情形。正因如此,对于绿色清单所涉内容,仲裁员是免于披露的。绿色清单共由“先前表述的法律意见”“目前对一方当事人的服务”“与另一仲裁员或一方当事人的法律顾问的接触”,以及“仲裁员之间与仲裁员同一方当事人的接触”这 4 类事由构成。鉴于仲裁员并非活在“真空”之中,绿色清单涵盖的 10 项具体行为多涉及仲裁员的正常社交和职业活动。譬如,“仲裁员同当事人律师同属一个职业协会或社交组织”“仲裁员同当事人律师同时任教于相同学校”“仲裁员曾同当事人律师同时作为发言人、组织者参与某会议”“仲裁员曾指定方当事人或该方管理公司有过初步接触,但该接触仅限于仲裁员的可安排性和资格或首席仲裁员的可能候选人的名单”,以及“仲裁员曾与当事人高管一同担任另案的专家或仲裁员”。

(二)《IBA 利益冲突指引》的影响力

尽管《IBA 利益冲突指引》不具有约束力,它无法替代立法和仲裁规则,但这并没有阻碍它的实然影响力。根据伦敦玛丽王后大学的统计,有高达 71% 的受访者表示曾见证过《IBA 利益冲突指引》的实际适用,19% 的受访者则表示虽没有实际适用过《IBA 利益冲突指引》但却知悉该“软法”。[①]

---

① 2015 International Arbitration Survey: Improvements and Innovations in International Arbitration, available at: http://www.arbitration.qmul.ac.uk/docs/164761.pdf, 2016-09-10.

1.《IBA 利益冲突指引》在当事人和仲裁员中的影响力

《IBA 利益冲突指引》是仲裁当事人(代理人)经常参考的指引。根据国际商会仲裁院(International Chamber of Commerce, ICC)的统计报告,2004 年 7 月 1 日至2009 年 8 月 1 日,ICC 共有 187 起当事人请求仲裁员回避的案件。其中,106 件案件至少援引了《IBA 利益冲突指引》一次。① 而在 2010 年至 2015 年的 299 起涉及仲裁员回避的案件中,则有 85 起案件明确援引了《IBA 利益冲突指引》。除此之外,还包括部分未直接援引《IBA 利益冲突指引》,但却实质参照指引行事的案件。值得一提的是,实践中存在正面适用和反面适用《IBA 利益冲突指引》的情形。以正面适用《IBA 利益冲突指引》为例,在 ICC 的一起仲裁案件中,由于英方当事人的律师与他指认的边裁同属一个大律师公会,且该仲裁员曾将仅供仲裁员阅读的文件发给了各方当事人,故他的独立性和公正性遭到了欧洲大陆方当事人的质疑。在向 ICC 秘书处提出书面异议的过程中,欧洲大陆方当事人援引了 2004 版《IBA 利益冲突指引》橙色清单的有关条款,最终 ICC 仲裁院结合案情接受了该回避申请。② 相对于正面适应,反面适用则旨在说明所涉事宜未落在指引清单中(negative references),是一种抗辩的手段。在前述 85 起案件中,有 26 起案件属于反面适用《IBA 利益冲突指引》的情形。另根据瑞典斯德哥尔摩商会仲裁院(Aritration Institution of the Stockholm Chamber of Commerce, SCC)的报告,《IBA 利益冲突指引》在 SCC 的实践中同样为大多数当事人(代理人)所高度依赖。例如,在 2010 年的一起 SCC 案件中,申请人向 SCC 理事会(board)递交了要求被申请人仲裁员回避的请求。理由是该仲裁员与被申请人代理人具有紧密的私人联系,他们不仅同时任教于一所大学,还合著有多篇论文和专著。在其中的一本专著中,该仲裁员和代理人甚至还就相似争议点阐述了不利于申请人的观点。面对仲裁员回避申请,被申请人援引了 2004 版《IBA 利益冲突指引》绿色清单,以此表明仲裁员并无披露

① The IBA Guidelines on Conflicts of Interest in International Arbitration: The First Five Years 2004 - 2009, available at: http://www. lalive. ch/data/publications/The_IBA_guidelines_on_conflicts_of_interest_in_international_arbitration. pdf, 2016 - 11 - 25.

② Arbitrator Challenges under the ICC Rules and Practice, available at: http://www. iccdrl. com/itemcontent. aspx? XSL = arbSingle. xsl&XML = \ ARTICLES \ ART _ 0649. xml&TITLE = Arbitrator%20Challenges%20under%20the%20ICC%20Rules%20and%20Practice&CONTENTTYPE = ARTICLE&SOURCE = SEARCH&INDEX =0, 2016 - 12 - 18.

义务。此外,纯粹表达学术观点、就职于相同工作单位客观上并不构成对仲裁员独立性和公正性的正当怀疑。最终 SCC 理事会驳回了申请人的请求。① 类似的实践还可见于伦敦国际仲裁院(London Court of Imernational Arbitration, LCIA)公布的仲裁员回避案件。譬如,在 2009 年的一起 LCIA 案件中,一方当事人援引了 2004 版《IBA 利益冲突指引》橙色清单关于"仲裁员重复指定"的内容,最终结合案件的国际性、仲裁员因重复指定而享有的经济利益等因素,LCIA 仲裁院最终支持了仲裁员的回避申请。② 与当事人(代理人)相似的是,仲裁员同样会参考《IBA 利益冲突指引》,特别当仲裁员需要判断具体披露内容,把握仲裁员独立性和公正性的适用标准以及就当事人提出的回避申请加以辩解时。

2.《IBA 利益冲突指引》在仲裁机构中的影响力

除了在当事人(代理人)和仲裁员中得到广泛适用外,《IBA 利益冲突指引》还对仲裁机构有着一定的影响力。以 ICC 为例,机构统计报告显示,在当事人基于《IBA 利益冲突指引》提出仲裁员回避申请的情况下,ICC 仲裁院往往会将指引纳入综合考虑。③ 相类似的是,SCC 理事会在决定仲裁员独立性和公正性问题时同样会将《IBA 利益冲突指引》纳入考虑。④ LCIA 的有关实践同样反映了这点。例如,在一起以伦敦为仲裁地的 LCIA 案件中,申请人对被申请人指认的仲裁员,即一名深谙保险和再保险市场的大律师,提出了回避申请。申请人的理由包括该仲裁员曾为被申请人提供过保险咨询服务,且该行为触及《IBA 利益冲突指引》的"可弃权红色清单"。对此,被申请人抗辩道《IBA 利益

---

① Tellez, Arbitrators' Independence and Impartiality A Review of SCC Board Decisions on Challenges to Arbitrators (2010 - 2012), available at: http://www.sccinstitute.com/media/30001/felipe-mutis-tellez_article-on-scc-challenges-on-arbitrators.pdf, 2016 - 12 - 18.

② Thomas W. Walsh and Ruth Teitelbaum, The LCIA Court Decisions on Challenges to Arbitrators: An Introduction in William W. Park (ed.), Arbitration International Special Edition on Arbitrator Challenges, Kluwer Law International, 2011, pp. 297 - 298.

③ Arbitrator Challenges under the ICC Rules and Practice, available at: http://www.iccdrl.com/itemcontent.aspx? XSL = arbSingle.xsl&XML = \ ARTICLES \ ART _ 0649.xml&TITLE = Arbitrator%20Challenges%20under%20the%20ICC%20Rules%20and%20Practice&CONTENTTYPE = ARTICLE&SOURCE = SEARCH&INDEX = 0, 2016 - 12 - 18.

④ Tellez, Arbitrators' Independence and Impartiality A Review of SCC Board Decisions on Challenges to Arbitrators (2010 - 2012), available at: http://www.sccinstitute.com/media/30001/felipe-mutis-tellez_article-on-scc-challenges-on-arbitrators.pdf, 2016 - 12 - 18.

冲突指引》不具有强制性,且不适用于伦敦的保险和再保险市场。这是因为熟悉伦敦保险和再保险市场的资深律师数量十分有限。在一个规模较小的专业领域里,相关律师与特定当事人之间存在诸多交集较为普遍。考虑到行业的特性,被申请人认为申请人的理由不应得到支持。对此,涉事仲裁员也表达了相似辩解,并表示过往的业务往来无损于他的独立性和公正性。在做出最终决定的过程中,LCIA 仲裁院首先明确了法律适用问题。该案仲裁员的独立性和公正性判断应基于英国法和相关判例,即一个公正和知情的理性人(fair-minded and informed observer)客观上是否会得出仲裁员具有实际偏见或有实实在在的偏见风险。其次,LCIA 仲裁院重申了《IBA 利益冲突指引》的积极价值。该指引虽然不具有拘束力,但它对于 LCIA 如何理解和适用英国法和相关判例却有益处。值得一提的是,LCIA 仲裁院指出《IBA 利益冲突指引》契合英国法和欧盟法的相关原则和精神。而后,鉴于本案为涉外案件,考虑到申请人(非英国主体)的合理预期,LCIA 仲裁院并没有采纳被申请人的理由,即拘泥于保险和再保险业的小众性。最后,LCIA 仲裁院支持了申请人提交的仲裁员回避申请。① 毋庸置疑,该案件充分展示了 LCIA 的说理全过程,较好地展现了《IBA 利益冲突指引》在仲裁机构中的定位与具体适用。

3.《IBA 利益冲突指引》在司法中的影响力

《IBA 利益冲突指引》对于司法实践的影响力同样不容小觑。这体现为有关法域的司法实践会将《IBA 利益冲突指引》纳入裁判的说理。例如,在英国的西拉渔业公司案中,鉴于独任仲裁员曾担任一方当事人企业的高管,且他的近亲属与案件当事人有重大利益往来,因此该仲裁员的独立性和公正性遭到了质疑。在适用英国法律的过程中,主审法官波普尔韦尔(Popplewell)援引了 2014 版《IBA 利益冲突指引》红色清单有关条款以加强说理。最终,法院支持了独任仲裁员回避的申请。② 在另一起英国案例中,主审法官弗洛(Flaux)指出仲裁员独立性和公正性的判断应遵循英国仲裁法和判例。虽然《IBA 利益

① Parties Not Indicated, LCIA Court Decision on Challenge to Arbitrator, LCIA Reference No. 81160, 28 August 2009 in William W. Park (ed.), Arbitration International Special Edition on Arbitrator Challenges, Kluwer Law International, 2011, pp. 442 – 453.

② Sierra Fishing Company and others v. Farran and others [2015] EWHC 140 (Comm).

冲突指引》对仲裁员独立性和公正性的判断不具有决定性,但它却具有参考价值。[①] 与之类似的是,在瑞典最高院的一起撤裁案例中,法官同样援引了《IBA 利益冲突指引》。一方面,这是因为仲裁员未披露事项同《IBA 利益冲突指引》的清单有重叠。例如,该案边裁曾与当事人律师所在律师事务所订有法律咨询协议。此外,该律所又长期为案件当事人提供法律服务,并从中获得丰厚收益。另一方面,这与瑞典推行的支持仲裁(pro-arbitration)政策有关。由于审理的是国际仲裁案件,瑞典最高院明确指出,除适用仲裁地瑞典法律外,还有必要参考包括《IBA 利益冲突指引》在内的国际标准。《IBA 利益冲突指引》对于瑞典法律的解释和适用具有助力作用。最终,瑞典最高院以仲裁员缺乏独立性和公正性,进而违反仲裁正当程序为由撤销了案件。[②] 此外,瑞士联邦最高院也曾援引过《IBA 利益冲突指引》。围绕一起体育仲裁案件,瑞士联邦最高院法官裁判道,结合《IBA 利益冲突指引》绿色清单,仲裁员与律师同属一个体育协会并不构成仲裁员独立性和公正性丧失的理由。瑞士最高院法官还阐述了适用《IBA 利益冲突指引》的原因。除案情与清单列举有重合外,《IBA 利益冲突指引》系国际仲裁领域最佳实践的载体。《IBA 利益冲突指引》的相关条款体现了瑞士判例也是它得到适用的原因。[③] 除前述法域以外,美国、[④]荷兰、[⑤]比利时、[⑥]德国[⑦]以及奥地利[⑧]等法域也都有援引《IBA 利益冲突指引》的司法案例。

三、"软法"对中国仲裁员独立性和公正性认定的启示

《IBA 利益冲突指引》之所以能取得如此大的影响力有其深层次的原因。透过《IBA 利益冲突指引》在国际仲裁界的广泛适用可以看到,它有助于厘清

---

① A v. B [2011] EWHC 2345 (Comm).

② Anders Jilkén v. Ericsson AB, Swedish Supreme Court Judgment, Case No. T 2448 – 06, 19 Nov. 2007.

③ Swiss Supreme Court Decisions 4A_506/2007.

④ Applied Industrial Materials Corp. v. Ovalar Makine Ve Ticaret Sanayi, 492 F. 3d 132 CA 2 (NY).

⑤ Judgment of 18 October 2004, District Court of The Hague, civil law section, provision measures judge, Challenge No. 13/2004, Petition No. HA/RK 2004.

⑥ Judgment of 29 October 2007, République de Pologne v. Eureko BV, Brussels Court of Appeal.

⑦ Judgment of 4 October 2007, X v. Y, Oberlandesgericht Frankfurt am Main (Higher Regional Court of Frankfurt).

⑧ Judgment of 24 July 2007, Case No. 16 Nc 2/07w, Vienna Commercial Court.

仲裁员披露义务以及仲裁员独立性和公正性判断标准。这对中国仲裁员独立性和公正性的认定同样有所启示。对于中国现行仲裁制度的完善,本文有以下几点建议:

(一)中国仲裁界应加强对仲裁"软法"的理解

虽然《IBA 利益冲突指引》在域外具有很强的影响力,但是在中国仲裁实践中却较少被提及。[①] 究其原因,同中国仲裁界对《IBA 利益冲突指引》缺乏相应认识,仲裁理念尚未与国际完全接轨有关。鉴于此,我们应加强对仲裁"软法"的理解,特别是它的内涵、功能、影响力模式等。以下几点值得关注:其一,《IBA 利益冲突指引》填补了仲裁员独立性和公正性认定标准的空缺。尽管《示范法》法域和主要仲裁地的立法和仲裁规则均有明确仲裁员披露规则,并多就仲裁员独立性和公正性的认定采取客观标准,[②]但就如何具体把握和理解待披露事项以及何为"正当怀疑"或"合理怀疑"却比较模糊,再加上大多数国际知名仲裁机构并不公布仲裁员回避申请的具体说理,故各界就仲裁员的独立性和公正性的判断标准缺乏清晰认识。[③] 面对这种现状,《IBA 利益冲突指引》的出台恰好填补了空白,迎合了仲裁界对程序确定性的需求。其二,《IBA 利益冲突指引》具有"软法"属性,妥善运用能够增强仲裁的确定性。[④] 相比于国家立法和国际公约,"软法"的制定和实施具有更强的灵活性。"软法"的制定难度更低,更少受到法系传统、政治因素的羁绊,故它的规则设计往往更为中性,更易于实现各方诉求的平衡。例如,《IBA 利益冲突指引》在保障当事人知情权的同时,对仲裁员过度披露的倾向进行了纠正。[⑤] 在解释和适用方面,"软法"主要借助当事人、仲裁庭、法官的裁量权而产生影响力。以《IBA 利益冲突

---

① Judith Gill, The IBA Conflicts Guidelines—Who's Using Them and How?, *Dispute Resolution International*, Volume 1, Issue 1, p. 62.

② 譬如,2010 版 SCC 仲裁规则第 15 条规定:"如果存在对仲裁员独立公正性产生合理怀疑的情形或者该仲裁员并不具备双方当事人所约定的资格,当事人一方可对该仲裁员提出异议。"——笔者注

③ Nathalie Allen and Daisy Mallett, "Arbitrator Disclosure—No Room For The Colour Blind", *Asian International Arbitration Journal*, Volume 7, Issue 2, 2011, p. 120.

④ William W. Park, Rectitude in International Arbitration in William W. Park (ed.), Arbitration International Special Edition on Arbitrator Challenges, Kluwer Law International, 2011, pp. 507 – 508.

⑤ Chapter 5: Selection, Challenge and Change of Arbitrators in Jeff Waincymer, Procedure and Evidence in International Arbitration, Kluwer Law International, 2012, pp. 312 – 313.

指引》为例,它的解释需要灵活地结合"一般标准"和"一般标准的实际适用",而不能将两者割裂开来。① 此外,仲裁"软法"还体现了行业自治特征。《IBA 利益冲突指引》的制定者由两大法系法律专家构成。在制定"软法"前,他们开展了较为深入的国别研究,并通过类型化的方式将重要法域的抽象标准进行了具体化。② 这也奠定了"软法"较好法系融合性和可接受度的基础。其三,以《IBA 利益冲突指引》为代表的"软法"反映了仲裁伦理。仲裁伦理是国际仲裁领域的前沿发展议题,仲裁员独立性和公正性的背后实则体现了仲裁员道德操守。③ 同时,仲裁伦理也是仲裁国际化发展的必然结果。现代国际商事仲裁正呈现参与主体越发多元、争议越发复杂的现状。随着仲裁圈的不断扩大,各方信息不对称的问题有所加剧,传统的利益冲突机制以及带有地域性的仲裁伦理,如各地的律协规章,已越发不适应于国际仲裁。④ 为了探索国际仲裁伦理的国际化和统一路径,《IBA 利益冲突指引》、《美国律协仲裁员道德守则》(The Code of Ethics for Arbitrators in Commercial Disputes)以及《国际仲裁中的当事人代表行为规范指引》(IBA Guidelines on Party Representation in International Arbitration)等仲裁"软法"进行了积极摸索。例如,当涉及第三方资助仲裁时,就当事人是否应该主动披露资助方、当事人应在何种程度披露资助方的存在、资助方与仲裁员的利益冲突有何种表现形式等问题,目前国际仲裁界均尚无定论。在此背景下,《IBA 利益冲突指引》通过 2014 年的修订开启了对第三方资助仲裁的调整。⑤

(二)中国仲裁机构应突出对仲裁员独立公正的监督并提升机构透明度

仲裁机构是仲裁员独立性和公正性的重要监督主体。在中国主流仲裁机

① Otto L O de Witt Wijnen, Nathalie Voser and Neomi Rao, Background Information on the IBA Guidelines on Conflicts of Interest in International Arbitration, *Business Law International*, Volume 5, No. 3, 2004, p. 435.

② Nathalie Voser and Angelina M. Petti, The Revised IBA Guidelines on Conflicts of Interest in International Arbitration, *ASA Bulletin*, Volume 33 Issue 1, 2015, p. 9.

③ James Ng, When the Arbitrator Creates the Conflict: Understanding Arbitrator Ethics through the IBA Guidelines on Conflict of Interest and Published Challenges, *McGill Journal of Dispute Resolution*, Volume 2, 2015, p. 23.

④ Rogers, *Catherine A. Ethics in International Arbitration*, Oxford University Press, 2014, p. 74.

⑤ Eduardo Zuleta and Paul Friedland, The 2014 Revisions to the IBA Guidelines on Conflicts of Interest in International Arbitration, Dispute Resolution International, Volume 9, 2015, p. 59.

构仲裁规则已明确仲裁员披露义务、仲裁员独立性和公正性客观标准的背景下,中国仲裁机构如何实施和把握既有规范将是重点。对此,笔者有四点建议:其一,中国仲裁机构应适时将《IBA 利益冲突指引》等"软法"纳入考虑。这不仅有助于中国仲裁机构更好把握抽象标准,也有助于中国仲裁机构与国际知名仲裁机构保持同步。特别对涉外仲裁来说,由于案件涉及境外当事人、代理人乃至仲裁员,《IBA 利益冲突指引》的合理引用符合境外仲裁主体的合理预期,是中国仲裁机构对接国际化实践的表现。其二,中国仲裁机构应制定或完善相应的"软法"。就制定"软法"而言,中国仲裁机构可效仿 ICC 和新加坡国际仲裁中心(Singapore International Arbitration Centre, SIAC)的做法,在吸收《IBA 利益冲突指引》等"软法"精髓的基础上,推出诸如《ICC 关于当事人和仲裁庭仲裁行为的说明》(Note to Parties and Arbitral Tribunals on the Conduct of the Arbitration)和《SIAC 仲裁员道德准则》(Code of Ethics for an Arbitrator)这样的"软法"。[①] 这些"软法"一方面能够实现国际仲裁"软法"的本土化改造,[②]另一方面则可搭配中国仲裁机构的仲裁规则。而就仲裁"软法"的完善来说,它主要针对中国部分仲裁机构已制定的"仲裁员行为准则"。除借鉴《IBA 利益冲突指引》等"软法"的内容,完善披露事宜的列举外,中国仲裁机构还有必要明确违反"仲裁员行为准则"的消极后果。包括合理削减仲裁员的费用、[③]限制对特定仲裁员的机构指认机会,乃至解除与特定仲裁员的聘任关系,从机构仲裁员名册中除名。[④] 如此一来,"仲裁员行为准则"便可具有更强的规范效果,这有利于提高中国仲裁员的职业伦理。其三,中国仲裁机构应定期发布仲裁员回避问题报告,并适时出具相关案件的说理。参考国际知名仲裁机构的实践,无论是 LCIA 仲裁院需根据 2014 版 LCIA 仲裁规则第 10 条 6 款对仲裁员回避申请决定做出说理,亦或是 ICC 和 SCC 定期发布仲裁员回避问题报告,它们都是有助于提升机构透明度,使仲裁界更好地了解仲裁员独立性和公正性问题的

---

① Ben Giaretta, Duties of Arbitrators and Emergency Arbitrators under the SIAC Rules, Asian International Arbitration Journal, Volume 8, Issue 2, 2012, pp. 196 - 221.

② 中国籍专家并没有参与《IBA 利益冲突指引》的起草,这导致部分条款未必符合中国国情。——笔者注

③ Chapter 4: The Standard of Impartiality and Independence in Alfonso Gomez-Acebo, Party-Appointed Arbitrators in International Commercial Arbitration, Kluwer Law International, 2016, p. 88.

④ 萧凯:《从富士施乐仲裁案看仲裁员的操守与责任》,载《法学》2006 年第 10 期。

举措。不仅如此,提升机仲裁构的透明度也是国际发展趋势。仲裁的日益复杂不可避免地提升了当事人对于仲裁透明度的预期。[①] 为了响应这种预期的升级,国际知名仲裁机构正开展相应改革。例如,将于 2017 年 3 月生效的 2017 版 ICC 仲裁规则增设了机构就仲裁员回避申请决定的说理条款。[②] 其四,中国仲裁机构在仲裁员培训中应加强仲裁"软法"的内容。一方面,这有助于实现更好地实现行业自治,提升中国仲裁员对于独立性和公正性的认识和把握。另一方面,这也有助于培养中国仲裁员的"软法"理念,进而夯实中国仲裁人士国际化的"软实力"。

(三)中国法院应将仲裁"软法"纳入审判考量从而提升裁判的国际影响力

域外的司法实践对中国同样具有借鉴意义,特别是在中国越发重视司法裁判国际公信力的大背景下。[③] 对此,笔者有三点建议:其一,中国法院在处理涉外仲裁案件时不应局限于中国法律的机械解读。就仲裁员的独立性和公正性问题,综合考虑特定案情以及案件的国际背景,中国法院应将《IBA 利益冲突指引》有机地融合到中国法律的说理之中。须知善用"软法"也是司法能力的一种体现。[④] 具体而言,参考英国、瑞典、瑞士等国法院的做法,我们可在梳理《IBA 利益冲突指引》与中国法律契合之处的基础上,进而深化裁判文书说理力度。例如,《IBA 利益冲突指引》体现的仲裁伦理同中国《仲裁法》第 13 条强调的仲裁员应符合公道正派相一致。其二,中国最高人民法院可通过指导案例、公报案例等形式发布适用《IBA 利益冲突指引》的典型司法裁判。一方面能够加强各界对于中国仲裁员独立性和公正性认定标准的认知,另一方面也有助于推广《IBA 利益冲突指引》在中国的适用,并向国际社会宣传中国司法支持仲裁的良好形象。其三,中国最高人民法院可借助日后升级司法解释的契

---

① Conflicts of Interest: Towards Greater Transparency and Uniform Standards of Disclosure?, available at: http://kluwerarbitrationblog. com/2009/05/19/conflicts-of-interest-towards-greater-transparency-and-uniform-standards-of-disclosure/? _ga = 1. 21977464. 2114232910. 1475048356, 2016 – 12 – 19.

② ICC Court amends its Rules to enhance transparency and efficiency, available at: http://www. iccwbo. org/News/Articles/2016/ICC-Court-amends-its-Rules-to-enhance-transparency-and-efficiency/, 2016 – 12 – 19.

③ 最高人民法院关于《人民法院为"一带一路"建设提供司法服务和保障的若干意见》,载 http://www. court. gov. cn/fabu-xiangqing-14900. html,最后访问日期:2016 年 12 月 19 日。

④ 宋连斌、颜杰雄:《申请撤销仲裁裁决:现状 · 问题 · 建言》,载《法学评论》2013 年第 6 期。

机,将仲裁员披露义务、独立性和公正性标准等问题加以明确。尽管中国《仲裁法》没有细化一些制度,如《仲裁法》第 34 条明确了仲裁员独立性和公正性认定的一般标准,但这不妨碍司法解释进行适当的制度"续造"。在设计具体条款时,除转化"软法"的部分核心原则外,我们还应为《IBA 利益冲突指引》等"软法"留下司法的适用空间。譬如,面对涉外仲裁案件,在解释何为"正当怀疑"时,除明确采用客观标准外,司法解释还可明确法院可参考国际仲裁通行实践。如此一来,司法解释便可起到积极引导法官裁量权的效果。长远来看,这也有利于提升中国司法裁判的国际影响力。

四、总结

仲裁员独立性与公正性的重要意义不言而喻。它不仅关系到特定仲裁裁决的可执行性,还影响着仲裁制度的生命力。针对中国仲裁员独立性和公正性的相关问题,中国学者多呼吁修改《仲裁法》以完善相应保障制度。然而这种观点忽视了两点:一方面,中国现有仲裁制度已借助仲裁规则明确了仲裁员披露义务以及仲裁员独立性和公正性认定的客观标准;另一方面,即使《仲裁法》得以修改,它最多也只是将仲裁规则中的相应条款进行转化。换言之,即便立法明确了仲裁员独立性和公正性的保障制度,我们仍需要通过具体适用来将抽象标准具体化。以《IBA 利益冲突指引》为代表的"软法"为此做出了巨大贡献。[①] 国外仲裁当事人、代理人、仲裁员、仲裁机构、法院的实践一再表明,仲裁"软法"具有辅助仲裁员披露义务行使、仲裁员独立性和公正性客观标准认定的作用。令人遗憾的是,仲裁"软法"的这些积极作用在中国尚未得到足够的关注。笔者呼吁中国仲裁界加强对仲裁"软法"的理解,仲裁机构突出对仲裁员独立性和公正性的监督并提升机构透明度,法院将仲裁"软法"纳入审判考量从而提升裁判的国际影响力。相比于"硬法"的完善,善用"软法"更有助于激发当事人、仲裁员、仲裁机构、法院的能动性,进而厘清既有仲裁员披露规则以及仲裁员独立性和公正性抽象标准的适用。

---

① Ramón Mullerat Obe, The IBA Guidelines on Conflicts of Interest Revisited Another Contribution to the Revision of an Excellent Instrument, Which Needs a Slight Daltonism Treatment, *Spain Arbitration Review*, Volume 2012, Issue 14, 2012, p. 93.

已撤销仲裁裁决在《纽约公约》下承认与执行的分析

——以美国法院的实践为视角

陈　辉*

【内容摘要】 随着国际商事仲裁理论的发展,传统的已撤销仲裁裁决不可执行的立场有所松动。从条约解释上分析,《纽约公约》第 5 条第 1 款(e)项应作授权性条款解释。美国法院在实践中形成了以撤销仲裁裁决的外国法院裁判是否违反美国公共政策来审查是否应承认与执行已撤销仲裁裁决的做法及与该做法相适应的"优先管辖权和次级管辖权"理论。当裁定中国当事人胜诉的仲裁裁决在外国法院以各种不合理的事由被撤销时,中国不予承认与执行已撤销仲裁裁决的做法不利于维护中国当事人的合法权益。因此,中国应行使第 5 条第 1 款(e)项下的自由裁量权有条件地承认与执行已撤销仲裁裁决。

【关键词】 仲裁裁决　撤销　纽约公约　自由裁量权

传统国际商事仲裁理论认为,一项仲裁裁决如果被仲裁地法院撤销,该仲裁裁决在其他国家也得不到承认与执行,此即仲裁裁决效力的属地主义。但是,随着国际商事仲裁非国内化理论的发展,传统的属地主义理论有所松动。《纽约公约》第 5 条第 1 款(e)项规定"被请求承认或执行裁决的管辖当局只有在作为裁决执行对象的当事人提出有关下列情况的证明的时候,才可以根据该当事人的要求,拒绝承认和执行该裁决……(e)裁决对当事人还没有约束力,

* 陈辉,华东政法大学国际法学硕士,现就职于上海市黄浦区人民法院。

或者裁决已经由作出裁决的国家或据其法律作出裁决的国家的管辖当局撤销或停止执行。”[①]围绕着该条中“可以”这一措辞，虽然理论界对这一条授权性条款的性质还存在争议，但实践的趋势是执行地法院基本认可了这一自由裁量权，只是行使这一自由裁量权的条件和具体方法有所差异。美国法院目前已经形成了较为成熟的以“判决承认与执行”方式承认与执行已撤销仲裁裁决的实践路径，本文拟从这些案例入手，分析美国法院承认与执行已撤销仲裁裁决的对象、范围、标准以及其背后的理论支撑，以他山之石，为中国承认与执行外国仲裁裁决的理论与实践提供借鉴。

一、《纽约公约》第 5 条第 1 款(e)项之解读

《纽约公约》第 5 条第 1 款(e)项规定：“被请求承认或执行裁决的管辖当局只有在作为裁决执行对象的当事人提出有关下列情况的证明的时候，才可以根据该当事人的要求，拒绝承认和执行该裁决：……(e)裁决对当事人还没有约束力，或者裁决已经由作出裁决的国家或据其法律作出裁决的国家的管辖当局撤销或停止执行。”从该条款可以看到，当一项外国仲裁裁决已被其来源国撤销时，执行地法院并非必须拒绝承认与执行该仲裁裁决，而是享有是否承认与执行的自由裁量权。由此，产生了该条款是授权性(permissive)条款还是强制性(mandatory)条款的争议，争议之焦点就集中在“可以”的解释上。

授权论派学者认为，《纽约公约》第 5 条使用了“可以”(may)而不是“应当”(shall)，因此即使被执行人证明外国仲裁裁决已被其来源国撤销或停止执行，执行地法院在一定程度上依然有承认与执行裁决该仲裁裁决的自由裁量权。强制论派学者认为，结合《纽约公约》当时的立法背景，第 5 条的“可以”就是“应当”的意思，第 5 条并没有留给执行地法院是否承认与执行仲裁裁决的自由裁量权。

条约解释的主要依据是《维也纳条约法公约》第 31 ~ 33 条的规则。

根据《维也纳条约法公约》第 31 条的规定，条约的解释应遵循三个总的原则：第一，按照善意的原则进行解释；第二，应推定条约用语具有通常的意义；第

---

① [英]艾伦 · 雷德芬、马丁 · 亨特等：《国际商事仲裁法律与实践》，林一飞、宋连斌译，北京大学出版社 2005 年版，第 539 页。

三,条约用语的通常意义应按照用语的上下文并参考条约的目的和宗旨决定。[①]

为证实依据第 31 条解释所得的结果,或依据第 31 条解释,条约仍然意义不明或所获结果显属荒谬时,可以使用谈判记录、条约的历次草案和讨论条约的会议记录等补充资料进行解释。[②] 而且当条约有两种以上认证用语的版本时,这些不同版本的条约具有相同的法律效力,在解释这些不同版本的条约用语时应推定意义相同。

根据《维也纳条约法公约》第 31 条的规定,对条约进行文义解释的方法主要有通常意义解释,体系解释以及目的、宗旨解释三种。

(一)对《纽约公约》第 5 条第 1 款(e)项的通常意义解释

《纽约公约》的中、英、法、俄和西班牙文版本具有相同的法律效力。其中,英文版第 5 条第 1 款为:Recognition and enforcement of the award may be refused… only if (a)… or… or(e)…

"may"这个词的通常含义为"可以",是一个表达"选择性""授权性"的情态动词,这是"may"这个词的通常意义。荷兰著名国际仲裁专家桑德斯教授曾在《仲裁实践 60 年》中回忆称,《纽约公约》采用的案文是由荷兰代表团提出的,立法者在公约案文第 5 条第 1 款所使用的"may",事实上是指"shall"。[③] 笔者认为,将"may"解释成"shall"已经超越了"may"的通常意义。而且从《纽约公约》不同条文语义的一致性看,《纽约公约》第 2 条第 1 款、第 3 条以及第 7 条都使用了"shall",很难认为立法者会分别用"shall"和"may"这两个情态动词来表达"应当"这一个意思。因此在起草《纽约公约》时,立法者是区分了"may"和"shall"这两个情态动词的不同意义的。也有学者认为"may… only"这种结构"only"才是核心,表达了一种强制性的语气,因此《纽约公约》第 5 条不予承认与执行事由的适用具有强制性。[④] 笔者认为,《纽约公约》第 5 条第 1 款的"only"是对不予承认与执行外国仲裁裁决的事由的限制,即"only"表明第 5 条

---

① 王铁崖:《国际法》,法律出版社 1995 年版,第 314 页。

② 同上书,第 315 页。

③ 赵秀文:《从克罗马罗依案看国际仲裁裁决的撤销与执行》,载《法商研究》2002 年第 5 期。

④ See Kenneth R. Davis, A New Look at Articles Ⅴ and Ⅶ of the Convention on the Recognition and Enforcement of Foreign Arbitral awards, 37 *Tex. Int'l L. J.* 43, 2002, p. 59.

第1款所列的事由是穷尽的，被执行人不得援引该款所列之外的事由进行抗辩，执行地法院不得适用该款所列之外的事由不予承认与执行外国仲裁裁决，而不是反过来对“may”的限制。

（二）对《纽约公约》第5条第1款（e）项的体系解释

首先，《纽约公约》第7条第1款规定，当执行地的仲裁法关于承认与执行仲裁裁决的条件较《纽约公约》更有利于外国仲裁裁决承认与执行时，该执行地法院不得剥夺申请执行裁决的一方当事人援引该更有利法律的权利，是为“更加优惠权利条款”（more favorable right provision）。第7条第1款的规定是强制性的，其目的在于最大限度地承认与执行仲裁裁决。如果将第5条1款（e）项解释为强制性条款，将与第7条第1款在立法目的和宗旨上产生冲突。①

其次，如果将《纽约公约》第5条1款（e）项解释为强制性条款，则执行地法院有义务遵循裁决来源国法院撤销仲裁裁决的裁判，那么为避免执行地法院执行了仲裁裁决后该裁决又被撤销的矛盾，第6条的“中止条款”也应当是强制性规定。但是第6条却使用了“may”这个情态动词。② 假设第6条为强制性规定，执行地法院有义务等待裁决来源国法院作出仲裁裁决效力的裁判，这事实上就回到了1927年《日内瓦公约》的“双重许可制度”。③ 只不过许可的形式由“积极的确认仲裁裁决效力”变成了“消极的撤销仲裁裁决”，申请许可的主体由申请执行裁决的一方变成了被执行的一方。

（三）对《纽约公约》第5条第1款（e）项的目的和宗旨解释

《纽约公约》的目的和宗旨在于确保各缔约国在承认与执行外国仲裁裁决上的一致性并促进仲裁裁决的执行（pro-enforcement）。有学者指出，承认已撤销仲裁裁决的可执行性将导致同一仲裁裁决的执行在各国出现互相矛盾的情

---

① See Jan Paulsson, May or Must Under the New York Convention: An Exercise in Syntax and Linguistics, Vol. 14, No. 2, *Arb. Int'l* 1998, p. 229.

② Article Ⅵ: If an application for setting aside or suspension of the award has been made to a competent authority referred to in article V(1)(e), the authority before which the award is sought to be relied upon may, if considers it proper, adjourn the decision on the enforcement of the award and may also, on the application of the party claiming enforcement of the award, order the other party to give suitable security.

③ See Emmanuel Gaillard, The Enforcement of Awards Set Aside in the Country of Origin, *ICSID Review: Foreign Investment Law Journal*, Vol. 14, Issue 1, 1999, p. 33.

况,这与《纽约公约》的一致性目的相矛盾。[①]

笔者认为,《纽约公约》的各项目的、宗旨之间不是全有或全无的排斥关系,而是一种竞争关系,即哪一个目的、宗旨在解释第 5 条第 1 款(e)项时占优势。[②]《纽约公约》的一致性目的主要依靠公约本身来实现,而《纽约公约》促进仲裁,促进仲裁裁决执行的目的、宗旨却依赖于公约中具体制度的设计建构。[③]而且,已撤销仲裁裁决的承认与执行并非导致《纽约公约》执行结果不一致的唯一原因。由于每个缔约国都可以自由解释和适用《纽约公约》拒绝执行的事由,未被仲裁地法院撤销的仲裁裁决也可能发生在一个缔约国得到承认与执行而在另一个缔约国被拒绝的矛盾情形。[④] 因此,在解释《纽约公约》第 5 条第 1 款(e)项时应以公约促进仲裁裁决的执行这一目的、宗旨为指导,作出有利于仲裁裁决执行的授权性条款解释。

根据《维也纳条约法公约》第 32 条的规定,有两种情况可以适用补充资料解释:第一种情况是为了证实根据第 31 条解释所得的意义,因此补充资料解释起的是一种补强作用;第二种是依据第 31 条解释,条约仍然意义不明或所获结果显属荒谬,在这种情况下补充资料解释对条约意义的释明起了关键作用。

根据上文的解释,第 5 条第 1 款(e)项作授权性条款解释并未出现意义不明或所获结果显属荒谬的情形,因此补充资料解释在此起到的是补强作用。

1953 年,国际商会(The International Chamber of Commerce, ICC)向联合国提交了一份关于执行国际仲裁裁决公约的报告和草案。关于拒绝承认与执行仲裁裁决事由的审查,这份公约草案第 4 条使用了"shall be refused"[⑤]的措辞。联合国经济和社会理事会接受了该公约草案的大部分条文,但是将第 4 条

---

① See M. B. Holmes, Enforcement of Annulled Arbitral Awards: Logical Fallacies and Fictional Systems, 79 (3) *Arbitration*, 2013, p. 247.

② 舒国滢:《法理学导论》(第 2 版),北京大学出版社 2012 年版,第 113 ~ 114 页。

③ 如《纽约公约》第 7 条第 1 款就是以促进仲裁裁决执行为目的的制度设计。

④ Luca G. Radicati di Brozolo, The Enforcement of Annulled Awards: Further Reflection in Light of Thai-Lao Lignite, 25 Am. Rev. Int'l Arb. 47, p. 59.

⑤ ICC Draft Convention Article Ⅳ: Recognition and enforcement of the award shall be refused if the competent authority to whom application is made establishes: ... See International Chamber of Commerce, Enforcement of International Arbitral Awards, Report and Preliminary Draft Convention, No. 174, ICC Publication, 1953, p. 13.

(最终版本为第 5 条)的措辞改为了“may only be refused”。[①] 此外,在公约草案审议过程中,德国代表团建议将第 4 条的相关措辞修改为“shall be refused”[②],但是该建议并未被采纳,在最终通过的《纽约公约》条文中仍然使用了“may be refused”这一措辞。因此,笔者认为在《纽约公约》起草过程中,关于第 5 条第 1 款的措辞是用“may”而不是“shall”是经过立法者们仔细斟酌的,而不是桑德斯教授所称的疏忽所致。

综上所述,通过对《纽约公约》第 5 条第 1 款(e)项的文义解释、补充资料解释,第 5 条第 1 款(e)项应当为授权性条款,即执行地法院享有是否承认与执行已撤销仲裁裁决的自由裁量权。

二、美国法院承认与执行已撤销仲裁裁决实践的分析

美国法院目前适用《纽约公约》第 5 条第 1 款承认与执行已撤销仲裁裁决的案例共计 9 个,其中法院判决承认与执行的有 4 个,具体情况参见表 1:

表 1　承认与执行已撤销仲裁裁决案例的情况

序号	案件名称	案号	是否承认与执行
1	Chromalloy Aeroservices, Inc., v. the Arab Republic of Egypt	939 F. Supp. 907 (1996)	是
2	Yusuf Ahemed Alghanim & Sons, W. L. L. v. Toys “R” US, Inc.; Tru (HK) Ltd.	126 F. 3d 15 (1997)	否
3	Baker Marine (NIG.) Ltd., v. Chevron (NIG.) Ltd.	191 F. 3d 194 (1999)	否
4	Martin Spier v. Calzaturificio Tecnica, Spa	71 Supp. 2d 279 (1999)	否
5	Karaha Bodas Co., L. L. C. v. Perusahaan Pertambangan Minyak Dan Gas Bumi Negara	364 F. 3d 274 (2004)	是

① See U. N. Doc. E/AC. 42/4/Rev. 1, Annex p. 2.

② See U. N. Doc. E/CONF. 26/L. 34, p. 1.

续表

序号	案件名称	案号	是否承认与执行
6	TermoRio S. A. E. S. P. and Lease Co. Group v. Electranta S. P., et al.	487 F. 3d 928, 937 (2007)	否
7	Juan Jose Castillo Bozo, V Leopoldo Castillo Bozo and Gabriel Castillo Bozo	1:12-cv-24174-KMW	是
8	Thai-Lao Lignite (Thailand) Co., Ltd. & Hongsa Lignite (LOPDR) Co., Ltd. v. Government of the Lao People's Democratic Republic	997 F. Supp. 2d 214(2014)	否
9	Corporación Mexicana de Mantenimiento Integral, S. de R. L. de C. V.,-v.-Pemex-Exploración y Producción.	2016 U. S. App. LEXIS 13991(2nd Circuit)	是

通过上述这些案例,美国法院形成了"判决承认与执行"方式(judgment routine)这一承认与执行已撤销仲裁裁决的方法。这一方法具体是指,如果外国法院撤销仲裁裁决的裁判违反了美国关于公平、正义的基本观念,则美国法院将不认可该裁判的效力,继而承认与执行该已被外国法院撤销的仲裁裁决。

(一)"判决承认与执行"方式的法律基础

早在 Chromalloy Aeroservices, Inc., v. the Arab Republic of Egypt,(以下简称 Chromalloy 案)中,美国哥伦比亚特区联邦地区法院(以下简称特区联邦法地区法院)就确认了《纽约公约》第 5 条规定的是一个授权性标准,在这一标准下法院可以拒绝执行外国仲裁裁决。① 因此,仲裁裁决已被外国法院撤销,只是《纽约公约》允许执行地国法院拒绝承认与执行该仲裁裁决的事由,而非要求执行地国法院必须这样做。执行地国法院享有一定的自由裁量权。这一意见也被其后美国所有关于已撤销外国仲裁裁决承认与执行的案件所接受,并成为"判决承认与执行"方式的法律基础。

---

① Chromalloy Aeroservices, Inc., v. the Arab Republic of Egypt, 939 F. Supp. 907, 914 (1996).

（二）"判决承认与执行"方式下执行地法院的自由裁量权

在 Chromalloy 案中，特区联邦地区法院就确认，在是否承认与执行已撤销外国仲裁裁决上，其自由裁量权就是审查外国撤销仲裁裁决的裁判是否违反了美国的公共政策。[①] 但是，该案并未明确指出这一公共政策考量的直接依据。这一问题在接下来的几个案件中都未给予明确的回答。[②] 直到在 TermoRio S. A. E. S. P. and Lease Co. Group v. Electranta S. P. , et al. 案中（以下简称 TermoRio 案），美国哥伦比亚特区联邦上诉法院（以下简称特区联邦上诉法院）明确了这一问题。其在判决中指出，《纽约公约》第 5 条第 1 款（e）项下，有一个默示的公共政策注释。因此，审查撤销仲裁裁决的裁判的公共政策与《纽约公约》第 5 条第 2 款（b）项的公共政策并不相同，而且前者的范围不得宽于后者。[③]

（三）"判决承认与执行"方式下"公共政策"的范围

在 Chromalloy 案中，特区联邦地区法院将裁决来源国法院撤销仲裁裁决裁判中的事由是否为美国国内仲裁法所认可，作为衡量该裁判是否违反美国公共政策的因素之一，但是该方法在 TermoRio 案中被特区联邦上诉法院所否定。[④] 在 Baker Marine（NIG.）Ltd. , v. Chevron（NIG.）Ltd. 案中，美国联邦第二巡回上诉法院（以下简称联邦第二巡回上诉法院）指出，除非有极不寻常的情况（extraordinary circumstances），外国法院撤销仲裁裁决的裁判通常应当得到美国法院的尊重。但是该案的判决并没有指明"极不寻常的情况"究竟指的是哪些情况。[⑤] 在 TermoRio 案中，特区联邦上诉法院明确了这一范围，其在

---

① See Chromalloy Aeroservices, Inc. , v. the Arab Republic of Egypt, 939 F. Supp. 907, 913 (1996).

② 这些案件是 Yusuf Ahemed Alghanim & Sons, W. L. L. v. Toys "R" US, Inc. ; Tru (HK) Ltd. , 126 F. 3d 15 (1997), Baker Marine (NIG.) Ltd. , v. Chevron (NIG.) Ltd. , 191 F. 3d 194 (1999), Martin Spier v. Calzaturificio Tecnica, Spa, 71 Supp. 2d 279 (1999).

③ TermoRio S. A. E. S. P. and Lease Co. Group v. Electranta S. P. , et al. , 487 F. 3d 928, 938 (2007).

④ TermoRio S. A. E. S. P. and Lease Co. Group v. Electranta S. P. , et al. , 487 F. 3d 928, 938 (2007).

⑤ Thai-Lao Lignite (Thailand) Co. , Ltd. & Hongsa Lignite (LOPDR) Co. , Ltd. v. Government of the Lao People's Democratic Republic, 2014 U. S. Dist. Lexis 15004, 14 (2014).

判决中援引了 Tahan v. Hodgson 案[①],认为如果一项判决违反公共政策的程度达到了与执行地国家基本的公平、正义观念相矛盾,那么该判决将得不到执行。何为外国法院的判决与执行地国家基本的公平、正义观念相矛盾?特区联邦上诉法院也指出“这一标准很高,并非经常能够达到……一项判决明确表明将损害公共政策、公众对法律实施的信任或个人自由、财产权利的保障,将构成违反公共政策”。[②]

综合美国从 1996 年 Chromalloy 案到 2016 年 COMMISA 二审案相关 9 个案件[③],美国法院认定的美国基本公平、正义观念的外延为:

1. 无视仲裁协议中明示或默示放弃对裁决进行司法审查的意思表示。在 Chromalloy 案中,CAS 与埃及政府之间的仲裁协议约定“仲裁庭作出的仲裁裁决是终局的,对双方均有拘束力,并且不得诉诸任何上诉或其他救济程序”。当仲裁庭作出不利于埃及政府的裁决后,埃及政府向开罗上诉法院申请撤销该仲裁裁决,后该仲裁裁决被撤销。特区联邦地区法院认为,“美国支持使用终局的、对双方具有拘束力的商事仲裁来解决纠纷的公共政策是明确的,这一政策得到国际条约、立法以及判例法的支持……执行对双方具有拘束力的仲裁协议有着强有力的公共政策支持。(因此)本院如果承认埃及法院撤销仲裁裁决裁判的效力,将违反美国的公共政策。”[④]

2. 外国法院撤销仲裁裁决的裁判存在程序瑕疵。在 TermoRio 案中,TermoRio 与 Electranta 订立了一份电力供销合同,由后者购买约定数量的电力。当 Electranta 未能按照约定购买电力时,双方将争议提交给了仲裁地位于哥伦比亚的仲裁庭。后仲裁庭作出了有利于 TermoRio 的裁决。Electranta 向法院申请撤销该裁决,最终哥伦比亚最高行政法院(Council of State)以仲裁条款违反哥伦比亚法律关于禁止适用 ICC 仲裁规则的规定撤销了该裁决。TermoRio 申请执行该仲裁裁决,特区联邦上诉法院将哥伦比亚法院撤销仲裁

---

① Chamis Tahan v. John G. Hodgson, 662 F. 2d 862 (1981).

② TermoRio S. A. E. S. P. and Lease Co. Group v. Electranta S. P. , et al. , 487 F. 3d 928, 938 (2007).

③ Corporación Mexicana de Mantenimiento Integral, S. de R. L. de C. V. ,-v. -Pemex-Exploración y Producción. 2016 U. S. APP. LEXIS 13991(2nd Circuit).

④ Chromalloy Aeroservices, Inc. , v. the Arab Republic of Egypt, 939 F. Supp. 907, 912 – 913 (1996).

裁决的程序并不存在瑕疵，其裁判结果是真实可信，作为该裁判不违反执行地国家基本的公平、正义观念的理由之一。[①]

3. 撤销仲裁裁决的裁判溯及地适用法律致一方当事人丧失救济机会。在 Corporation Mexicana de Mantenimiento Integral, S. de R. L. de C. V. v. Pemex-Exploraciony Production 案中，COMMISA 与 PEP 签订了一份海上天然气平台建造合同，其中的仲裁条款约定任何争议均应提交仲裁解决，仲裁地为墨西哥城，适用提交仲裁时有效的国际商会仲裁院调解与仲裁规则。[②] 后双方都宣称对方违约，经调解无法达成协议后，COMMISA 提起仲裁。仲裁庭作出了有利于 COMMISA 的仲裁裁决。在此期间，墨西哥颁布了新的法律，该法律明确规定本法没有溯及力，因此不适用于 COMMISA 与 PEP 之间的仲裁协议。PEP 向墨西哥法院申请撤销该仲裁裁决，墨西哥法院适用了该新法律，认为 COMMISA 与 PEP 之间的争议属于行政争议，不具可仲裁性，并据此撤销了该仲裁裁决。COMMISA 只能向其他有管辖权的墨西哥法院寻求救济，但是由于已超过时效，COMMISA 的请求被驳回。

COMMISA 向美国纽约州南区联邦地区法院申请执行该仲裁裁决，PEP 以该仲裁裁决已被墨西哥法院撤销作为抗辩。纽约州南区联邦地区法院认为墨西哥法院溯及地适用了订立仲裁协议时并不存在的法律，损害了 COMMISA 的合理期待，也致使 COMMISA 因超过诉讼时效丧失了寻求实体救济的机会。因此，墨西哥法院撤销仲裁裁决的裁判违反了美国基本的公平、正义观念，该已被撤销的仲裁裁决应得到执行。

4. 违反放弃国家司法豁免的默示承诺。在 COMMISA 二审中，联邦第二巡回上诉法院认为，PEP 与 COMMISA 签订了仲裁协议。根据美国法，国家或国有企业签订仲裁协议意味着放弃国家司法豁免。而且根据北美自由贸易协定，仲裁被作为解决投资争议，保障成员国投资者平等怠于的机制。因此，墨西哥法院以 PEP 的行政解除行为不具有可仲裁性撤销仲裁裁决，违反了美国关

① TermoRio S. A. E. S. P. and Lease Co. Group v. Electranta S. P. , et al. , 487 F. 3d 928, 935 (2007).

② Corporation Mexicana de Mantenimiento Integral, S. de R. L. de C. V. v. Pemex-Exploracion y Production, 962 F. Supp. 2d 642(2013).

于合同期待利益和放弃国家豁免的公共政策以及北美自由贸易协定下的义务。[①]

5. 撤销仲裁裁决的法院对仲裁裁决的撤销无管辖权。在 Karaha Bodas 案[②]中,美国第五巡回上诉法院在承认与执行一份外国仲裁裁决时认为,该裁决的真正仲裁地在瑞士而非印度尼西亚,故印度尼西亚法院作出的撤销裁决判决不构成《纽约公约》第 5 条第 1 款(e)项下可以不予执行裁决的事由。

在 Castillo Bozo 案中,美国佛罗里达州南区联邦地区法院仲裁裁决的仲裁地不在加拉加斯,而是美国迈阿密,因此,委内瑞拉法院无撤销仲裁裁决的管辖权,其撤销仲裁裁决的判决不应适用国际礼让。[③]

6. 以国际通行事由撤销仲裁裁决的裁判的效力应予以认可。相关案例表明,以与《纽约公约》第 5 条第 1 款(a)(d)项相同的事由撤销仲裁裁决的裁判,其效力得到了美国法院的承认。在 Thai-Lao Lignite (Thailand) Co. , Ltd. & Hongsa Lignite (LOPDR) Co. , Ltd v. Government of the Lao People' s Democratic Republic 案中,美国纽约州南区联邦地区法院认为"马来西亚高等法院撤销该仲裁裁决是基于仲裁庭超越管辖权这一被普遍认可的事由,因此该裁判并不违反美国基本的公平、正义观念,应承认其效力。[④]

三、"判决承认与执行"方式的理论基础

以撤销仲裁裁决的外国法院裁判是否违反美国公共政策来审查是否应承认与执行已撤销仲裁裁决是一种以属地原则为基础的做法。美国法院以该原则为基础创立了"优先管辖权和次级管辖权"理论。

在 Yusuf Ahemed Alghanim & Sons, W. L. L. v. Toys "R" US, Inc. ; Tru (HK) Ltd. ,案中,联邦第二巡回上诉法院就认为,关于仲裁裁决的审查,《纽约公约》规定了两套体制:一是裁决作出地国或裁决所依据法律所属国的体制,

---

① Corporación Mexicana de Mantenimiento Integral, S. de R. L. de C. V. , Petitioner-Appellee, -v. -Pemex-Exploración y Producción, Respondent-Appellant, 2016 U. S. App. LEXIS 13991, 29 – 31.

② Karaha Bodas Co. , L. L. C. v. Perusahaan Pertambangan Minyak Dan Gas Bumi Negara, 364 F. 3d 274 (2004).

③ See Francisco Gonzalez de Cossio, Enforcement of Annulled Awards: Towards a Better Analytical Approach, Arbitration International, 2016, 32, 21.

④ Thai-Lao Lignite (Thailand) Co. , Ltd. & Hongsa Lignite (LOPDR) Co. , Ltd. v. Government of the Lao People' s Democratic Republic, 997 F. Supp. 2d 214(2014).

二是承认与执行地国的体制。在前种体制下，《纽约公约》允许法院适用国内仲裁法撤销仲裁裁决。这一立场也成为美国法院优先管辖权和次级管辖权的基础。① 优先管辖权和次级管辖权理论由联邦第二巡回上诉法院在 TermoRio 案一案中确立，其基本观点为：首先，优先管辖权国家可以根据国内仲裁法撤销仲裁裁决；其次，次级管辖权国家在通常情况下应当尊重优先管辖权国家撤销仲裁裁决的裁判，除非该撤销仲裁裁决的裁判与次级管辖权国家关于公平、正义的基本观念相矛盾。

（一）优先管辖权的界定

优先管辖权（primary jurisdiction）是指仲裁地国或仲裁所依据法律所属国的管辖权，该管辖权在仲裁裁决中具有支配性地位。优先管辖权国家可以根据国内仲裁法以及本国明示或默示的撤销裁决的事由撤销或更正仲裁裁决。② 根据《纽约公约》第 5 条第 1 款（e）项的规定，优先管辖权可以分为两类：仲裁地国的优先管辖权和作出裁决所依据法律的所属国的优先管辖权。

仲裁地是一个法律概念而非一个地理概念，它是国际商事仲裁在法律上的住所地，是国际商事仲裁与特定法律制度的连结点。根据《纽约公约》和大部分国家的仲裁立法，仲裁地最重要的意义就是除非当事人另有约定，仲裁地的仲裁程序法将适用于仲裁程序，仲裁程序包括仲裁裁决，将受仲裁地国法院的监督。③ 仲裁地一经确定，除非发生特殊情况，就不再发生变动。开庭地点、合议地点以及裁决书的签署地可以分别位于仲裁地之外的几个国家，但后者除了说明仲裁庭开庭、合议以及签署裁决书之外，几乎没有任何法律上的意义。④

《纽约公约》第 5 条第 1 款（e）项使用了“裁决作出地”的概念。笔者认为，《纽约公约》下的“裁决作出地”就是指仲裁地。仲裁裁决的作出是仲裁程序的一个重要环节，仲裁裁决的作出需受仲裁地法的约束，而裁决签署地除了证明

---

① See Marc J. Goldstein, Annulled Awards in the U. S. Court: How Primary Is "Primary Jurisdiction"?, *25 Am. Rev. Int'l Arb.* 19, p. 23.

② TermoRio S. A. E. S. P. and LeaseCo Group v. Electranta S. P., et al., 487 F. 3d 928, 935 (2007).

③ See Gary Born, International Arbitration: Law and Practice, *Kluwer Law International*, 2012, p. 105.

④ 赵秀文：《论法律上的仲裁地点及其意义》，载《时代法学》2005 年第 1 期。

仲裁裁决于当地签署这一事实之外,缺少与仲裁裁决在法律上的真正联系。

除了仲裁地国,根据《纽约公约》第5条第1款(e)项的规定,作出裁决所依据的法律所属国也享有对仲裁裁决的优先管辖权。通常认为"作出裁决所依据的法律"指的是仲裁程序法,比如美国纽约州南区联邦地区法院在International Standard Electric Corporation v. Bridas Sociedad Anonima Petrolera, Industrial Y Comercial一案①中就认为,"'《纽约公约》作出裁决所依据法律'这一措辞无疑指的是错综复杂的仲裁程序法……我们相信,本国法院因国内实体法适用于外国仲裁而享有撤销外国仲裁裁决的权利的观点是对《纽约公约》文本所体现的逻辑的公然挑衅,并且忽视了国际仲裁体系的本质。这一观点也为许多外国法院对先前相似案件的审查所证明。"②如今各国对国际商事仲裁的司法监督主要是仲裁程序的监督,而非对裁决实体内容的监督,作出裁决所依据的仲裁程序法相较于裁决所依据的准据法,与国际商事仲裁有更加密切的联系。因此,《纽约公约》作为仲裁司法监督的国际公约,其第5条第1款(e)项中"作出裁决所依据的法律"应当指的是仲裁程序法。

优先管辖权存在仲裁地国的优先管辖权和作出裁决所依据法律的所属国的优先管辖权这两种情形,尽管当事人选择仲裁地之外的仲裁程序法的情形在实践中很少出现,③但是,在理论上就会出现这样两个问题:申请撤销仲裁裁决的当事人必须在仲裁地国法院与作出裁决所依据法律所属国法院之间择一申请撤销还是可以同时向两个国家法院申请撤销?它们之间的效力如何?

桑德斯教授认为,申请撤销仲裁裁决的当事人可以在仲裁地国法院与作出裁决所依据法律的所属国法院之间择一申请撤销,而且作出裁决所依据法律的所属国法院裁判的效力应高于仲裁地国法院。④ 也有学者认为尽管《纽约公约》给予申请撤销仲裁裁决的当事人在仲裁地国法院与作出裁决所依据法律的所属

① 745 F. Supp. 172 (1992).

② International Standard Electric Corporation v. Bridas Sociedad Anonima Petrolera, Industrial Y Comercial, 745 F. Supp. 172, 177 (1992).

③ See Albert Jan van den Berg, *The New York Arbitration Convention of 1958: Towards a Uniform Judicial Interpretation*, *Kluwer Law International*, 1981, p. 350.

④ See P. Sanders, "New York Convention on the Recognition and Enforcement of Foreign Arbitral Awards", Note No. 246, p. 56. Cited from Hamid G. Gharavi, The International Effectiveness of the Annulment of an Arbitral Award, *Kluwer Law International*, 2002, p. 71.

国法院之间选择的权利，但是《纽约公约》也可以解释为有权撤销仲裁裁决的只有一个法院。现实情况是，这个法院通常为仲裁地国法院，即使裁决是依据第三国法律作出的，或者作出裁决所依据法律所属国法院正在进行裁决撤销程序。①

虽然美国法院在识别优先管辖权国家时，尚未遇到过当事人选择仲裁地国之外国家的仲裁法的情形，但是从理论上看，当仲裁地国与作出裁决所依据法律的所属国不一致时，次级管辖权国家应将后者作为优先管辖权国家。

首先，从《纽约公约》确保承认与执行外国仲裁裁决的一致性并促进仲裁裁决执行的目的和宗旨出发，在各国仲裁法关于撤销仲裁裁决的事由仍存在当地标准的背景下，如申请撤销裁决的一方当事人有权选择撤销裁决的法院，会出现当事人挑选法院的现象，间接损害承认与执行外国仲裁裁决的一致性。

其次，仲裁地的法律意义重于其地理意义。当仲裁地的仲裁法不再适用于某项国际商事仲裁时，那么仲裁地对该项国际商事仲裁的最重要的法律意义也就不复存在。相反，当事人选择了仲裁地之外国家的仲裁法就意味着有将该项国际商事仲裁纳入该国法律秩序的意思表示，因此该项国际商事仲裁裁决应接受该国的司法监督。

（二）次级管辖权法院审查优先管辖权法院裁判的标准

次级管辖权（secondary jurisdiction）是指承认与执行地国家对外国商事仲裁裁决的管辖权。相较于优先管辖权，次级管辖权处于从属地位，即在通常情况下，次级管辖权国家应当承认优先管辖权国家撤销国际商事仲裁裁决的裁判的效力，除非优先管辖权国家的审查超越了国际商事仲裁体系的合理标准。

如何界定一项审查标准是否超越国际商事仲裁体系的合理标准？各国学者们主要有以下观点：Paulsson 教授认为如果优先管辖权国家依据“当地标准”，即对仲裁裁决进行实体审查，或者依据当地的公共政策及可仲裁性，撤销国际商事仲裁裁决，就构成了超越国际商事仲裁体系的合理标准。② Leurent 教

---

① See R. David, L' arbitrage dans le commerce international, Note No. 239, at p. 558. Cited from Hamid G. Gharavi, The International Effectiveness of the Annulment of an Arbitral Award, *Kluwer Law International*, 2002, p. 71.

② See Jan Paulsson, The Case for Disregarding LSAs (Local Standard Annulments) under the New York Convention, 7 *Am. Rev. Int' l Arb.* 99, 1996, pp. 99 – 114. See also Jan Paulsson, Rediscovering the N. Y. Convention: Further Reflections on Chromalloy, 12(4) *Mealey' s Int' l Arb. Rep.* 20, 1997, p. 20.

授认为合理标准就是指《纽约公约》第5条第1款(a)~(d)项的4项事由。[①] William Park教授认为优先管辖权国家的裁判应被作为外国判决来对待,如果符合承认与执行外国判决的条件就予以承认与执行该撤销仲裁裁决的裁判。[②] Drahozal教授则认为只有在当事人在仲裁协议中明示放弃司法审查时,次级管辖权国家才可以不予承认优先管辖权国家裁判的效力。[③]

从司法判决来看,美国是将优先管辖权国家法院撤销仲裁裁决的裁判当作外国法院判决来对待。美国哥伦比亚特区联邦巡回上诉法院(以下简称特区联邦巡回上诉法院)在TermoRio案的判决中称:"一项是否承认或执行未被裁决作出地撤销的仲裁裁决的判决与一项是否不理会外国法院行为的判决有很大的区别。"[④]据此可以推测,特区联邦巡回上诉法院认定,对优先管辖权国家法院撤销仲裁裁决的裁判的审查不同于对外国仲裁裁决承认与执行的审查,其审查标准也有区别。如果优先管辖权国家法院撤销仲裁裁决的裁判不符合美国承认与执行外国法院判决的条件,则予以承认与执行已被优先管辖权国家法院撤销的仲裁裁决。因此,一项已撤销外国仲裁裁决能否在美国得到承认与执行,其审查标准就成了美国承认与执行外国法院判决的标准。如果美国审查外国法院判决的范围越窄,那么已撤销外国仲裁裁决得到承认与执行的可能性就越小,反之则越大。

四、中国承认与执行已撤销仲裁裁决之探讨

虽然实践中中国法院在审理外国仲裁裁决承认与执行案件时已直接适用《纽约公约》的相关条款,但是,最高人民法院在《关于执行中国加入的〈承认及执行外国仲裁裁决公约〉的通知》(以下简称《执行通知》)中对第5条"强制性

---

① See Leurent, Reflections on the International Effectiveness of Arbitration Awards, 12 *Arb. Int'l.* 269, 1996, p. 270.

② See William Park, Duty and Discretion in International Arbitration, 93 *Am. J. Int'l L.* 805, 1999, p. 813.

③ See Drahozal, Enforcing Vacated International Arbitration Awards: An Economic Approach, 11 *Am. Rev. Int'l Arb.* 451, 2000, p. 478.

④ TermoRio S. A. E. S. P. and Lease Co. Group v. Electranta S. P., et al., 487 F. 3d 928, 937 (2007).

条款"解释剥夺了已撤销外国仲裁裁决的执行申请人获得救济的权利。[①] 面对全球化的时代背景，当裁定中国当事人胜诉的仲裁裁决在外国法院以各种不合理的事由被撤销时，这一立场对中国当事人合法权益的保护显得力度不足。因此，在不违反国际公共政策的前提下，中国有条件地承认与执行已撤销仲裁裁决有其积极的现实意义。因此，应当修改《执行通知》中"强制性条款"解释，赋予中国法院在适用《纽约公约》第 5 条第 1 款时的自由裁量权。

关于承认与执行已撤销外国仲裁裁决的具体标准，笔者认为，一项已被裁决来源国撤销的仲裁裁决之所以能够在另一国得到承认与执行，一个根本原因在于各国关于撤销仲裁裁决的事由不尽相同。裁决来源国对仲裁裁决的司法监督不等于执行地国对仲裁裁决的司法监督，两者不是一个程序，因此执行地法院并不需要在任何情况下都全盘认可裁决来源国撤销裁决的裁判。[②] 仲裁地法院认可的范围原则上仅限于那些依据国际普遍接受的裁决撤销事由作出的撤销裁决的裁判。

因此，中国可借鉴《1961 年欧洲国际商事仲裁公约》第 9 条的规定，在明确《纽约公约》第 5 条为授权性条款的基础上，通过司法解释的方式，明确列举对于依据缺乏行为能力或仲裁协议无效、被执行人未得到指定仲裁员或进行仲裁程序的适当通知、仲裁庭裁决的事项超越管辖权以及仲裁庭的组成或仲裁程序不符合仲裁协议或相关法律这四项事由撤销的外国仲裁裁决，中国法院不予承认与执行。但是，即使以上述四项事由撤销仲裁裁决，如果该裁决来源国法院撤销仲裁裁决的程序或裁判结果，不符合中国国内法或双边司法协助条约中关于承认与执行外国法院裁判的条件，则该裁判不应得到中国的承认，而已被撤销的外国仲裁裁决应当在中国得到承认与执行。

---

① 最高人民法院《第二次全国涉外商事海事审判工作会议纪要》第 83 条："经当事人提供证据证明外国仲裁裁决尚未生效、被撤销或者停止执行的，人民法院应当拒绝承认与执行。外国仲裁裁决在国外被提起撤销或者停止执行程序尚未结案的，人民法院可以中止承认与执行程序；外国法院在相同情况下不中止承认与执行程序的，人民法院采取对等原则。"

② 张潇剑：《被撤销之国际商事仲裁裁决的承认与执行》，载《中外法学》2006 年第 3 期。

中国(上海)自由贸易试验区投资争端解决机制的探索

吴慧琼*

【内容摘要】 中国(上海)自由贸易试验区(以下简称自贸区)是中国政府顺应全球贸易和投资规则重构的重大举措。经过三年的发展,自贸区在投资领域取得了有目共睹的成绩,建立起了以准入前国民待遇加“负面清单”模式为核心的投资管理体系。投资争端解决机制属于各国投资体系和双边、多边投资协议中的重要组成部分,也是双边和多边投资谈判的重要议题。随着自贸区改革的进一步深入,因外商投资法律的调整、投资政策变化以及政府监管方式转变所引起的投资争端将会不断出现。投资争端解决机制不但关系到自贸区的健康发展,还关系到自贸区国际化、法治化的营商环境建设,也是中国未来参与一系列国际投资协定谈判的重要筹码和先期探索。

【关键词】 自贸区 投资争端 仲裁

一、引言

2013 年 7 月,中美举行第五轮战略与经济对话,双方同意以“准入前国民待遇和负面清单”为基础开展双边投资条约的实质性谈判。这是中国在外商投资管理模式上作出的重大突破,也清楚表明了中国对待高度自由化的美国 2012 年双边投资协议(BIT)范本的态度,即以“负面清单”谈判的方式接

---

* 吴慧琼,上海交通大学诉讼法学硕士,现就职于上海市第一中级人民法院。

受美国投资自由化的要求。2013 年 9 月 29 日，自贸区正式挂牌成立，是中国政府顺应全球贸易和投资规则重构的重大举措。根据《中国（上海）自由贸易试验区总体方案》，加快政府职能转变、扩大投资领域开放、推进贸易方式转变、深化金融领域的开放创新、完善法制领域制度保障成为自贸区肩负的五大任务。经过三年的发展，自贸区在投资领域取得了有目共睹的成绩，建立起了以准入前国民待遇加“负面清单”模式为核心的投资管理体系。投资争端解决机制属于各国投资体系和双边、多边投资协议中的重要组成部分，也是双边和多边投资谈判的重要议题。随着自贸区改革的进一步深入，因外商投资法律的调整、投资政策变化以及政府监管方式转变所引起的投资争端将会不断出现。投资争端解决机制不但关系到自贸区的健康发展，还关系到自贸区国际化、法治化的营商环境建设，也是中国未来参与一系列国际投资协定谈判的重要筹码和先期探索。如何构建一个既符合中国国情又适应国际规则的投资争端解决机制成为自贸区改革与创新的重要课题。本文将对投资争端解决机制进行分析研究，为开展相关的制度规则试验提供支持和参考。

二、涉自贸区投资争端类型以及投资争端解决现状

（一）国际投资争端类型以及争端解决方式

国际投资争端是国际私人直接投资过程中所产生的与投资活动密切相关的各种争议的总称，一般可分为以下三种：

1. 国家与国家之间的投资争端。这类争端是东道国和投资者母国之间由于解释和履行订立的双边或多边投资公约产生的争端；或者国家间由于国际私人投资活动产生的争端，使原来为外国投资者与东道国之间的争端转化为国家之间的争端。这类纠纷主要通过谈判、协商、斡旋、调停、和解等政治方法或者通过国际仲裁以及两国协商的常设司法机关解决。

2. 不同国籍的私人投资者之间的投资争端。这类争端通常是东道国与投资者母国的不同合营者之间由于解释和履行合营合同所发生的争端或者由于侵权行为产生的争端。这类纠纷可通过协商、仲裁、诉讼等方式解决。

3. 外国投资者与东道国之间产生的投资争端。它是由于东道国对外国投资者的投资活动行使管理或监督权而发生。这类纠纷主要通过协商谈判、外交

途径、依据多边或者双边条约提交国际仲裁(如提交“解决投资争端国际中心”或者国际商会仲裁院仲裁、适用《联合国国际贸易法委员会的规则》进行临时仲裁等)、东道国当地救济(包括行政复议和行政诉讼等)以及到外国法院诉讼的方式进行解决。

(二)涉自贸区投资争端类型

具体到上海自贸区而言,由于自贸区的构建属于中国主权范围内的事宜,非基于双边或者多边条约而设立,不存在中国政府同其他国家之间基于条约义务而产生的国家与国家之间的投资争端,此外,私人投资者和东道国之间的争端上升到国家和国家层面的情形也十分少见,故涉自贸区的投资争端主要有两类:

1. 涉自贸区私人投资者之间的投资争端

具体表现为:外国投资者到自贸区进行投资如设立合营企业、收购当地企业、签订合作协议等产生的纠纷,一般涉及合同的有效性、投资方式、投资资金、经营决策管理、技术转让、股权转让、利润分配等。既包括纯国内的投资纠纷(如三资企业与国内其他企业、自然人之间的纠纷),也包括涉外投资纠纷(如外国投资者和中方投资者之间的纠纷)。此类争议的实质是平等主体之间的民商事纠纷。

2. 涉自贸区外国投资者和东道国政府之间的投资争端

此类纠纷是由于自贸区的主管机关(主要是管委会)行使管理和监督职能所产生。此类争端按照发生的区域范围又可以分为两类:一是发生在区内的但非自贸区特有的外国投资者和东道国政府之间的投资争端,这类争端并非仅仅只发生在自贸区内,也并非随着自贸区的设立而发生,即不具有自贸区特色。如自贸区主管机关(主要为自贸区管委会)在自贸区内采取环境保护、公共健康、劳工保护等社会管理措施、投资监管等经济管理措施而与外国投资者产生的争端,此外,由于政府对自贸区内外国投资者的财产实行征用或国有化,或是进行外汇管制以及其他对外商投资实施行政管理等行为相关联、自贸区内不同市场主体提供差别待遇的行为,甚至是透明度不高的市场监管行为,也有可能引发争端。这类投资争端与发生在区外的投资争端没有区别。二是自贸区专属的投资争端,即由于自贸区特殊的外资政策而引发的自贸区独有的外国投资者和东道国政府之间的投资争端，主要表现为政府主管机关在自贸区内实施负面清单管理模式而产生的对“负面清单”解释上的争端或因服务业扩大开放而产生的暂停或取消投资者准入限制措施方面的争端。[①] 涉自贸区外国投资者和中国政府之间的投资争端的实质将更多地涉及对自贸区主管机关行为的合法性及其所应承担的责任的判断与确定等。

（三）自贸区投资争端解决的现状

由于投资争端的类型不同，导致的争端解决方法也不尽相同：

1. 涉自贸区私人投资者之间的投资争端解决

2014 年 8 月 1 日颁布实施的《中国（上海）自由贸易试验区条例》第 56 条规定，依法在自贸试验区设立司法机构，公正高效地保障中外当事人合法权益。本市依法设立的仲裁机构应当依据法律、法规并借鉴国际商事仲裁惯例，适应自贸试验区特点完善仲裁规则，提高商事纠纷仲裁的国际化程度，并基于当事人的自主选择，提供独立、公正、专业、高效的仲裁服务。本市设立的行业协会、商会以及商事纠纷专业调解机构等可以参与自贸试验区商事纠纷调解，发挥争议解决作用。对于自贸区私人投资者之间的投资争端，本质上属于民商事纠纷，争议的事项也多为投资合同争议，可以在中国现行民事诉讼法的框架内解决。争端各方可通过协商、调解等非法律手段或仲裁、法院诉讼等法律手段加以解决。除涉外案件外，解决此种争议所应适用的法律均应为作为东道国的中国的有关实体法律规定。目前，自贸区在平等主体之间的投资纠纷解决机制方面做出了一系列积极的探索。就法院而言，自贸区直接相关的法院为自贸区的纠纷解决建立了相应的应对机制，上海市浦东法院设立了专门的自贸区法庭，上海市第一中级人民法院组建了专项合议庭并颁布涉自贸区案件审判指引，上海市高级人民法院和最高人民法院正在酝酿相应的应对策略。就仲裁而言，上海自由贸易试验区仲裁院挂牌成立并颁布新的仲裁规则，[②]探索构建符合国际潮流的仲裁制度。上海市第二中级人民法院也为此制定适用仲裁规则的若干

① 陈力：《上海自贸区投资争端解决机制的构建与创新》，载《东方法学》2014 年第 3 期。

② 该仲裁规则借鉴国际上先进的仲裁规则，完善了“临时措施”并增设了“紧急仲裁庭”制度，确立了仲裁员开放名册制；细化了合并仲裁规则；完善了“仲裁与调解相结合”的制度；进一步强化了仲裁中的证据制度等；纳入了“友好仲裁”制度，增设了“小额争议程序”等。

意见。在调解方面,上海经贸商事调解中心入驻自贸区,并与浦东法院和上海一中院签署合作协议,为涉自贸区案件创建诉调对接机制。同时,自贸区律师服务业的开放,将加重律师这一特殊主体在解决投资纠纷解决中的作用。此外,各行业协会也将为自贸区内的投资纠纷提供专业化的支持。由此可见,上海自贸区多元化纠纷解决机制的构建已经初具雏形。

当然,随着自贸区外商投资政策的重大转变,自贸区以及跨区域的潜在投资纠纷将呈现主体多元化、类型多样化、利益复杂化和国际化的特征,对纠纷解决机制提出更高的要求。但目前尚存在一些不足,亟待完善。例如,在诉讼、调解、仲裁等多元框架并存的情况下,不同的纠纷解决机制之间如何衔接并协同发挥作用尚缺乏统一的架构;本地仲裁机构的国际化程度仍有待加强、相关仲裁制度设置仍与国际仲裁主流理念和发展趋势存在一定的差距。

2. 涉自贸区外国投资者和东道国政府之间的投资争端解决

关于自贸区内外国投资者与中国政府(包括自贸区管委员和其他政府机构)之间的投资纠纷,不属于平等主体之间的纠纷,不在中国仲裁法规定可仲裁性的范畴之内,也不能用解决民商事纠纷的机制进行处理。《中国(上海)自由贸易试验区管理办法》第 36 条规定:当事人对管委会或者有关部门的具体行政行为不服的,可以依照《中华人民共和国行政复议法》或者《中华人民共和国行政诉讼法》的规定,申请行政复议或者提起行政诉讼。故外国投资者如果对自贸区管委会或者其他政府机构的具体行政行为不服,可以通过行政诉讼或者行政复议的方式进行救济。对于规范性文件的监督管理,2014 年 10 月 1 日开始实施的《中国(上海)自由贸易试验区管理委员会行政规范性文件法律审查规则》将公民、法人和其他组织的"书面建议权"升级为"法律审查申请权",即公民、法人或者其他组织对于自贸试验区管委会制定的规范性文件有异议的,有权提请市政府进行法律审查。这一制度创新立足于积极预防和处理涉及规范性文件的法律争议,通过加强公众监督,完善投资者权益保障机制和建立公正法治的市场环境。就双方和多边途径解决而言,上海自贸区条例和管理办法对此并未做明确规定。从 20 世纪 80 年代初中国开始了对外签订 BIT,试图通过 BIT 中规定的争端解决方式来解决中国在吸引外资过程中产生的纠纷。考虑到中国对外签订许多双边投资协定(BIT),如果自贸区内的外国投资者所在国与中国缔结有 BIT,且争端所涉内容涉及双边条约项下中国政府所承诺的条约义务,则可以按照该双边条约约定的争端解决方式进行解决。值得注意的是,如果是由于自贸区实施准入前国民待遇和负面清单管理模式引发的特有争端,由于中国对外签订的所有 BIT 中均未对任何国家承诺过实行如自贸区准入前国民待遇和负面清单管理模式,中国并未对任何国家承担双方的条约义务,故此类纠纷则不受中国对外签订的 BIT 规制,即自贸区特有的投资争端目前尚缺乏双边条约的救济方式。此外,中国于 1993 年 1 月 7 日加入了《华盛顿公约》,依据该公约,符合条件的外国投资者可将纠纷提交该公约创设的“解决投资争端国际中心”(International Center for Settlement of Investment Disputes, ICSID)进行国际仲裁。中国在加入该公约时做出了保留,即只就征收和国有化的补偿数额方面接受 ICSID 的仲裁管辖权。虽然由 ICSID 进行国际仲裁解决涉自贸区的国际投资争端不失为一种有效的争议解决方式,但由于中国接受 ICSID 管辖的范围只限于征收和国有化的补偿数额,且公约第 25 条规定 ICSID 对投资争议取得管辖权需经争议双方书面同意,在争端发生后,双方达成书面同意的可能性也比较小。可以预见,借助 ICSID 的国际仲裁来解决自贸区内投资者和东道国政府之间投资争端的作用将十分有限。

由此,目前关于涉自贸区的外国投资者和中国政府之间的争端除管理办法规定的通过国内的行政复议和行政诉讼解决外,是否可以在国际层面上解决,尤其是在不存在双边投资协定的情形下,外国投资者是否可以将涉自贸区的投资争端提交国际仲裁的问题,尚不明朗。有必要统筹考虑构建符合“自贸区专属投资争端”的争端解决机制,为自贸区扩大投资开放与投资管理体制提供有效的法律保障。

三、美国 2012 BIT 范本与中国 BIT 实践的借鉴

美国 BIT 范本一直被用来作为其进行对外谈判的依据,该范本被认为代表了高水平的市场准入和投资保护标准。美国 BIT 范本于 2012 年进行了最新修订,既是对中美历次 BIT 谈判焦点或分歧的回应,也是美国对国际投资领域重大利益和发展趋势深切关注的反映,同时,直接为中美新一轮谈判提供了美方的谈判文本。[①] 2010 年 4 月,中国商务部也草拟了《中华人民共和国政府和

---

① 梁开银:《美国 BIT 范本 2012 年修订之评析——以中美 BIT 谈判为视角》,载《法治研究》2014 年第 7 期。

政府关于促进和保护投资的协定》[以下简称中国 BIT 范本(草案)]。中国目前对外签订的 BIT 有 100 多个。毋庸讳言,上海自贸区建设,在相当程度上以生成有利于中美签订双边投资保护协定的制度环境为目标。通过分析美国的 BIT 范本同中国 BIT 实践,有利于我们对自贸区的投资争端特别是针对外国投资者和东道国政府之间的投资争端,提出建设性的意见。

(一)磋商和调解

磋商与调解的方法,被视为是争端双方友好解决争端的两种方式,有助于双方之间的合作关系继续维持与发展。当前越来越多的国家在双边投资协定中规定,当发生争端时,争端双方应首先寻求通过磋商或调解的方式解决争端,即将磋商与调解作为提起国际仲裁的前置条件,但一般仅采取鼓励的方式而不作强制性规定。美国 2012 BIT 范本第 23 条规定:当发生投资争端时,申请人与被申请人应首先寻求通过磋商与谈判的方式解决,包括适用不具有约束力的第三方程序。对此,中国 BIT 范本(草案)中的规定也无根本差异,只是美国 BIT 范本强调通过第三方程序的解决不具有约束力,而中国 BIT 范本(草案)对此未做规定。

(二)国际仲裁

国际投资仲裁素来是美国 BIT 范本中的重要内容,约占美国 BIT 范本的 1/3 篇幅。投资者与东道国争端解决机制被形象地称为 BIT 的"牙齿",即通过这一机制,外国投资者可以在其认为东道国违反 BIT 义务时将争端提交到国际仲裁机构解决,从而使 BIT 中的所有保护外国投资者利益方面的规定切实发挥作用。下文将对国际仲裁的四个主要方面进行分析:

1. 仲裁范围

根据美国 2012 BIT 范本第 24 条之规定,可以提交国际投资仲裁的争端包括三类,即被申请人违反了 BIT 范本中第 3 条至第 10 条的义务、投资授权或投资协议。其中第 3 条至第 10 条规定的东道国义务包括国民待遇、最惠国待遇、最低待遇标准、征收与补偿、转移、业绩要求、高层管理和董事会、有关投资的法律和决定的发布。而对于涉及国家利益重要事项,美国非常谨慎,坚持"留权"在手,而不提交国际仲裁庭解决,如透明度、环境与劳工保护、不符措施、拒绝授惠和根本安全例外则一律不允许外国投资者寻求国际仲裁救济。中国对外签订的 BIT 中有关争端解决条款的规定各不相同，在 ICSID 仲裁管辖问题上，1998 年以前中国对外签订的 BIT 中绝大多数不接受 ICSID 仲裁管辖（89 个 BIT 中，不接受 76 个、接受 13 个），仲裁范围也都限定在征收补偿数额方面。1998 年以后中国签订的 BIT 中大多接受了 ICSID 仲裁管辖权，仲裁事项明显扩展，不少中外 BIT（如中—德 BIT）已将可提交仲裁的事项扩大至与投资有关的任何法律争议，而且投资者可以选择争端解决方法，即发生争端协商不成可以向争端一方有管辖权的法院起诉，或者向 ICSID 等仲裁机构提起仲裁。中国 2010 年 BIT 范本草案，对这种全面接受 ICSID 管辖权的做法予以了重新的平衡，其中规定可以提交国际仲裁的争端包括东道国违反促进和保护投资、国民待遇、最惠国待遇、公正与公平待遇、征收、损害与损失的赔偿、转移、代位等，规定涉及国家主权的税收规定不适用国际仲裁。

2. 接受 ICSID 管辖的条件

各国关于接受 ICSID 管辖的条件一般可分为"逐案同意""有限同意""全面同意与重要例外结合"以及"全面同意"四种方式。美国 2012 年 BIT 范本的规定属于"全面同意与重要例外结合"的方式，即依照本条规定东道国在 BIT 中作出符合要求的"同意"后，外国投资者就可以直接根据第 24 条规定将可以提交国际仲裁的争端提交国际仲裁庭，而无须东道国专门逐案表示同意。对于 ICSID 管辖权的同意方式，中国已缔结的中外 BIT 中的规定并不一致。中国在刚加入《ICSID 公约》后，签订的中外 BIT 中主要采取"逐案同意"为主的方式，但自 1998 年中国与巴巴多斯 BIT 后，转变为大部分采取"全面同意"方式以及少部分继续采取"逐案同意"或仅就征收补偿额争议接受 ICSID 管辖权的"有限同意"方式。

3. 关于用尽当地救济原则

用尽当地救济原则（exhaustion of local remedies），又称用尽国内救济原则，是国际法的一项古老而又重要的原则，在国际投资法中一般是指当外国投资者与东道国政府发生争议时，应将争议提交东道国的行政或司法机关按照东道国的程序法和实体法予以解决。在未用尽东道国法律规定的所有救济手段之前，不得寻求国际仲裁程序解决，投资者母国政府也不能行使外交保护权，追究东道国的法律责任。[①] 东道国对国际投资争端享有管辖权的主要法律依据是属地管辖权,根据属地管辖权的专属性和排他性,东道国不仅要求外国投资者服从本国的管辖,而且要求其他国家或国际机构给予尊重,因而各国有义务相互尊重这种优越性,要求受损害的投资者必须首先用尽东道国的救济办法去获得救济。在对待该原则上,南北国家差异很大。发展中国家大多是资本输入国,主张投资者与东道国的争议在东道国解决,而发达国家多是资本输出国,极力排斥东道国国内法适用于投资争端,主张投资争端的国际解决方法。美国 2004 年与 2012 年 BIT 范本明确要求适用“投资者—东道国”投资争端解决的国际仲裁机制,反对用尽当地司法救济的程序性限制。对于东道国国内救济方式,在中国早期签订的 BIT 中,一般都要求先用尽当地救济,如中国与挪威、丹麦、荷兰、法国等签订的 BIT,但在新近签订的 BIT 中,则逐渐放弃了用尽当地救济原则,或规定在当地救济与国际仲裁中做出选择(如中国—俄罗斯 BIT),或规定投资者可直接提起国际仲裁(中—德 BIT)。中国 2010 年 BIT 范本草案对于提交仲裁的限制与本条规定的主要区别之处在于其规定缔约另一方可以要求投资者在提交国际仲裁之前,用尽缔约另一方法律和法规所规定的国内行政复议程序,即投资者将争端提交给 ICSID 前需要“用尽当地救济”。

4. 准据法

在国际投资仲裁实践中,目前越来越多的仲裁庭对提交的仲裁,倾向于选择适用国际法而拒绝适用东道国法律。例如,被认为是中国 ICSID 受理的中国第一案“谢业深诉秘鲁政府案”中,即体现了仲裁庭选择优先适用国际法而拒绝适用国内法的问题。美国 2012 年 BIT 范本对于争端诉求依照提起的依据不同进行了分类,并据此确定适用不同的准据法。该范本规定因东道国违反本协定中第 3 条至第 10 条的行为,即涉及违反国民待遇、最惠国待遇、转移、征收条款等提起的仲裁,应适用本协定以及适用的国际法裁决争端问题。对于因东道国违反投资协议或投资授权提起的仲裁,则依争端双方约定适用的法律,如果没有明确规定时则适用东道国国内的法律以及适用的国际法规则。从中国 2010 年 BIT 范本草案第 13 条的规定来看,未规定依据对争端诉求的分类而确定适用不同的准据法,仅强调“应依据争端双方协议的法律规范处断争端”,当

① 温先涛:《中国投资保护协定范本(草案)论稿(三)》,载《国际经济法学刊》2014 年第 19 卷第 2 期。

没有协议时，则应适用争端缔约方的法律（包括冲突规范），以及可适用的国际法规范，尤其是本协定。从这一规定来看，中国 BIT 范本中并未特别强调适用东道国的法律，这与中国 20 世纪 80 年代缔结的 BIT 中强调在合格投资、资金转移等问题上适用东道国法律有所变化，反映了中国的缔约实践已根据国际投资仲裁实践的实际情况而作出调整。

从美国 BIT 范本和中国 BIT 实践的对比，可以看出，美国在争端解决机制上创造出一种更高的标准，在投资者—东道国争端解决机制的设计上倾向于对投资者利益的保护，对于提交国际仲裁施以较少的限制。中国的 BIT 实践表明，中国在投资争端解决机制上（如前文所述的仲裁范围、接受国际仲裁的条件、当地救济的适用以及法律适用等）的立场并不一致，但整体呈现逐步放开的态势。实践表明，原有的旧式 BIT 中关于投资者与东道国争端解决方式的严格限定已颇有成效，且并未有证据表明会削弱外商对华投资的信心和热情。而新式 BIT 关于投资争端解决方式的规定有可能使得中国政府陷入被诉的境况。[①] 因此，在自贸区投资争端解决机制上应着重保护中国作为投资东道国对外资的管辖权，而不应对外资的管辖权放的过快、过多。

四、上海自贸区在投资争端解决机制上的探索

（一）整合多元化纠纷解决机制

在自贸区内，分不同层次、领域建立多元化的投资争端解决机制，树立法院、仲裁、行政调处、商业调解等纠纷解决方式并重的理念，实现各种纠纷解决方式的有效对接。

首先，大力扶持自贸区内仲裁机构和调解机构的设立和发展，发挥自贸区内的投资、贸易、金融等领域已有的或将有的行业中介机构以及商会在解决投资争端的作用，并且对调解的效力予以明确规定，探索建立涉自贸试验区投资案件的多方参与调解机制及专业案件的调解前置程序；在自贸区可以探索建立自贸试验区特邀调解组织名册制度，明确行政机关、商事调解组织、行业调解组织以及其他具有调解职能的组织进入特邀调解组织名册的条件，健全名册管理制度，完善工作程序。

① 乔惠娟：《试析中国签订 BIT 中的东道国与投资者争端解决条款》，载《商业时代》2012 年第 5 期。

其次,建立诉讼与非诉讼纠纷解决的对接平台。引入商事调解组织、行业协会、商会及其他具有调解职能的组织,对属于法院受案范围的、适宜委托调解的投资纠纷,经当事人同意、选择后,在立案前委派或者立案后委托调解组织先行调解,法院依照有关规定审查确认调解协议的法律效力。

再次,实现仲裁与调解相结合的制度创新,增加仲裁庭组成前由调解员进行调解的内容,满足了当事人在仲裁庭审理案件前的调解需要,减少调解过程对于仲裁员进行案件实体审理的不必要的影响,为当事人提供更为全面的争议解决服务。

最后,强化行政调解。自贸区的相关法律法规应当明确工商、税务、商委、劳动和社会保障、卫生、国土房产、环境保护等各行政机关的解纷职责,充分发挥行政机关在化解各类投资纠纷中的作用。司法机关应与自贸试验区有关行政机关建立相对固定的诉调对接关系,将纠纷有效化解在进入诉讼程序之前。对进入诉讼程序的行政纠纷,积极争取有关部门的协助和配合,邀请有关部门共同参与行政案件的协调和解,妥善化解行政纠纷。

(二)打造国际化的投资争端解决环境

自贸区投资争端具有国际性、专业性和前沿性等新的特征,对法律从业人员素质、程序规则制定等提出更高要求,应当充分借鉴国际商事纠纷解决机制的先进理念和程序经验,创新和完善程序机制,以高效、便捷、充分地解决争端。

首先,就审理自贸区投资案件的司法机关而言,可促使现有诉讼制度与国际纠纷处理的进一步接轨。在庭审语言的选择,法官人选和聘用机制方面探索实现多样化;可在适当的时机引入证据公示程序、作证豁免制度等符合中国"自贸区"实践的内容;应在庭审、文书等方面进行大胆的改革尝试,如在庭审中借鉴国外商事法庭的做法,使用专家陪审员对专业性、政策性强的投资纠纷案件进行审理,或借鉴国外"法庭之友"的做法,发挥专家意见、业内人士意见在裁决中的作用;探索建立执行员制度,确保法律文书的执行力。

其次,以上海自贸区为契机,推进仲裁制度、仲裁规则与国际接轨。上海自由贸易试验区仲裁院做出的一系列积极的探索,如紧急仲裁庭制度、小额争议程序、仲裁员名册开放制度、合并仲裁制度等可以为其他的仲裁机构借鉴。自贸区的重要含义是放松管制,单一的仲裁形式已经不能满足国际化、法治化的营商环境对于投资纠纷解决便利化的要求。在自贸区可以先行先试,引入临时仲裁制度,允许投资者选择临时仲裁庭进行仲裁;允许当事人授权下仲裁庭基于公平善良原则进行友好仲裁;引入国外专业仲裁机构,如伦敦国际仲裁中心、国际商会仲裁院等国际知名的仲裁机构在"自贸区"内设立仲裁或代表机构,给予投资主体更加宽泛的选择机会;相关立法应当明确涉外投资纠纷的当事人可以选择外国的仲裁机构在中国境内进行仲裁,并对此类仲裁裁决予以承认和执行。由于仲裁机构缺乏独立性,导致境内外的投资者对选择中国内地仲裁有所顾虑,而自贸区相关文件在仲裁的独立性上并未触及,仲裁机构可以尝试确立取代事业单位模式而以理事会模式的法人治理结构,实现决策、执行、监督有效制衡的管理体制。①

最后,关于自贸区平等主体的投资纠纷的法律适用,在不违背中国公共政策的前提下突破现有法律的限制(如关于三资企业合同纠纷),允许当事人自由选择争议所适用的法律;正确适用冲突规范,尊重国际惯例、国际条约的适用。

(三)实现投资争端解决机制的透明化

首先,自贸区条例中应增加有关投资者与东道国政府之间关于投资争端解决机制的原则性规定,并在自贸区的相关法律文件中明确规定政府从事违法行政行为所应担的法律责任。

其次,自贸区相关法律文件中应明确外国投资者作为行政复议和行政诉讼的合法主体,同时进一步消除外资司法救济途径(提起行政诉讼)的制度障碍,使投资者可以通过国内诉讼实现救济。

再次,通过自贸区门户网站或者其他信息平台发布相关法律法规以及争端发生后的救济途径,确保自贸区与国际投资相关的法律、法规、程序及时公布并可公开获得,为自贸区国际投资提供透明的法律环境。

最后,应当明确政府主管机关对相关政策文件负解读说明义务以及投资者对文件享有异议权。投资者可以通过行政程序对规范性文件提请审查和对具体行政行为申请行政复议,使透明度规则不再停留在宣示性条款的水平。此

① 袁杜娟:《上海自贸区仲裁纠纷解决机制的探索和创新》,载《法学》2014 年第 9 期。

外,配合法院信息化建设的进程,实现普遍适用的行政裁决公开上网,引导投资者做出合理的预期,预防纠纷发生。

(四)坚持国内救济优先原则

“用尽当地救济”是东道国在争端发生后行使司法主权的重要体现。晚近的 ICSID 仲裁实践出现了明显偏袒外国投资者、损害东道国权益的倾向。① 上海自贸区在外资领域实行准入前国民待遇和负面清单管理模式的重大改革会“牵一发而动全身”,负面清单所列的行业门类哪些可以取消,哪些需要保留,哪些需要先取消,哪些可以等时机成熟时再取消,这些都是事关全局的问题。这种自由化的投资准入规则,如果实施不当将导致中国损失或失去对涉及国家安全、国计民生领域外资准入的限制和调控,危及国家的经济稳定。如采用美国 BIT 范本中关于投资自由化的争端解决机制条款,将使国内救济等“安全阀”被拆除,从而增加被诉至 ICSID 的风险。② 因此,为配合自贸区改革稳步推进,维护中国国家主权,除可以通过双方投资协定解决的争端外,关于投资者与东道国之间的纠纷应当优先适用国内救济原则。

首先,明确不允许提交国际仲裁的争端类型。对于自贸区发生的涉及国家主权和重大利益的投资者和东道国政府之间的纠纷,通过国际投资仲裁机制的保留,可以为自贸区主管机关根据经济发展情况而进行相关政策调整预留更多空间。上海自贸区宜在美国 BIT 范本已作出的不适用投资者与东道国争端解决机制的例外规定(如透明度、环境与劳工保护、不符措施、拒绝授惠和根本安全例外)的基础上,进一步考虑增加准入前国民待遇、最惠国待遇、金融例外以及国有化和征收的合法性等引起的争端只能寻求东道国当地救济即通过协商、行政复议和行政诉讼途径解决,而不能提交 ICSID 或者其他国际仲裁机构仲裁。

其次,可以借鉴 BITS 的通行规则,要求投资者在寻求当地救济即提起行政复议和行政诉讼之前应首先寻求与自贸区管委会或者相关主管机关通过友

① 徐崇利:《晚近国际投资争端解决实践之批判:“全球治理”理论的引入》,载《法学家》2010 年第 3 期。

② 以阿根廷为例,阿根廷政府为渡过金融危机采取了一系列的紧急措施,外商遂纷纷依据 BIT 高标准保护规定向 ICSID 提出仲裁申请。截至 2006 年 1 月 22 日,在 ICSID 103 个未决案件中,以阿根廷为被诉方的案件数目竟高达 37 起。

好协商的方法解决,政府部门或下级政府有机会在投资者将争端提交国际仲裁前纠正不当行政行为,尽量在国内化解矛盾。

再次,在国内救济方面,行政审判应当参考相应的国际规则和自贸区承诺,督促备案管理机构加强整改,及时纠正不合法或不合理的行政行为,履行自贸区对国内社会和国际社会承诺的推动投资自由化义务。①

最后,不排除国际仲裁。自贸区的实行外资管理方式的变革体现了国际化的市场监管和行政管理方式,在以国内规则为审查基础的前提之下,应以更开放的态度看待与运用国际规则,这些规则包括中国已经签署或加入的各类国际条约协定对投资争端解决机制的要求。除上述必须通过国内救济方式解决的投资争端以外,如果投资者所在国与中国签订有 BIT 或者符合华盛顿公约的条件,则赋予外国投资者根据华盛顿公约或者双边投资协定提交国际仲裁的解决途径,但是应当明确与东道国政府的投资争议提交国际仲裁的前提条件是:(1)用尽国内的行政复议程序,强调自贸区主管机关对某些争议的管辖权,有以维护中国行政机关的权威及行政决定的一致性②;(2)投资者未将争议提交中国法院解决。一旦投资争端进入中国的司法程序,就不能再提交国际仲裁。司法救济与国际仲裁相排斥的原因在于中国法院作出一审判决后经过一定期限未上诉的判决及经两审终审后的判决在中国已经成为终局判决,如果对此案件再允许提交调解或仲裁,则中国司法审判的独立性、严肃性和终局性受到挑战。

(五)相关程序机制的建立

首先,应建立一个与投资相关的常设机构如投资者权益保护委员会,为自贸区的国内外投资者提供各种便利和配套支持。投资者权益保护委员会应当承担投资者投诉处理的首要责任,完善投诉处理机制并公开处理流程和办理情况,支持投资者与政府机关或者市场经营主体协商解决争议或者达成和解协议。

---

① 丁晓华:《涉自贸区备案行为司法审查问题研究——聚焦"负面清单"外的投资领域》,载《政治与法律》2014 年第 2 期。

② 温先涛:《中国投资保护协定范本(草案)论稿(三)》,载《国际经济法学刊》2014 年第 19 卷第 2 期。

其次,建立涉自贸试验区投资争端动向和风险预警机制。自贸区管委会应加强与相关主管部门、行业协会的沟通协调,通过公共信息服务平台和统一的监管信息共享平台,对区内企业进行信用核查,促进监管信息的归集、交换和共享,推动全程动态监管;通过各种途径收集和分析相关投资动态,从而得到一些有关极为可能发生或即将发生的争端的信息。

最后,建立联席会议制度。该联席会议应当由自贸区管委会为主导,适当引入司法机构、仲裁机构、商委等成员单位,定期举行联席会议,分析探讨涉自贸试验区的投资争端,加强对投资争端领域的法律问题的研究。

五、结语

上海自贸区承担着国家改革试验田的历史使命,其总体目标是经过两年至三年的改革试验,力争建设成具有国际水准的投资贸易便利、货币兑换自由、监管高效便捷、法制环境规范的自由贸易试验区,为中国扩大开放和深化改革探索新思路和新途径,更好地为全国服务。在投资争端解决机制构建上,上海自贸区应当兼顾国家主权利益和投资者权益保护,先行先试,稳步推进,为中国对接即将到来的高标准投资条约积累必要的经验。

域外仲裁机构与临时仲裁在中国自贸区内的新发展

——兼评《最高人民法院关于为自由贸易试验区建设提供司法保障的意见》

袁培皓*

【内容摘要】 最高人民法院于2016年12月30日发布了《关于为自由贸易试验区建设提供司法保障的意见》(以下简称《意见》),其中对于中国仲裁相关法律制度在自由贸易试验区(以下简称自贸区)中的适用作出了特别重大的突破。仲裁界很多人士将《意见》的出台解读为临时仲裁制度在中国的首次解禁。还有人认为,《意见》的出台同时也为域外仲裁机构进入中国仲裁市场提供了明确的法律依据。本文将按照时间顺序,通过最高人民法院对域外仲裁机构在华仲裁的重点案例,以"涉外因素""仲裁协议效力""仲裁程序权利"和"承认与执行"为抓手,解读《意见》出台背后的思考以及域外仲裁机构在华仲裁的前景。同时,本文还以"一带一路"和自贸区战略为考察点,结合中国当前进一步开放市场的现实需要,对《意见》和自贸区的仲裁机制改革进行了简要评述。

【关键词】 涉外因素 仲裁协议效力 临时仲裁 自贸区仲裁 域外仲裁机构

---

* 袁培皓,北京市君泽君(深圳)律师事务所合伙人律师,北京外国语大学法学院客座教授,《中非法律评论》常任副主编。本文的任何观点仅代表作者观点不代表任何机构意见。

一、《意见》对中国新一轮仲裁体制改革的重大影响

在中国新一轮经济改革形势下，自贸区扮演了十分重要的角色。首先，自贸区承担了进一步深化改革、开放市场的功能。针对旧体制、老机构的创新可以在自贸区内试行，积累的成功经验将被复制到全国其他地区。其次，通过简化行政审批程序，全面推行负面清单政策以及免费提供公司注册地址挂靠秘书服务，自贸区不但吸引了大量新设企业，还持续刺激自贸区外的企业不断换壳“搬进”自贸区。这样一来，国家新的大政方针可以直接在自贸区得以试验和推行，地方行政机关，尤其是那些利益相关且需要被改革的群体将直接被排除在新政的执行行列，他们无法干预或变相错误地执行新政，从而保证了中央政府对全国经济改革战略推进的有效性和稳定性。

临时仲裁和域外仲裁机构如何进入中国仲裁服务市场，中国仲裁真正的国际化道路如何实现，中国现存的 251 家仲裁机构[①]如何有序演进，如何逐步构建中国多元化多层次的仲裁服务体系等问题，正是自贸区仲裁在本轮改革中亟须解答，并正面回应的问题。最高人民法院看到了这样的问题，并于 2016 年 12 月 30 日正式发布了《意见》,《意见》第 9 条的内容，分为三个部分。第一个部分承接了人民法院关于自贸区内“涉外因素”判断态度上的转变，解决域外仲裁机构来大陆或内地仲裁的门槛问题；第二个部分是明确了“域外仲裁机构”在华仲裁或“域外仲裁机构”在域外仲裁并最终在中国申请承认与执行的司法保证；第三个部分则为自贸区内注册成立的企业选择临时仲裁作为争议解决的方式打开了有法可依的大门。

这是一次堪比 1995 年《中华人民共和国仲裁法》(以下简称《仲裁法》)对中国仲裁体制改革的重大举措。1995 年《仲裁法》为顺应当时的经济改革，解决臃肿低效的“行政仲裁”体制，将中国 1995 年以前模仿苏联模式建立起的以垄断性、行政化为特点的行政仲裁，逐步改革为以当事人意思自治为主，具有民间性、去行政化特点的现代商事仲裁体制。经过二十多年的发展，我们成功地将过去依附于行政机关，庞大而低效的三千多个行政仲裁机构、一万多名专职仲裁员和两万名左右从事仲裁工作的辅助人员的历史包袱改革为今天以市场

① 来源于 2017 年 4 月 28 日，全国仲裁工作座谈会上，国务院法制办协调司披露的 2016 年全国仲裁机构统计数据。

为导向、当事人意思自治为主线、全国仲裁机构仅剩251家的情况。此外，仲裁员的专业化水平和社会化水平也大幅提升，今天的仲裁员多为外部的法律精英，且大部分的仲裁机构共享了相当一部分优秀的仲裁员，驻会仲裁员原则上不再办理本会案件，极大地动员了全社会的力量，节约了有限的司法资源。仲裁的公信力、公正度、专业性以及审案效率都得到了大幅提升，而国家对仲裁的财政投入甚至还能做到逐年下降。经过1995年《仲裁法》的洗礼，中国相当数量的仲裁机构还进一步实现了财政独立、自我管理，不但能够做到财务上自收自支，在案件管理中也能做到公平独立，这为中国仲裁服务的市场化和国际化奠定了基础。

鉴于此，我们有充分的理由相信2016年年底最高人民法院颁布的《意见》必然会深刻地冲击中国现有的仲裁制度。《意见》第9条第1段首先解决了域外仲裁机构进入中国仲裁法律服务市场的门槛问题，触及了仲裁司法审查中的"涉外因素"判断问题。其次，在《意见》第9条第2段，最高人民法院用重要篇幅规制了域外仲裁在我国承认与执行的审查框架，以仲裁协议效力为抓手解决了域外仲裁机构在华仲裁的安全性问题。最后，《意见》更是对临时仲裁这个长期徘徊在中国商事仲裁大门外的中国仲裁国际化问题进行了直接回应，"短、平、快"地给出了临时仲裁在华施行的指导性意见，在自贸区的框架内为临时仲裁提供了制度保障。

本文将通过"涉外因素"与"临时仲裁"为逻辑顺序，分析根据《意见》内容，域外仲裁机构在我国直接开展仲裁业务的合规与操作问题，并简评《意见》本身可能引发的具体法律技术问题。

二、域外仲裁机构的中国梦

（一）《仲裁法》颁行前后的探索与实践

在改革开放之前，囿于中国彼时的国际地位和经济环境，域外的仲裁机构既没有动力，也没有需要来华展业。1978年以后，随着中国逐步对外开放市场，除了传统的国际贸易外，中国也逐步建立起外商合资、外商合作、外商独资的吸引外商来华投资的"三资企业"模式，真正意义的现代商事仲裁实践才在中华大地崭露头角。与之相伴的，就是大量的外国法、外国律师、外国仲裁机构进军中国法律市场的景象。

改革开放之初,中国的法律法规存在大量缺失的问题,有法不依的乱象时有发生,域外仲裁机构是否在我国开展过仲裁活动,仲裁当事人是否和解,又是否自动履行裁决的情况难以考证。

为了解决 20 世纪 80 年代到 90 年代第一波改革开放出现的新问题和新矛盾,用好法律手段维系市场经济的健康发展,中国在 90 年代陆续密集颁布了很多非常重要的法律,以健全和完善中国的市场经济制度。1995 年《仲裁法》在这样的背景下应运而生。2006 年,中国又出台了《最高人民法院关于适用〈中华人民共和国仲裁法〉若干问题的解释》(以下简称《仲裁法司法解释》)。

2003 年 11 月 3 日,在北京国际仲裁研讨会上,时任国际商会仲裁院主席的 Robert Briner 先生发表了《国际商会仲裁院在世界上很多国家开展仲裁,但国际商会的仲裁却非常遗憾地不能在中国进行》的发言。[①] 该发言很快引起了内地仲裁界的热烈讨论。时任中国国际经济贸易仲裁委员会副主任的王生长先生就援引了厦门维哥木制品有限公司与台湾富源企业有限公司购销合同纠纷管辖权异议案,[②]认为中国法院在解释仲裁条款时采用的是比较宽松的标准,不拘泥于表面文字,并暗示域外仲裁机构在中国仲裁并不存在实质性的障碍。[③] 但同时期亦任职于中国国际经济贸易仲裁委员会的康明先生和韩健先生则分别以《中国商事仲裁服务市场对外开放问题初探》和《也论国际商会仲裁院能否在中国内地进行仲裁——兼评中国内地〈仲裁法〉中的几个问题》两篇文章提出完全不同的看法。从这些早期的公开讨论可见,在彼时,域外仲裁机构进入中国仲裁法律服务市场,不但无法解除《仲裁法》固有的客观限制,也无法撼动因尚处经济发展的初级阶段,中国本土仲裁机构以及相关法律界人士对域外仲裁机构的天然防御心理。

(二)争先抢滩上海自贸区

2015 年 4 月,在中国第一个自由贸易区——上海自贸区扩区之际,国务院即宣布"支持国际知名商事争议解决机构入驻上海自贸区",以提高上海商事

---

① 康明:《中国商事仲裁服务市场对外开放问题初探》,载《仲裁与法律》2003 年第 6 期。

② 该案当事人约定将"进行友好协商解决或以国际商会仲裁为准",厦门中级人民法院最终根据《仲裁法》第 16 条,认为国际商会是当事人"选定的仲裁委员会"因而该仲裁协议有效,最高人民法院亦通过的复函(法函〔1996〕78 号)的形式认定了该仲裁条款的有效性。

③ 王生长:《国际商会仲裁院能否在中国内地进行仲裁?》,载《仲裁与法律》2003 年第 6 期。

纠纷仲裁的国际化程度，建立亚太仲裁机构交流合作机制，加快打造面向全球的亚太仲裁中心。此项政策宣布后，首家域外仲裁机构——香港国际仲裁中心上海代表处于2015年11月落户上海自贸区。

2016年3月，新加坡国际仲裁中心宣布在上海自贸区成立代表处。同年6月，总部位于巴黎的国际商会仲裁院亦在上海自贸区宣布其上海代表处正式成立。至此，三家在亚太乃至全球极具影响力和竞争力的仲裁机构相继完成了中国布局，且都指向了上海自贸区。

但是，无论是在公开场合还是非公开场合，这三家域外仲裁机构的驻华代表处对其代表处具体业务领域的表述都显得十分谨慎，即均仅提及为其客户提供一般咨询、培训宣传等辅助性活动，并不提供直接的在华仲裁服务。这和过去中国仲裁司法实践中对于域外仲裁机构在华仲裁的严格审查息息相关，从1995年至2015年的诸多案例可见，最高人民法院对于域外仲裁机构在华直接开展仲裁业务的态度基本上是否定的。[①] 因此，截至2016年6月，这三家虽然在华设立代表处的域外仲裁机构面对直接在华仲裁这个问题上还是不得不十分谨慎。

尽管三家机构的工作人员在各种场合下对于能否在华开展真正的仲裁业务态度暧昧，我们还是可以感受到域外仲裁机构对于进入中国仲裁法律服务市场的热情。同样地，从中国政府的公开表态中，亦能明显感受到“一带一路”及自贸区改革的背景下，中国行政机关及司法机关对于域外仲裁机构进入中国仲裁法律服务市场态度的明显转变。

自2014年起，中国就开始通过对外推进“一带一路”倡议，对内探索“自贸区”改革的一系列内政外交，试图稳定并扩大其在现行全球化世界经济体系中的地位和成功果实。2014年至2016年，中国同“一带一路”沿线国家贸易总额超过3万亿美元；中国对“一带一路”沿线国家投资累计超过500亿美元；中国

---

① 德国旭普林国际有限责任公司与无锡沃可通用工程橡胶有限公司申请确认仲裁协议效力案[（2003）民四他字第23号，“旭普林案”]，“沧州东鸿包装材料有限公司诉法国DMT公司买卖合同纠纷一案仲裁条款效力案”[（2006）民四他字第6号，“沧州东鸿案”]和“夏新电子股份有限公司与比利时产品有限公司确认经销协议仲裁条款效力案”[（2009）民四他字第5号，“夏新电子案”]这三案中，最高人民法院均以没有明确的仲裁机构为由否认了该仲裁协议的效力，而这三案的仲裁协议条款均实质性的表述为按照国际商会仲裁规则在华仲裁。

企业已经在 20 多个国家建设 56 个经贸合作区,为有关国家创造近 11 亿美元税收和 18 万个就业岗位。[①] 这也意味着,中国经济的外放性和包容性会越来越强,越来越多的"一带一路"沿线国家将和中国加深经贸往来。经济的互联互通紧密联系,必然带来外国法律、外国律师以及域外仲裁机构与中国法律、中国律师、中国的仲裁机构以及中国各级法院的联系和对话。在这个崭新的发展时期,域外仲裁机构在华仲裁的安全性、合法性和程序性问题就自然而然地提上了各方工作日程。

三、从"明确的仲裁机构"到"涉外因素"的适当放开

(一)从仲裁规则到"明确的仲裁机构"

2003 年 4 月,德国旭普林国际工程有限责任公司(Zublin International GmbH,以下简称旭普林公司)向无锡市新区人民法院提出确认其与中国无锡沃可通用工程橡胶有限公司(以下简称沃克公司)仲裁协议效力之案[(2003)民四他字第 23 号,以下简称旭普林案],案涉合同的争议解决条款是:"Arbitration: 15. 3 ICC Rules, Shanghai shall apply."最终,最高人民法院严格按照仲裁条款的字面意思,认为该条款"虽有明确的仲裁意思表示,仲裁规则和仲裁地点,但并没有明确指出仲裁机构。因此,应当认定仲裁条款无效"。2006 年 7 月 19 日,江苏省无锡市中级人民法院民事裁定书[(2004)锡民三仲字第 1 号]援引了最高人民法院前述的无效仲裁协议理由,驳回了旭普林公司在华申请承认与执行该案国际商会仲裁院(International Chamber of Commerce,ICC)仲裁裁决的诉讼请求。

本案一出,国际商会仲裁院不仅在 2004 年立即建议中国客户在选择国际商会仲裁院仲裁的条款中明确其机构名称,国际商会仲裁院还进一步在 2005 年的官方材料中修改了中文版示范条款,增加了 ICC 的机构名称。2012 年,国际商会仲裁院在修改全新的仲裁规则时,更是特意加入了只要适用国际商会仲裁院规则,即视为当事人同意接受由国际商会仲裁院管理仲裁案件的规定。

尽管 ICC 四处奔走、有关的法律界和仲裁界人士大声疾呼,但市场主体仍

---

① 《中华人民共和国主席习近平在"一带一路"国际合作高峰论坛的主旨演讲》,载新华网:http://news.xinhuanet.com/world/2017-05/14/c_129604230.htm,最后访问日期:2017 年 11 月 1 日。

需要很长的时间成本来消化并吸收中国法的特别规定。这也反证出在过去相当长的一段历史时间，中国的涉外法律业务被大量并不熟悉中国法的外国律师所垄断，这些外国律师按照他们既定的法律思维和对域外仲裁机构的惯常理解，忽略了中国法院在审理仲裁协议效力时对明确仲裁机构的中国法要件要求。2009 年，最高人民法院再次以“不能确定明确仲裁机构”为由，认定夏新电子股份有限公司与比利时产品有限公司签订的“产生于本协议的任何争议应根据《国际商会仲裁规则》由仲裁最终解决，仲裁地点应在厦门和布鲁塞尔之间转换”为无效条款。

（二）“涉外因素”认定的变化

中国是一个幅员辽阔的国家，域外仲裁机构在我国内地仲裁困难重重，那约定在香港仲裁是否能解决问题呢？作为中国内地的世界窗口，中国香港特别行政区独特的地缘政治、普通法体系以及对临时仲裁、国际仲裁的司法支持，让域外仲裁机构产生了绕道香港开展对华仲裁业务的想法。

2011 年六盘水恒鼎案中，[①]两个中国当事人约定将合同争议提交香港国际仲裁中心仲裁，仲裁地点在香港。对该约定的效力，最高人民法院的批复意见是：“在一国领域内发生的民商事纠纷的争议解决方式问题，关系到该国的司法主权，也属于该国家的公共政策范畴，当事人仅能在其现行法律准许的范围内作出约定，至于脱离或者超出该国法律许可范围任意作出约定，应当认定违反了公共政策。”因此，最高人民法院最终认定该仲裁协议无效。

从中国过去的司法实践来看，要想将一个商事争议提交域外仲裁机构仲裁，该争议本身必须首先具备“涉外因素”。一个不具备“涉外因素”的争议，是不能提交域外的仲裁机构进行仲裁的。[②] 2012 年的江苏航天公司案中，[③]最高

① 苏泽林、景汉朝主编：《立案工作指导》（2011 年第 1 辑总第 28 辑），人民法院出版社 2011 年版，第 94～98 页。

② 根据最高人民法院民四庭在其编写的《涉外商事海事审判实务问题解答（一）》第 83 条的解释，根据《中华人民共和国民事诉讼法》第 257 条和《中华人民共和国仲裁法》第 65 条的规定，涉外经济贸易、运输、海事中发生的纠纷，当事人可以通过订立合同中的仲裁条款或者事后达成的书面仲裁协议，提交中国仲裁机构或者其他仲裁机构仲裁。但法律并未允许国内当事人将其不具有涉外因素的争议提请外国仲裁。因此，如果国内当事人将其不具有涉外因素的合同或者财产权益纠纷约定提请外国仲裁机构仲裁或者在外国进行临时仲裁的，人民法院应认定有关仲裁协议无效。

③ 参见最高人民法院《关于江苏航天万源风电设备制造有限公司与艾尔姆风能叶片制品（天津）有限公司申请确认仲裁协议效力纠纷一案的请示的复函》[（2012）民四他字第 2 号]。

人民法院重申了“涉外因素”的严格判断标准,对于在中国设立的外商独资企业和中外合资企业均认定为不具有涉外民事关系的构成要素。2014 年朝来新生案中,①最高人民法院不但重申了“涉外因素”的严格审查标准,还进一步明确指出,通过规避“涉外因素”,选择域外仲裁机构产生的仲裁裁决将无法获得中国法院的承认与执行。

但是如果具备“涉外因素”,域外仲裁机构是否能够被视为中国《仲裁法》项下的仲裁委员会呢？在 2013 年的安徽龙利得案中,②最高人民法院的复函最终确认了本案约定“提交国际商会仲裁院,并根据国际商会仲裁院规则由按照该等规则所指定的一位或多位仲裁员予以最终仲裁。管辖地应为中国上海,仲裁应以英语进行”的仲裁条款有效。本案中,最高人民法院一反过去对域外仲裁条款文字表述的严格审查标准,刻意回避了“管辖地应为中国上海”的瑕疵,直接认定该协议符合《仲裁法》第 16 条的规定,属于有效的仲裁协议。基于这一批复意见似乎可以得出结论,即只要具备了“涉外因素”,在中国境内选择域外仲裁机构进行仲裁就属于有效的仲裁条款。尽管如此,中国法院对于“涉外因素”严格的审查标准仍然将对约定域外仲裁机构仲裁之条款效力产生至关重要的影响。

发展到 2015 年,人民法院对于“涉外因素”的认定出现了重大转变,域外仲裁机构终于看到了黎明前的曙光。2013 年 6 月 14 日,上海市第一中级人民法院立案受理了西门子国际贸易(上海)有限公司(以下简称西门子公司)请求承认与执行与败诉人上海黄金置地有限公司(以下简称黄金置地公司)之间,由 SIAC 的仲裁庭于 2011 年 11 月 28 日作出的仲裁裁决(以下简称上海黄金置地公司案)。这是中国自贸区政策施行以来,首例在自贸区内申请承认与执行外国仲裁裁决的案件。按照过去的司法审查标准,西门子公司和黄金置地公司均为外商独资企业,依现行法律为中国法人。本案的客体的交付地为中国境内,合同的订立、主要履行地也均在中国境内。因此,根据过往的经验,中国的法院应当根据无“涉外因素”而拒绝承认与执行该域外仲裁机构的仲裁裁决。

---

① 参见北京市第二中级人民法院民事裁定书[(2013)二中民特字第 10670 号]。

② 最高人民法院《关于申请人安徽省龙利得包装印刷有限公司与被申请人 BP Agnai S. R. L 申请确认仲裁协议效力案的请示的复函》,载《涉外商事海事审判指导》2013 年第 1 辑。

但是,2015 年 11 月,上海市第一中级人民法院在西门子公司申请承认与执行 SIAC 仲裁裁决一案中作出的民事裁定中认定,“西门子公司与黄金置地公司虽然都是中国法人,但注册地均在上海自贸试验区内,且其性质均为外商独资企业,由于此类公司的资本来源、最终利益归属、公司的经营决策一般均与其境外投资者关联密切,故此类主体与普通内资公司相比具有较为明显的涉外因素。在自贸试验区推进投资贸易便利的改革背景下,上述涉外因素更应给予必要重视”。自此,中国法院通过实际案例向外界释放了自贸区内企业“涉外因素”认定的新尺度,由于自贸区外商独资企业间的争议具备了“涉外因素”,本案的域外仲裁机构作出的裁决最终得到了中国法院的承认与执行。

上海黄金置地公司案的裁定一出,再次激起各方热议。上海一中院的裁定与此前不久的北京朝来新生案对于“涉外因素”认定的标准相比发生了根本性的变化。这个转变,其实就是在“一带一路”与自贸区战略大背景下,为了支持更加包容、外向、开放的自贸区投资贸易环境,中国的人民法院主动根据 2013 年 1 月 7 日起实施的《最高人民法院关于适用〈涉外民事关系法律适用法〉若干问题的解释(一)》第 1 条第 5 项“可以认定为涉外民事关系的其他情形”的规定,对自贸区内企业间的“涉外因素”作出的自由裁量。

如果说上海黄金置地公司案仅仅是开了判例先河,对于采用成文法系的中国来说,其参考价值具有明显局限性的话,那么最高人民法院于 2016 年 12 月 30 日发布的《意见》则是以司法解释的形式,将该案的裁判思路确定为中国法院对于自贸区内企业“涉外因素”审查的最新标准。《意见》第 9 条第 1 款规定,“正确认定仲裁协议效力,规范仲裁案件的司法审查。在自贸试验区内注册的外商独资企业相互之间约定商事争议提交域外仲裁的,不应仅以其争议不具有涉外因素为由认定相关仲裁协议无效”。通读《意见》第 9 条第 1 款,我们观察到,中国法院对于“涉外因素”的认定标准实际上放宽到了那些双方当事人均注册在自贸区内且均为百分百纯外资的外商独资企业。这是硬标准,有别于《意见》第 9 条中所规定的其他“企业”或有中方参股的“外商投资企业”。

综上所述,扫清了“涉外因素”认定门槛的域外仲裁机构,是否就可以在中国内地有效开展仲裁活动了呢?要回答这个问题,需要回到仲裁服务本身的内涵上。仲裁协议有效,仅仅解决了域外仲裁机构进入中国市场资格的问题,要想真正在中国竞争激烈的仲裁法律服务市场存活,域外仲裁机构必须给中国当事人完整的国际化仲裁服务体验。这样的"用户体验"不仅应包括域外仲裁机构能否在华仲裁活动中保障当事人的全部程序性权利以及域外仲裁机构在我国仲裁的裁决能否顺利执行,还应当包括域外仲裁机构能否向中国内地的用户提供无差别的国际仲裁服务或临时仲裁服务。

如前所述,1995年《仲裁法》主要解决的是改革国内仲裁行政化的历史问题,对域外仲裁机构在我国仲裁活动考虑不多。因此,1995年《仲裁法》在立法技术上对于涉外仲裁的表述不但混乱,且具有明显中国特色。例如,没有将临时仲裁纳入中国的仲裁体系中。再如,《仲裁法》对仲裁机构的表述和定位具有明显的中国特色。在仲裁协议效力之诉的管辖法院上,《仲裁法》及其司法解释的表述是仲裁机构所在地的中级人民法院,而没有采用国际通行的仲裁地概念。这反映了中国仲裁制度以机构仲裁为出发点的立法逻辑。最高人民法院和地方各级人民法院在历史上的各种复函中,也常常使用了境外仲裁机构的表述,与本次《意见》中改用了"域外仲裁"的提法形成鲜明对比。本次《意见》所透露出来的国际化方向,可能预示着中国下一步修改《仲裁法》的思路,而这恰恰是域外仲裁机构在中国内地开展仲裁活动,尤其是临时仲裁活动所真正需要的程序性法律保障。

四、"临时仲裁"与"特定仲裁规则"

如前所述,域外仲裁机构要想真正在中国仲裁法律服务市场立足,就一定要做差异化仲裁法律服务的提供者。选择域外仲裁机构的当事人,一定是那些熟悉并信任域外仲裁的当事人,这些当事人所熟悉的仲裁方式很可能更多的是临时仲裁而非机构仲裁。

《意见》第9条第3款规定,在自贸试验区内注册的企业相互之间约定在内地特定地点、按照特定仲裁规则、由特定人员对有关争议进行仲裁的,可以认定该仲裁协议有效。人民法院认为该仲裁协议无效的,应报请上一级法院进行审查。上级法院同意下级法院意见的,应将其审查意见层报最高人民法院,待最高人民法院答复后作出裁定。这其实就是最高院以司法解释的方式,为临时仲裁进入中国开了绿灯。只要满足本条的三个特定,就可以在中国内地开展临时仲裁活动。

(一)三个特定之"特定地点"

首先值得关注的是《意见》第9条所给出的内地"特定地点"的限制,这样的描述不得不让人联想到国际仲裁中的“仲裁地”概念。如前所述，中国现行《仲裁法》是以机构仲裁为出发点，在仲裁活动的司法监督和司法协助环节均是以机构所在地作为仲裁活动的监督和辅助的连结点。临时仲裁中由于没有具体的仲裁机构管理案件，《仲裁法》中与仲裁机构相配套的指定仲裁员、证据保全、财产保全等程序性权利集体失灵。因此，我们有理由相信，最高人民法院在出台《意见》的时候，应当是考虑到了“仲裁地”概念在《仲裁法》中的缺失将影响临时仲裁在中国内地的有效开展。所以，我们就在《意见》的第 9 条读到了“特定地点”这样的表述。

鉴于《意见》的目的是希望进一步为自贸区建设提供具有前瞻性，更开放的司法保障，如果将今后的临时仲裁约定在某一特定自贸区内，一定是符合《意见》的精神，并得到法院的支持的。但是问题在于，我国目前已经设立了 11 个自由贸易试验区，其中部分是省一级，部分是市一级，如果临时仲裁约定的“特定地点”在某一个城市，那么我们对照《仲裁法》及《中华人民共和国民事诉讼法》中需要人民法院提供司法协助或审查的条文，将其中的“仲裁机构所在地”替换为“特定地点”或许还可以解决问题；但是对于省一级的自贸区，这样的简单对应替换，依然无法解决临时仲裁活动中法院司法审查和协助的问题。例如，广东省自贸区就分为广州南沙新区片区（广州南沙自贸区）、深圳前海蛇口片区（深圳前海蛇口自贸区）、珠海横琴新区片区（珠海横琴自贸区）三大分别位于三个不同城市的片区，对应了至少 3 个以上具备司法审查和协助可能的人民法院。一个可能的解释是，最高人民法院在拟定《意见》已经注意到《意见》与现行《仲裁法》的规定仍有冲突，故在没有通过全国人大的立法或授权的前提下，采取先出台一个原则性的规范，给市场一定的空间这一较为慎重的做法。在积累了一些案件情况后，最高人民法院可以再通过个案批复等手段，逐步形成对临时仲裁“特定地点”的基本认定规则和裁判逻辑，在时机成熟时，汇总发布新的司法解释，并最终在全国铺开。

中国自贸区覆盖的城市和片区众多，在未来选择临时仲裁的“特定地点”时，对起草仲裁协议的各地律师也提出了不小的挑战。《仲裁法》对仲裁活动司法协助和监督的最小行政区域为某一城市的“区”。因此，为免争议，各地律师在起草临时仲裁条款的“特定地点”时，最好细化到一省自贸区内某一城市的具体“区”内。

（二）三个特定之“特定仲裁规则”

首先，从最高人民法院有意适度开放临时仲裁的本意来看，《意见》第 9 条第 3 款所述的“特定仲裁规则”一定不限于中国内地仲裁机构实行的机构仲裁规则。从全球范围看，适用于临时仲裁的仲裁规则主要是《联合国国际贸易法委员会仲裁规则》，该规则创设了一套既可以为普通法系使用，又可以为大陆法系接受的临时仲裁规则。《联合国国际贸易法委员会仲裁规则》诞生于 1976 年，并分别在 2010 年、2013 年进行过两次修订，主要对仲裁程序的启动、仲裁员的指定和回避、准据法的选择、裁决、仲裁费用、透明度等重要的程序性事项作出了规定。

其次，随着临时仲裁的发展，中国的许多行业协会、商会或其他社会团体完全有可能制定自己的临时仲裁规则，供其会员单位选用，并快速、专业且低成本地解决本行业领域内的争议解决。例如，《英国谷物与饲料贸易协会规则》就是由位于英国伦敦的英国谷物与饲料贸易协会制定的。试想，在自贸区内的各国有银行和股份制银行联合形成一个银行业仲裁协会并制定一套其特有的临时仲裁规则，由该银行业协会完成指定仲裁员（仲裁员也可以由各银行会员内，满足《仲裁法》要求的资深专业人士担任）的程序，银行欠款纠纷的仲裁解决成本可以因此得到实质性地节约，且结案效率也会迅速提高，因为这类案件中，银行往往是守约方，为节约全体银行收回贷款的成本，来自 A 银行的仲裁员可以免费审理 B 银行的案件，来自 B 银行的仲裁员也自然会义务审理 A 银行的案件，在案件事实清楚的情况下，银行自己没有理由不加快裁决效率，维护自身权利。这样的场景若可以辐射到其他各行业中，必然会充分激发各行业的社会力量，将行业内的精英充分动员，真正做到行业内专业调解、自律解决，且大幅降低争议解决的成本，同时也可以将有限的法院司法资源进行有效地整合分配，化解法院“案多人少”的压力。

（三）三个特定之“特定人员”

《意见》第 9 条第 3 款所指的“特定人员”就是仲裁员。在许多施行临时仲裁的国家，临时仲裁的仲裁员指定机关可以是仲裁地的法院、某一仲裁机构、某一行业协会，甚至某一个人。由于临时仲裁在中国尚属新鲜事物，《仲裁法》中尚未对如何协助当事人指定仲裁员并协助临时仲裁推进开展的事宜作出规定。

为稳妥起见，建议在《意见》施行的初期，还是选择“特定地点”的仲裁机构，也就是当事人选定的某一特定自贸区内的仲裁机构来完成代指定仲裁员的工作。原因有二：一是仲裁机构具有指定仲裁员丰富的经验，能够选择最适合特定案件的仲裁员，顺利完成仲裁程序。二是仲裁机构对于现行《仲裁法》非常熟悉，能够保证选定的仲裁员符合仲裁地法律的要求，不会指定出不适格的仲裁员，而中国的法院还没有指定仲裁员的经验，对于特定地区特定领域的仲裁员并不熟悉，因此，本文认为，自贸区的仲裁机构比自贸区的法院作为初期的代指定机构更为稳妥。当然，当事人也可以选择域外仲裁机构来代指定仲裁员，不过这样的选择往往意味着高昂的仲裁费用。

当临时仲裁有了一定的发展之后，当事人也可以完全自由约定他们所信赖和熟悉的仲裁员。当然，按照前述“特定仲裁规则”的分析，临时仲裁在中国发展到了一定阶段时，各行业协会也会是非常适宜的代指定人选机构。

五、结语

过去几十年间，域外仲裁机构在我国开展仲裁活动可谓苦难重重。近期的上海黄金置地案和最高人民法院的《意见》不仅为中国仲裁的进一步开放和国际化做了准备，也让域外仲裁机构终于看到了曙光。《意见》将自贸区内外商独资企业的“涉外因素”做了扩大解释，同时又为临时仲裁进入中国仲裁实践开了绿灯。虽然具体的技术性问题还有不少，但是已经给出了中国仲裁现代化的发展方向。

《意见》是中国仲裁史上的重要一笔，今天的仲裁人有望在短期内看到中国仲裁与世界仲裁的全面接轨，真正意义上的中国仲裁国际化的道路已经浮现，我国的仲裁事业将迎来更广阔的天地。

国际投资仲裁

在 ICSID 驳回明显不成立的诉请
——含对“安城房地产公司诉中华人民共和国案”及更早判例的回顾

Michele Potestà * 王剑冰** 译

一、引言

依据《国际投资争端解决中心仲裁规则》(以下简称《ICSID 仲裁规则》或《仲裁规则》)第41(5)条与《ICSID 附加便利规则》第45(6)条,当事方可以请求仲裁庭以快速(expedited)方式决定某项诉请“明显缺乏法律实质”。① 2006 年

---

* Michele Potestà,瑞士日内瓦 Lévy Kaufmann-Kohler 律师事务所律师(国际仲裁方向),国际争端解决日内瓦中心(CIDS)高级研究员。这篇论文是作者早先文章的修改和更新版本。参见 Michele Potestà, *Chapter 9: Preliminary Objections to Dismiss Claims that are Manifestly Without Legal Merit under Rule 41(5) of the ICSID Arbitration Rules*, in *ICSID Convention after 50 Years: Unsettled Issues* (C. Baltag ed., Kluwer Law International, 2016), 249 – 271。

** 王剑冰,上海交通大学凯原法学院 2017 级法学硕士研究生。

① 参见《ICSID 仲裁程序规则》(ICSID Rules of Procedure for Arbitration Proceedings, 以下简称《ICSID 仲裁规则》或《仲裁规则》)(2006 年修订版)第41(5)条;《ICSID 仲裁(附加便利)规则》[ICSID Arbitration (Additional Facility) Rules,以下简称《ICSID 附加便利规则》](2006 年修订版)第45(6)条。为了行文简洁,本部分提及《ICSID 仲裁规则》第41(5)条时,应当理解为相似观点进行必要变更后也通常适用于《ICSID 附加便利规则》第45(6)条。参见 Lion Mexico Consolidated L. P. v. United Mexican States, [ICSID Case No. ARB(AF)/15/2], Decision on Respondent's Preliminary Objections under Article 45(6) of the ICSID Arbitration (Additional Facility) Rules of 12 December 2016, para. 56[该案提道,“《仲裁附加便利规则》第45(6)条与《ICSID 仲裁规则》第41(5)条实际使用的语词相同;对第45(6)条的解释已经发展出一些法理,由此仲裁庭获得了适用标准上的指引”]. 本文对于 ICSID 仲裁裁决撤销程序中专门委员会能否以及如何适用第41(5)条规则给出的意见(见下文第四部分),显然不可迁移到“附加便利”的框架,因为《ICSID 附加便利规则》下产生的裁决受制于仲裁地的撤销程序。

《ICSID 仲裁规则》修正案赋予了在规则框架下提出这类初步异议(preliminary objection)的可能性,允许仲裁庭在开始阶段(*in limine*)驳回显然无意义的诉请。① ICSID 官方统计显示,截至 2018 年 5 月 1 日,《ICSID 仲裁规则》第 41(5)条下已发布的裁决与决定有 23 个[其中 20 个由仲裁庭作出,3 个由专门委员会(*ad hoc* committee)作出]。② 同样截至该日期,援引《ICSID 附加便利规

① 总体上可参见 Aurélia Antonietti, The 2006 Amendments to the ICSID Rules and Regulations and the Additional Facility Rules, 21 *ICSID Review-Foreign Investment Law Journal* 427, esp. 438 – 442 (2006)。

② 参见以下按年代顺序排列的决定或裁决[来源:ICSID, Decisions on Manifest Lack of Legal Merit, https://icsid. worldbank. org/en/Pages/Process/Decisions-on-Manifest-Lack-of-Legal-Merit. aspx(最后访问日期:2018 年 5 月 1 日)]:Trans-Global Petroleum, Inc. v. Hashemite Kingdom of Jordan (ICSID Case No. ARB/07/25), Decision on the Respondent's Objection Pursuant to Rule 41(5) of the ICSID Arbitration Rules of 12 May 2008; Brandes Investment Partners, LP v. Bolivarian Republic of Venezuela (ICSID Case No. ARB/08/3), Decision on the Respondent's Objection Pursuant to Rule 41(5) of the ICSID Arbitration Rules of 2 February 2009; Global Trading Resource Corp. and Globex International, Inc. v. Ukraine (ICSID Case No. ARB/09/11), Award of 1 December 2010; RSM Production Corporation and others v. Grenada (ICSID Case No. ARB/10/6), Award of 10 December 2010; Rafat Ali Rizvi v. Republic of Indonesia (ICSID Case No. ARB/11/13), Decision on the Respondent's Objection Pursuant to Rule 41(5) of the ICSID Arbitration Rules of 4 April 2012(公开渠道不可得); Accession Mezzanine Capital L. P. and Danubius Kereskedöhűz Vagyonkezelö Zrt. v. Hungary (ICSID Case No. ARB/12/3), Decision on the Respondent's Objection Pursuant to Rule 41(5) of the ICSID Arbitration Rules of 16 January 2013; Emmis International Holding, B. V., Emmis Radio Operating, B. V., and MEM Magyar Electronic Media Kereskedelmi és Szolgűltató Kft. v. Hungary (ICSID Case No. ARB/12/2), Decision on the Respondent's Objection Pursuant to Rule 41(5) of the ICSID Arbitration Rules of 11 March 2013; Pan American Energy LLC v. Plurinational State of Bolivia (ICSID Case No. ARB/10/8), Decision on the Respondent's Objection Pursuant to Rule 41(5) of the ICSID Arbitration Rules of 26 April 2013(公开渠道不可得); Vattenfall AB and others v. Federal Republic of Germany (ICSID Case No. ARB/12/12), Decision on the Respondent's Objection Pursuant to Rule 41(5) of the ICSID Arbitration Rules of 2 July 2013(公开渠道不可得); Lundin Tunisia B. V. v. Republic of Tunisia (ICSID Case No. ARB/12/30), Decision on the Respondent's Objection Pursuant to Rule 41(5) of the ICSID Arbitration Rules of 6 January 2014(公开渠道不可得); Elsamex, S. A. v. Republic of Honduras (ICSID Case No. ARB/09/4), Annulment Proceeding, Decision on Elsamex S. A.'s Preliminary Objections of 7 January 2014; Edenred SA v. Hungary (ICSID Case No. ARB/13/21), Decision on Preliminary Objections Pursuant to ICSID Arbitration Rule 41(5) of 6 June 2014(公开渠道不可得); Ioan Micula, Viorel Micula and others v. Romania (ICSID Case No. ARB/05/20), Annulment Proceeding, Decision on the applicable arbitration rules and on the preliminary objections filed by the Respondents on Annulment of 25 June 2014(公开渠道不可得); PNG Sustainable Development Program Ltd. v. Independent State of Papua New Guinea (ICSID Case No. ARB/13/33), Decision on the Respondent's preliminary objections pursuant to ICSID Arbitration Rule 41(5) of 28 October 2014; MOL Hungarian Oil and Gas Company Plc v. Republic of Croatia (ICSID Case No. ARB/13/32), Decision on

则》第 45(6)条的案例已有 2 个。[①]上述 23 个案件中部分或全部支持了关于诉请缺乏法律实质之异议的有 6 例。[②]"安城房地产公司诉中华人民共和国案"(以下简称"安城房产诉中国案")是(该异议下)全部诉请均被驳回的最新案件,这起中国被诉的 ICSID 仲裁以一份通过简易方式驳回申请方(claimant)所有诉请的裁决告终。现在,检视仲裁规则第 41(5)条所引发的问题是恰逢其时的,因为这项规则生效已逾十年,相当数量的案件涉及该程序的适用范围。同时,受到《ICSID 仲裁规则》第 41(5)条的影响,其他仲裁机构近期发布的规则也开始采纳对诉请的先期驳回(early dismissal of claims)程序,这从侧面说明了

---

the Respondent's Objection Pursuant to Rule 41(5) of the ICSID Arbitration Rules of 2 December 2014; CEAC Holdings Limited v. Montenegro (ICSID Case No. ARB/14/8), Decision on the Respondent's Preliminary Objections Pursuant to ICSID Arbitration Rule 41(5) of 27 January 2015(公开渠道不可得); Transglobal Green Energy, LLC and Transglobal Green Panama, S. A. v. Republic of Panama (ICSID Case No. ARB/13/28), Decision on the Admissibility of Respondent's Preliminary Objection to Jurisdiction of the Tribunal under Rule 41 (5) of the Arbitration Rules of 17 March 2015; Elektrogospodarstvo Slovenijerazvoj in inzeniring d. o. o. v. Bosnia and Herzegovina (ICSID Case No. ARB/14/13), Decision on the Respondent's Preliminary Objections Pursuant to ICSID Arbitration Rule 41(5) of 3 November 2015 (公开渠道不可得); Álvarez y Marín Corporación S. A. and others v. Republic of Panama (ICSID Case No. ARB/15/14), Decision on Respondent's Preliminary Objections pursuant to ICSID Arbitration Rule 41(5) of 27 January 2016(公开渠道不可得), and Reasoning of the Decision on Respondent's Preliminary Objections pursuant to ICSID Arbitration Rule 41(5) of 4 April 2016; Venoklim Holding B. V. v. Bolivarian Republic of Venezuela (ICSID Case No. ARB/12/22), Annulment Proceeding, Decision on Respondent's Preliminary Objections pursuant to ICSID Arbitration Rule 41(5) of 8 March 2016; Mathias Kruck and others v. Kingdom of Spain (ICSID Case No. ARB/15/23), Decision on the Respondent's Preliminary Objections Pursuant to ICSID Arbitration Rule 41(5) of 14 March 2016(公开渠道不可得); Ansung Housing Co., Ltd. v. People's Republic of China (ICSID Case No. ARB/14/25), Award of 9 March 2017; Eskosol S. p. A. in liquidazione v. Italian Republic (ICSID Case No. ARB/15/50), Decision on the Respondent's Objection Pursuant to Rule 41(5) of the ICSID Arbitration Rules of 20 March 2017. 当事方有时会在提出第 41(5)条异议后又将其撤销。例如,可参见 Government of the Province of East Kalimantan v. PT Kaltim Prima Coal and others (ICSID Case No. ARB/07/3), Award on Jurisdiction of 28 December 2009, paras. 74 – 75。

① Mobile TeleSystems OJSC v. Republic of Uzbekistan [ICSID Case No. ARB(AF)/12/7], Decision on the Respondent's Objection Pursuant to Art. 45(6) Arbitration (Additional Facility) Rules of 14 November 2013(公开渠道不可得); Lion Mexico Consolidated L. P. v. United Mexican States [ICSID Case No. ARB(AF)/15/2], Decision on Respondent's Preliminary Objections under Article 45(6) of the ICSID Arbitration (Additional Facility) Rules of 12 December 2016.

② 第 41(5)条异议已在 3 起案件中被完全支持(Global Trading 诉乌克兰案、RSM Production 诉格林纳达案和安城房产诉中国案),被部分支持、部分驳回的也有 3 起(Trans-Global 诉约旦案、Accession Mezzanine 诉匈牙利案和 Emmis 诉匈牙利案)。

该程序的成功。[①]

本文由三部分构成。第一，简要讨论仲裁规则第 41(5)条在《解决国家与他国国民间投资争端公约》(以下简称《ICSID 公约》)框架下的起源(下文第二部分)。第二，检视仲裁庭对第 41(5)条的适用。此部分主要处理仲裁庭所关注的核心问题，包括第 41(5)条初步异议的适用范围[下文第三部分第(二)节]和仲裁庭审查这类异议时所必须采取的标准[下文第三部分第(三)节]。第三，考量该条规则在《ICSID 公约》下仲裁裁决撤销程序中的适用，撤销程序相较于面对仲裁庭的程序具有一定独特性(下文第四部分)。

二、《ICSID 仲裁规则》第 41(5)条的起源及其在 ICSID 框架下的地位

根据《布莱克法律词典》，一项“无意义”(frivolous)的诉请是指该诉请“欠缺法律基础或法律实质”“不够严肃”或者“没有合理程度的胜诉意图”。[②] 国内法律体系已经发展出允许法院以快速方式驳回或删除无意义诉请的机制，[③] 相似的规则在国际性司法与仲裁程序中也并不鲜见。[④] 在 ICSID 仲裁框架下，2006 年修正案引入了一项规则，建立起对“明显缺乏法律实质”之诉请的先期驳回程序，即第 41(5)条仲裁规则，表述如下：

除非当事双方同意采用其他快速程序提起初步异议，当事一方得在仲裁庭成立之日起 30 日内，并无论如何在仲裁庭首次开庭之前，提出关于对方诉请明显缺乏法律实质的异议。该当事方应当尽可能详细地阐明异议的依据。仲裁庭在给予当事双方机会陈述对该异议的意见后，应在首次开庭时或者随后立即向当事方通告仲裁庭对异议作出的决定。仲裁庭的决定不妨碍当事方依据第

① 例如，可参见 Arbitration Rules of the Arbitration Institute of the Stockholm Chamber of Commerce (SCC), 1 January 2017, Art. 39(标题为“简易程序”); Investment Arbitration Rules of the Singapore International Arbitration Centre (SIAC), 1 January 2017, Art. 26(标题为“对诉请与抗辩的先期驳回”);《中国国际经济贸易仲裁委员会(CIETAC)国际投资争端仲裁规则》，中国国际贸易促进委员会(中国国际商会)2017 年 9 月 12 日通过，2017 年 10 月 1 日起施行，第 26 条(标题为“对仲裁请求或反请求的先期驳回”)。

② *Black's Law Dictionary* 739 (9th edition, West 2009).

③ 例如，在美国，可参见 Fed. R. Civ. P. 12(b)(6)(该条规定，如果“无法说明诉请能够带来法律救济”，那么驳回该诉请的申请就可以被提出)。

④ 参见 Michele Potestà and Marija Sobat, Frivolous Claims in International Adjudication: A Study of ICSID Rule 41(5) and of Procedures of Other Courts and Tribunals to Dismiss Claims Summarily, 3(1) *Journal of International Dispute Settlement* 137, 139 - 145 (2012)。

(1)段提出异议或者在仲裁程序中主张某项诉请缺乏法律实质的权利。

该项规则的发端可以概括如下。20 世纪初,ICSID 案件数量增加,要求设计出更加高效的程序;于是 ICSID 秘书处在 2004 年发布讨论报告,提出很多针对《ICSID 规章和规则》的修改意见。① 《2004 年讨论报告》特别建议,可以设想一种情形,使当事方能够请求仲裁庭以简易方式驳回无实质的诉请。② 该讨论报告建议引入一项明确规则,以达到"确定……仲裁庭可以在案件审理的先期阶段被要求以快速方式驳回全部或部分诉请"之效果。③ 事实上,若在公约或规则中没有一个明晰的条文,仲裁庭是否应当批准当事方的这类请求是存疑的。例如,在"Metalpar 诉阿根廷案"中,阿根廷在仲裁程序开始时提交申请(motion),这实质上是一项以简易方式驳回申请方诉请的请求。④ 该案首次开庭时,仲裁庭以"程序上不可行"为由否决了这项请求。⑤

《2004 年讨论报告》所设想的新程序被用于与《ICSID 公约》第 36(3)条规定的甄别(screening)机制相联系(同时也相区分)。⑥ 在后一条文下,每份仲裁申请书都要接受 ICSID 秘书长的初始甄别,对于"明显在中心(Centre)的管辖权之外的争议",秘书长可能拒绝登记相关申请。⑦ 但是,这种筛选机制确实不会延伸处理争议的实体内容(以及管辖权仅仅存疑的情况)。⑧ 据 ICSID 前副

---

① ICSID Secretariat, Possible Improvements of the Framework for ICSID Arbitration, Discussion Paper of 22 October 2004(《2004 年讨论报告》), 3, para. 5.

② 《2004 年讨论报告》,第 3 ~ 4 页,第 6 段。

③ 《2004 年讨论报告》,第 3 ~ 4 页,第 6 段。

④ 阿根廷请求"仲裁庭对申请方进行诉请登记的效力作出简要而即时的决定"。参见 Metalpar S. A. and Buen Aire S. A. v. Argentina, (ICSID Case No. ARB/03/05), Award on the Merits of 6 June 2008, para. 11。

⑤ 仲裁庭 2003 年否决阿根廷请求的裁断,在"Metalpar 诉阿根廷案"第 11 段被援引。也可参见 Potestà and Sobat, supra n. 9, 147; Antonio R. Parra, Chapter 42: ICSID Arbitration Rule 41 (5) Objections. MOL v. Croatia, in *Building International Investment Law, The First 50 Years of ICSID* 593, fn. 7 (Meg N. Kinnear et al. eds., Kluwer Law International 2015); Antonio R. Parra, *The History of ICSID* 262 (Oxford University Press, 2012)。

⑥ 参见《2004 年讨论报告》,第 6 ~ 7 页,第 9 段。也可参见"Elsamex 诉洪都拉斯案",第 92 段[该案将第 41(5)条仲裁规则的发端描述为,对 ICSID 秘书长依据《公约》第 36(3)条拒绝诉请登记的权力进行"补充"]。

⑦ 参见《ICSID 公约》,第 36(3)条。在《ICSID 附加便利规则》下 ICSID 秘书长也有相似的甄别权。参见《ICSID 附加便利规则》第 4 条。

⑧ 《2004 年讨论报告》,第 3 ~ 4、6 ~ 7 页,第 6、9 ~ 10 段。

秘书长、2006年《ICSID仲裁规则》修正案主要起草人Antonio Parra称，“只要相关程序能够达到管辖权的最低标准，秘书处就无权阻止其启动，哪怕实质内容没有意义”。① 另外，值得一提的是，秘书长依据《ICSID公约》第36(3)条作出的决定仅仅以申请方提供的信息为基础，因此通常不会遵循对抗式程序(adversarial process)。②

在之后的《2005年工作报告》中，ICSID秘书处提出了对仲裁规则第41条的修正文本，允许仲裁庭在程序的先期阶段以快速方式驳回所有或部分实体诉请。③ 在该文本的基础上(加上一些改动)，④《ICSID规则与规章》最终于2006年作出修正，《ICSID仲裁规则》第41(5)条自2006年4月10日起生效。《ICSID附加便利规则》也在同一年度修正，纳入了第45(6)条新条文，该条与《ICSID仲裁规则》第41(5)条相同。

三、《ICSID仲裁规则》第41(5)条在仲裁程序中的适用

本部分审视了《ICSID仲裁规则》第41(5)条如何适用于仲裁程序。首先，对这一快速进程的主要程序性特点进行描述[第三部分第(一)节]。其次，讨论第41(5)条是仅仅包括以实体为基础的异议，还是也涵盖管辖权异议[第三部分第(二)节]。再次，第三部分第(三)节涉及仲裁庭考量第41(5)条异议时所必须采取的审查标准。最后，本部分讨论了仲裁庭如何处理在第41(5)条异议框架下的仲裁费用问题[第三部分第(四)节]以及善意(good faith)的异议在被否决的情况下，是否仍然会对程序的总体效率产生积极影响[第三部分第(五)节]。

---

① Antonio R. Parra, The Development of the Regulations and Rules of the International Centre for Settlement of Investment Disputes, 41 *International Lawyer* 47, 56 (2007).

② 参见《ICSID公约》，第36(3)条(该条中有“以申请书中的信息为基础”之表述)；Rule 6 of the Rules of Procedure for the Institution of Conciliation and Arbitration Proceedings(《机构规则》)(与上一条文有相同的表述)。然而，由于中心(Centre)需要将申请书传送给被申请方，它也可能收到(被申请方)自发对诉请登记表示反对的评论。参见Christoph Schreuer et al., *The ICSID Convention: A Commentary* 460-461, 469-470 (2d ed., Cambridge University Press 2009); Martina Polasek, The Threshold for Registration of a Request for Arbitration under the ICSID Convention, 5 *Dispute Resolution International* 177, 180-181 (2011)。

③ ICSID, *Suggested Changes to the ICSID Rules and Regulations*, Working Paper of the ICSID Secretariat, 12 May 2005(注:《2005年工作报告》),7。

④ 最终被采纳的条文语言与《2005年工作报告》的文本相比，有两处明显的改动：增加了第一句话以明确该规则的“剩余”(residual)性质(“除非当事双方同意……”)；在“明显缺乏实质”的表述中间插入“法律”一词。

(一)第 41(5)条的程序

作为一个初步事项,应当注意《ICSID 仲裁规则》第 41(5)条在性质上是“剩余”(residual)的,也就是说,它仅在“当事双方没有同意采用其他快速程序提起初步异议”之时适用。许多投资条约(双边或多边投资协定)规定了以快速方式提起初步异议的替代性程序,由此相较于第 41(5)条,这些替代性程序应当具有优先性。① 尤其是近期的一些投资条约,已经纳入了直接仿照第 41(5)条制定的针对无实质诉请的先期驳回程序。②

可以援引这项规则的主体为“当事一方”,从字面看来似乎同时包含了申请方和被申请方(respondent)。“Global Trading 诉乌克兰案”的仲裁庭认为,“既然该程序几乎不可能保护申请方的利益,起草者如果将援引主体写成‘被申请方’也许会起到相同的效果”,③这种观点当然在原则上会被广泛认同;但不排除在一些情况下,申请方可能要求驳回被申请方无实质的反请求(counterclaim)。④

与《ICSID 仲裁规则》第 41(1)条下管辖权异议所触发的程序相比,第 41(5)条设计的程序在速度上要快得多。⑤ 当事方须在仲裁庭成立之日起 30 日内,并无论如何在仲裁庭首次开庭之前,提出关于对方诉请明显缺乏法律实质的异议。⑥ 仲裁庭应当在首次开庭时或“随后立即”发布决定。⑦ 大多数案件中,

---

① 参见 Antonietti, *supra* n. 2, 441 - 442。争议双方(而不是条约的缔约国)同意适用其他快速程序来提起初步异议时,第 41(5)条规则的剩余性质也会体现出来,比如投资合同中可能有 ICSID 条款,虽然这在实践中会很少见。

② 例如,可参见 Comprehensive and Progressive Agreement for Trans-Pacific Partnership (CP-TPP), Art. 9(23); EU-Vietnam FTA, Chapter 8. Ⅱ, section 3, Art. 18; EU-Canada CETA, Art. 8. 32。

③ Global Trading 诉乌克兰案,第 29 段。

④ 然而,由于规则要求的时限很短,只有反请求在非常靠前的程序阶段提出,相对方才能对此请求第 41(5)条异议,这一般不大可能。因此,在实践中,第 41(5)条仲裁规则仅仅为被申请方提供了有用的工具,而不是对双方都有用。参见 Potestà and Sobat, *supra* n. 9, 150。也可参见 Ina C. Popova and Fiona Poon, From Perpetual Respondent to Aspiring Counterclaimant? State Counterclaims in the New Wave of Investment Treaties, 2(2) *BCDR International Arbitration Review* 223, 245 (2015)[该文提道,“由于反请求通常在答辩意见中提出,所以 ICSID 仲裁庭可能会认定反请求不能因其‘明显缺乏法律实质’而适用 ICSID 第 41(5)条仲裁规则下的异议”]。

⑤ Schreuer et al., *supra* n. 19, 543.

⑥ 第 41(5)条仲裁规则中的两个时限条件需要同时满足。参见“Transglobal 诉巴拿马案”,第 24 ~ 29 段。

⑦ 根据《ICSID 仲裁规则》第 13(1)条,仲裁首次开庭应当在仲裁庭成立之日起 60 日内进行。

仲裁庭针对该异议发布裁断的时间是在首次开庭之后而非在首次开庭之时。[①]但是，“安城房产诉中国案”中，仲裁庭在庭审最后以简易形式向当事双方传达了其决定。仲裁庭称：“遵循《ICSID 仲裁规则》第 41(5)条的文字和精神，仲裁庭决定作出口头裁断，以节约当事双方庭后不必要的时间与财力花费。”[②]“Álvarez 诉巴拿马案”中，仲裁庭在关于第 41(5)条异议的最后一份当事方文书(memorial)提交后不久发布了决定，又在后续的一份决定中论述了推理过程。[③]

快速程序的性质必然导致对案件事实和法律问题的审查是简易作出的，也就是说，没有完全展现当事方会在普通程序下提出的所有证据。但是，“仲裁庭可以对流程或证据进行多大程度的简化”，[④]同时又保证不侵害正当程序权利，也不会因此成立“对根本性程序规则的严重背离”(《ICSID 公约》第 52 条含义下撤销裁决的理由之一)呢？

第 41(5)条仅仅意味着仲裁庭必须“给予当事双方机会陈述对该异议的意见”。“Global Trading 诉乌克兰案”的仲裁庭称：“第 41(5)条授予异议方一项权利，使明显无实质的请求能够被提前处理，避免对此辩护引起不必要的麻烦和花费；显然应当在这项权利与仲裁庭满足正当程序要求的职责之间寻求平衡。”[⑤]首次适用第 41(5)条的“Trans-Global 诉约旦案”仲裁庭，着重强调了“程序公正的基本原则”，并这样叙述：

> 申请方如果被第 41(5)条下的终局裁决不当驱逐出审判台，而没有机会根据(《ICSID 仲裁规则》)规定的书面与口头程序组织并展现其主张，那会……是一项重大的不正义。[⑥]

《ICSID 仲裁规则》第 41(5)条没有规定，这项快速程序应当以口头方式进行还是仅通过书面陈述即可。现存的实践表明，很多仲裁庭提供口头陈述

---

① 参见 Aissatou Diop, Objection under Rule 41(5) of the ICSID Arbitration Rules, 25 *ICSID Review-Foreign Investment Law Journal* 312, 333 (2010)[此处讨论了适用第 41(5)条仲裁规则的头四个案例]。

② 安城房产诉中国案，第 4 段。

③ 参见 Álvarez 诉巴拿马案，第 19 ~ 20 段。

④ Judith Gill, Application for the Early Disposition of Claims in Arbitration Proceedings, in 50 Years of the New York Convention 513, 520 [Albert Jan van den Berg, ed., ICCA Congress Series No. 14 (Dublin 2009), Kluwer Law International 2009].

⑤ Global Trading 诉乌克兰案，第 34 段。

⑥ Trans-Global 诉约旦案，第 92 段。

的机会。① 口头陈述于一至两轮书面论证后在首次开庭时或一个单独的庭审中被听取。② “Global Trading 诉乌克兰案”的仲裁庭对此发表了如下意见：

> 从原则上讲，如果没有给予申请方（被申请方也一样）一个适当的机会通过书面加口头方式参与庭审，那么对申请方诉请的驳回在 ICSID 体系下便不应该认为是正当的……为（增设口头程序）付出的代价是一个微小的延迟……在从开庭到发表裁决之间的时段。但是仲裁庭认为，这不可避免而且仍然符合该项规则的精神。可能在有些案件中，仲裁庭能够仅凭书面陈述得出关于第 41（5）条异议的清晰结论，但这类案件很稀少，而且即便在此情形下，预设结论也是该决定**不会**支持异议，而非相反。③

从另一方面来说，采纳口头证供（oral testimony）很难与第 41（5）条中所设定的严格时间表相适应。④

最后，针对明显缺少法律实质之诉请的异议成功后，会引起一项裁决（award）的发布，⑤它将“终局性地清除申请方诉请及其在《ICSID 公约》下所伴随的一切法律效果”。⑥ 因此，这项裁决会产生既判力（*res judicata*），适用《ICSID 公约》设置的救济措施（首当其冲的就是撤销请求），也可能会被要求执行。如果依据第 41（5）条的异议失败，那么裁断大概会采取决定（decision）的形式（有时甚至会口头作出）。⑦ 正如第 41（5）条后一句所阐明的，针对明显

---

① Global Trading 诉乌克兰案，第 33 段；Trans-Global 诉约旦案，第 19 ~ 22 段；Brandes 诉委内瑞拉案，第 6 段；RSM Production 诉格林纳达案，第 1. 3. 4 段；PNG 诉巴布亚新几内亚案，第 14 段；MOL 诉克罗地亚案，第 12 段。在其他案例中，仲裁庭认为没有必要开庭。参见 Álvarez 诉巴拿马案，第 18 段。

② 例如，可参见 Trans-Global 诉约旦案，第 19 ~ 22 段；Brandes 诉委内瑞拉案，第 6 段；RSM Production 诉格林纳达案，第 1. 3. 6 段；Global Trading 诉乌克兰案，第 33 段；安城房产诉中国案，第 16 ~ 20 段。也可参见 Diop，*supra* n. 29，333。

③ Global Trading 诉乌克兰案，第 33 段，案例原文标注的重点已加着重号。

④ 正如 Trans-Global 案中仲裁庭评论的那样：“如果申请方的事实指控会引发任何程度的反驳，那么这也许表明该指控不会在第 41（5）条仲裁规则下的异议中被驳回；而如果指控需要证供来补充或支持，那么结果可能相反。”（Trans-Global 诉约旦案，第 91 段）

⑤ 参见《ICSID 仲裁规则》，第 41（6）条。

⑥ Trans-Global 诉约旦案，第 92 段。

⑦ 参见 Chester Brown and Sergio Puig, The Power of ICSID Tribunals to Dismiss Proceedings Summarily：An Analysis of Rule 41（5） of the ICSID Arbitration Rules，10 *The Law and Practice of International Courts and Tribunals* 227，256 – 257（2011）。在“Álvarez 诉巴拿马案”中，仲裁庭首先发出决定，之后才公布了推理过程。参见 Álvarez 诉巴拿马案，第 19 ~ 20 段。在“安城房产诉中国案”中，仲裁庭于开庭时口头向当事方传达了决定，随后又择日将裁决送到双方手中。参见安城房产诉中国案，第 4 段。

缺少法律实质之诉请的异议被驳回，不妨碍当事方随后依据《ICSID 仲裁规则》第41(1)条提出管辖权异议或者在仲裁程序中主张某项诉请缺乏法律实质的权利。

（二）管辖权还是实体问题

很多仲裁庭都考虑到一个问题：《ICSID 仲裁规则》第41(5)条是只包括实体部分无实质的诉请，还是也涵盖明显无管辖权的诉请。回顾ICSID秘书处的背景文件，可以发现引入这一新程序的最初意图仅在于处理实体方面无实质的诉请，而不包括程序方面。[①]《2004年讨论报告》提到，引入那项后来成为第41(5)条的程序"有利于消除一些当事方的疑虑，它们认为秘书长的甄别权太受限，特别是不能延伸处理争议的实体问题"。[②]《2005年工作报告》以可能更为清晰的用语记录下起草者的意图——"通过(在《ICSID 仲裁规则》第41条中)引入新的一段，来明确可以请求仲裁庭在程序的先期阶段以快速方式驳回关于实体的全部或部分诉请；这一改动有利于解决对秘书长有限甄别权的担忧"。[③](如上文所述，这种甄别权只能涉及对于争议是否"明显超越中心之管辖权"的审查)。[④]

"Brandes 诉委内瑞拉案"的仲裁庭首次考量了这个问题，它主要依据对这项规则的目的性解释而认为，第41(5)条异议同时包含管辖权与实体争议。仲裁庭意见如下：

在处理这类无实质诉请时，(规则)意在使当事方免于背负可能冗长而昂贵的程序负担，但审查对象仅仅局限于案件的实体内容，而不应同样纳入仲裁庭据以获得案件裁判权力的管辖权基础——这种认识是完全没有客观理由的。[⑤]

---

① Elsamex 诉洪都拉斯案的专门委员会指出："在[第41(5)条仲裁规则的]准备资料中，没有明确提到管辖权异议。"Elsamex 诉洪都拉斯案，第92段。

② 《2004年讨论报告》，第7页，第10段。

③ 《2005年工作报告》，第7页。

④ Parra, *MOL v. Croatia*, *supra* n. 14, 594 - 595. 不同观点请参见 Antonietti, *supra* n. 2, 440 [该文提道，"根据《工作报告》出台后的讨论和收到的评论，针对管辖权的快速异议似乎不能从第41(5)条仲裁规则的适用范围中排除"，并得出结论认为"第41(5)条仲裁规则确实包括针对管辖权的快速异议，尽管最初设计该条文是为了驳回关于实体内容的无意义诉请"]。

⑤ Brandes 诉委内瑞拉案，第52段。也可参见同上，第54段，提道"该程序并不过分地烦琐；它如果可以在(仲裁庭)明显没有管辖权之时避免案件继续审理，那就显然完成了这项规则的基本目标——避免在诉请缺乏法律实质时让程序继续进行"。

后续的仲裁庭无一例外,都对这一看法表示赞成。①

正如"Brandes 诉委内瑞拉案"中仲裁庭所承认的那样,②这样的解说会为审查中心的管辖权创设三重机会:第一,在《ICSID 公约》第 36(3)条下由秘书长进行;第二,适用《ICSID 仲裁规则》第 41(5)条的异议程序;第三,依据《ICSID 仲裁规则》第 41(1)条通过"普通"管辖权异议的方式。③ 这也许会引起人们对整体效率与程序时长的担忧。事实上,第 41(5)条的用词可以理解为,管辖权异议不包含在快速程序的范围之中。第 41(5)条的最后一句提及了"依据(第 41 条)第(1)段的异议",也就是管辖权异议,将其与对"缺乏法律实质之诉请"的异议明显放在并列地位(由此似乎可以明确,后者指称一项关于实体的辩护)。可以合理地推断,第 41(5)条首句所指的异议(针对明显缺乏法律实质的诉请)与末句提到的异议(针对缺乏法律实质的诉请)范围相同,它们与管辖权异议存在显著区分。同时,第 41(6)条将仲裁庭关于"争议超越中心的管辖权或不在其权限内"与"全部诉请都明显缺乏实质"的决定并列表述,这进一步显示,第 41(1)条"普通"异议与第 41(5)条快速异议的范围不应有所重叠。

话虽这么说,但不可否认管辖权异议与第 41(5)条下的审查具有高度的亲和性,因为管辖权异议在许多案件中都具有本质上的法律属性而且通常不要求复杂的事实调查。④ 无论如何,在是否将管辖权异议纳入该规则范围的问题上,判例法的一致赞同态度已经基本平息了争议。正在进行的《ICSID 仲裁规则》修订工作可能会澄清这一模糊之处。⑤

---

① 参见 Global Trading 诉乌克兰案,第 30 段;RSM Production 诉格林纳达案,第 6. 1. 1 段;PNG 诉巴布亚新几内亚案,第 91 段(此处申请方对该问题没有异议);Emmis 诉匈牙利案,第 45 段(此处申请方对该问题没有异议)。在 Álvarez 诉巴拿马案中,尽管申请方主张第 41(5)条仲裁规则不包含管辖权异议(参见 Álvarez 诉巴拿马案,第 60 段),但仲裁庭将此问题搁置,用其他的理由拒绝了被申请方的请求(同上,第 98 ~ 99 段)。

② Brandes 诉委内瑞拉案,第 53 段。

③ 也可参见 Global Trading 诉乌克兰案,第 33 段[该案提道,"在'前初步'(pre-preliminary)阶段对第 41(5)条异议的驳回并不阻碍它之后在普通程序中'复活',就像第 41(5)条规则从没存在过一样"];Emmis 诉匈牙利案,第 84 段[该案驳回了一项第 41(5)条异议,并指出仲裁庭的"认定并不妨碍被申请方经过考虑,继续坚持关于该诉请的管辖权异议"]。

④ 例如,可参见 Emmis 诉匈牙利案和 Accession Mezzanine 诉匈牙利案中(当事方)提出的异议[关于双边投资协定中争端解决条款的属事(*ratione materiae*)限制],或者 Global Trading 诉乌克兰案中的异议(关于销售合同是否符合《ICSID 公约》第 25 条和可适用的双边投资协定对"投资"的定义)。

⑤ 就像其他仲裁机构的某些规则所做到的。例如,可参见 SCC Rules (2017), Art. 39(2),第一句话("启动简易程序的请求可以针对管辖权、可受理性或者实体问题")。

(三)审查标准:一项诉请何以"明显缺乏法律实质"

解释《ICSID 仲裁规则》第 41(5)条时,最疑难的问题是"明显缺乏法律实质"的确切含义,"这个简洁的短语为多种不同解释留下了空间"。[①]

1. 审查标准

法律实质的缺乏必须是"明显的"。如"Trans-Global 诉约旦案"的仲裁庭所称,"明显"一词在《ICSID 公约》的一些条款[②]中同样有所使用;也许可以认为,"新规则的含义旨在反映业已成熟的旧条款的含义"。[③] 仲裁庭意见如下:

该词语的通常含义要求被申请方清晰且明显地(clearly and obviously)论证其异议,要相对轻松而迅速(with relative ease and despatch)。因此该标准设置得较高。但考虑到投资争端的通常性质,仲裁庭承认这项操作可能并不总是简单的……操作虽然可能有些复杂,但绝不应该太困难。[④]

因此,第 41(5)条下应当适用的标准是"非常苛刻而严格的"。[⑤] "PNG 诉巴布亚新几内亚案"的仲裁庭称,这项规则"意在拦截清晰且明确的无实质案件"。[⑥] 在这个意义上,"如果申请方能够维持可论证的立场,那么该案便不能被认定为清晰且明确的无实质案件"。[⑦]

在"MOL 诉克罗地亚案"中,仲裁庭严谨地讨论了第 41(5)条下应当适用的标准。[⑧]

---

① Trans-Global 诉约旦案,第 75 段。

② 参见《ICSID 公约》,第 36(3)条(该条规定,如果"争议明显在中心的管辖权之外",那么秘书长不会登记这项请求);第 52(1)(b)条(该条将"仲裁庭明显超越权限"规定为撤销裁决的理由之一);第 57 条[该条将"事实显示(仲裁员)明显缺乏(《公约》要求的)素质"规定为取消仲裁员资格的原因]。关于《ICSID 公约》第 52(1)(b)条中"明显"一词的使用,Christoph Schreuer 解释说:"根据词典,'明显'的意思是'明白''清晰''鲜明''显然'并且通过意识很容易理解和辨认;因此,超越权限的明显性并不必然说明它有多严重,而是与认知的容易程度成正比"。参见 Schreuer et al., *supra* n. 19, 938。

③ Trans-Global 诉约旦案,第 83 段。

④ Trans-Global 诉约旦案,第 88 段。之后有很多仲裁庭引用了这一段落并持赞同的态度。参见 Brandes 诉委内瑞拉案,第 63 段;Global Trading 诉乌克兰案,第 35 段;RSM Production 诉格林纳达案,第 4.2.1 和 6.1.1 段;Álvarez 诉巴拿马案,第 80 段;安城房产诉中国案,第 70 段。

⑤ PNG 诉巴布亚新几内亚案,第 88 段。PNG 案的仲裁庭进一步称,这项非常苛刻的标准"对管辖权问题不会比对其他问题的要求低"。Trans-Global 诉约旦案,第 91 段。

⑥ Trans-Global 诉约旦案,第 88 段。

⑦ Trans-Global 诉约旦案,第 88 段。

⑧ 人们对 MOL 诉克罗地亚案采取的审查标准作出了评论,其中一种代表性观点可参见 Parra, MOL v. Croatia, *supra* n. 14, esp. at 596(该文提到,这项决定"最为有力地阐述了该规则要求仲裁庭进行审查的标准")。

仲裁庭首先指出,这项规则“显然瞄准的是从法律观点看缺陷极为明显,从而适于被彻底驳回的诉请”。[①] 仲裁庭将该类型的异议与“针对管辖权的异议或实体辩护(具体指主张对方诉请‘缺乏法律实质’的辩护)相对照,认为对后两者的处理需要更翔实的论证或事实调查”,而且“常规的初步异议必须在第41(1)条下进行;常规的辩护则必须针对实体问题”。[②] 据仲裁庭称,这项区分源于“第41(5)条所开启的维权新途径之特殊性质”及其被设定的时间限制,这意味着异议必须“十分明晰,以至于几乎可以书面审理或者只需辅以极低程度的补充论证”。[③] “MOL 诉克罗地亚案”的仲裁庭尽管对“Trans-Global 诉约旦案”(上文已引述)所提出的“清晰且明显”标准表示赞同,但反对 Trans-Global 案仲裁庭的下述意见——第41(5)条所预设的操作“可能并不总是简单的,(在该案中)会要求连续进行当事方书面与口头陈述以及仲裁庭向当事方发问的环节。操作虽然可能有些复杂,但绝不应该太困难”。在“MOL 诉克罗地亚案”的仲裁庭看来,此解释“似乎正将仲裁庭带向第41(5)条与第41(1)条规则之间的某个交叉地带”。[④] 相反,“正确的衡量”应是“在投资者适于被立即驳回的诉请与需要更翔实的论证来最终处理的诉请之间”保持区分。[⑤] 换个说法,第41(5)条适用于“清晰”且“确定”(“clear” and “certain”)[也就是第41(5)条含义下的“明显”]的事项,不适用于那些“容许这样或那样的论证”或者为此“有必要进入详细分析”(也就是不明显)的事项。[⑥] 这项区分尊重了“第41(5)条促进 ICSID 体系健康发展的明确目标”。[⑦]

“MOL 诉克罗地亚案”的仲裁庭对第41(5)条下审查标准的解释具有清楚和简洁的优点,该案之后的仲裁庭会这样认定——若问题复杂[⑧]而对此的正反论证均可维持,或者涉及对“新型法律问题”与“无先例可循的问题”的解读,异

① MOL 诉克罗地亚案,第44段。

② MOL 诉克罗地亚案,第44段。

③ MOL 诉克罗地亚案,第44段。

④ MOL 诉克罗地亚案,第45段。

⑤ MOL 诉克罗地亚案,第45段。

⑥ Trans-Global 诉约旦案,第84段;MOL 诉克罗地亚案第45段引用了前段并持赞同的态度。

⑦ MOL 诉克罗地亚案,第45段。

⑧ 也可参见 Álvarez 诉巴拿马案,第102段(问题复杂,更适合将审查推迟到普通程序);Brandes 诉委内瑞拉案,第75段(找到问题的答案“要求必须对复杂的法律与事实争议进行审查,这不能在简易程序中解决”)和第76段(“这些困难的法律问题不能在简易程序中解决”)。

议方的举证责任便尚未完成。[①] 用“PNG 诉巴布亚新几内亚案”仲裁庭的原话总结:“第 41(5)条并不试图解决新颖、困难或者有争议的法律问题,而是仅仅意在将没有争议或确实不可争议的法律规则适用于无异议的事实上。”[②]

2. “法律”还是“事实”:怎样对待争议事实

第 41(5)条关注明显缺乏“法律”实质的诉请。在《2005 年工作报告》由 ICSID 秘书处提出的文本中,这项新程序要关注的是“明显缺乏实质”的诉请。[③] 2006 年修正案的最终文本插入了“法律”一词。此改动的作出据说是为了避免在这一程序阶段对案件事实进行不当讨论。[④] “Trans-Global 诉约旦案”的仲裁庭回顾了 ICSID 筹备文件和其他背景资料,它认为:“‘法律’一词……显然是用作‘事实’的反义词。”[⑤]在“Brandes 诉委内瑞拉案”中,仲裁庭认为这项异议“应关注诉请的法律障碍,而不是事实障碍”。[⑥] 与之相似,“PNG 诉巴布亚新几内亚案”的仲裁庭称,当事方的异议如果也需要进行事实分析,那便不适于在第 41(5)条下解决。[⑦] 在“Álvarez 诉巴拿马案”中,被申请方提出第 41(5)条异议,认为投资是非法进行的,因此仲裁庭无管辖权。仲裁庭认为这种异议不能在第 41(5)条的背景下审查,因为这会使检验背后的争议事实成为必要,否则无法判定投资的进行是否是非法的。[⑧]

尽管如上文所述,该异议定位于一项诉请的“法律实质”,但“对任何一项诉请,只审查法律实质而不涉及该诉请据以提出的事实前提几乎是不可能的”。[⑨]

---

① PNG 诉巴布亚新几内亚案,第 89、94 ~ 95、98 段。

② PNG 诉巴布亚新几内亚案,第 89 段。也可参见 Lion Mexico Consolidated 诉墨西哥合众国案,第 66 段;Eskosol S. p. A. in liquidazione 诉意大利案,第 41 段。

③ 《2005 年工作报告》,第 7 页。

④ Antonietti, *supra* n. 2, 440.

⑤ Trans-Global 诉约旦案,第 97 段。也可参见 PNG 诉巴布亚新几内亚案,第 90 段。

⑥ Brandes 诉委内瑞拉案,第 59 段。也可参见 PNG 诉巴布亚新几内亚案,第 90 段。

⑦ PNG 诉巴布亚新几内亚案,第 93 段。

⑧ Álvarez 诉巴拿马案,第 95 ~ 96 段。

⑨ Trans-Global 诉约旦案,第 97 段。也可参见 Elsamex 诉洪都拉斯案,第 106 段(该案提道,“很难将法律主张和它的事实前提完全分开”,以上文字是由本文作者把案例原文翻译为英文,译者再将其转译为中文的)。也可参见 Andrea Carlevaris, Preliminary Matters: Objections, Bifurcation, Request for Provisional Measures, in Litigating International Investment Disputes, A Practitioner's Guide 173, 194 (Chiara Giorgetti ed., Brill Nijoff 2014)[“第一个运用该规则的决定似乎支持了以下观点——在考察诉请的法律实质时,对事实元素的有限分析可能是必要的;对异议进行裁断必然要求去评估(当事方)为支持相关诉请所称的事实”]。

这个论断可能在实体辩护与管辖权异议两方面都正确。如果是这样,问题便产生了:仲裁庭为实现第 41(5)条的运作目的,应该怎样考量与诉请之法律实质相关的争议事实呢?第 41(5)条没有在这方面提供指引。①

在特定案件中,仲裁庭和当事方会适用所谓的表面证据(*prima facie*)标准,投资条约的仲裁庭在审查其属事(*ratione materiae*)管辖权时会采取这一标准。对于争议当事方提出的请求及反请求,如果仲裁庭必须审查其是否落入(条约)所描述的仲裁庭具有管辖权的请求和反请求之类型范围,那么表面证据标准发挥作用。②

在审查上述属事管辖权之具体方面的背景下,仲裁庭发展出一些关于表面证据标准的原则;总结下来,该标准的第一步就是要求仲裁庭接受申请方声称的事实临时(*pro tempore*)为真。③ 不同仲裁庭在这方面采取的方法有细微差别。例如,在一些仲裁庭看来,申请方的事实描述除非是“无意义或滥用的”,④“令人难以置信、无意义或无根据的”,⑤“不可思议、无意义或轻率的”,⑥“显然没有任何基础”⑦或者“乍看下就缺乏依据”⑧,否则都会予以接受。其他一些

① 最近一些包含与第 41(5)条相似规则的条约规定,仲裁庭应该将申请方主张的事实推定为真。例如,可参见 EU-Vietnam FTA, Art. 18(3); CETA, Art. 8.32(5); CP-TPP, Art. 9(23)(4)(c)。

② 其中一些代表性观点可参见 Zachary Douglas, *The International Law of Investment Claims* 273 - 277 (Cambridge University Press, 2009); Audley Sheppard, *The Jurisdictional Threshold of a Prima Facie Case*, in *The Oxford Handbook of International Investment Law* 932 (Peter Muchlinski, Federico Ortino and Christoph Schreuer eds., Oxford University Press, 2008)。

③ 例如,可参见 Chevron Corp and Texaco Petroleum Corp. v. Ecuador (UNCITRAL), Interim Award of 1 December 2008, para. 105; Canfor Corporation v. United States (NAFTA/UNCITRAL), Decision on Preliminary Question of 6 June 2006, para. 171; Mytilineos Holdings SA v. Serbia and Montenegro and Serbia (UNCITRAL), Partial Award on Jurisdiction and Dissenting Opinion of 8 September 2006, para. 187; *Telenor Mobile Communications AS v. Hungary* (ICSID Case No. ARB/04/15), Award of 22 June 2006, para. 21; SGS Société Générale de Surveillance SA v. Pakistan (ICSID Case No. ARB/01/13), Decision on Objections to Jurisdiction of 6 August 2003, para. 145.

④ El Paso Energy International Co. v. Argentina (ICSID Case No. ARB/03/15), Decision on Jurisdiction of 27 April 2006, para. 45.

⑤ Methanex Corporation v. United States (NAFTA/UNCITRAL), Partial award of 7 August 2002, para. 112.

⑥ Murphy Exploration and Production Company International v. Ecuador (ICSID Case No. ARB/08/4), Award on Jurisdiction and Dissenting Opinion of 15 December 2010, para. 10.

⑦ Duke Energy International Peru Investments No 1, Ltd v. Peru (ICSID Case No. ARB/03/28), Decision of the Ad hoc Committee of 28 February 2011, para. 118.

⑧ Société Générale v. Dominican Republic (LCIA Case No. UN 7927), Award on Preliminary Objections to Jurisdiction of 19 September 2008, para. 61.

仲裁庭会在申请方自己的描述之外进一步验证,特别是当事双方对事实问题意见相左时。[①] 后一种情况下,为了将申请方的主张放置"在更宽广的视野下",[②] 仲裁庭会查看被申请方提供的相反证据。[③] 第二步则是要求仲裁庭调查"如果所称的事实被成功证明",其是否"能够构成对双边投资协定的违反"。[④]

在第41(5)条的背景下,有些仲裁庭适用上述的表面证据标准对争议事实进行了审查。应当指出,表面证据方法在此处也许能进行有益的类推适用;但前提是使用者应谨记它是在一个特定而不同的背景下(关于对仲裁庭管辖权之属事方面的审查)发展出的。因此,正如"Trans-Global 诉约旦案"中恰如其分的表述,适用第41(5)条的仲裁庭必须"在第41(5)条以其自身用语所限定的特殊概念里"活动。[⑤]

在"Trans-Global 诉约旦案中",被申请方提出仲裁庭应采取两步走的方法:①申请方所称的事实只要具有"足够的合理(plausible)性"便予以接受;②判断所称的事实是否能够构成对双边投资协定的违反。[⑥] 仲裁庭拒绝采用这一方法,并讲道:

在适用第41(5)条时,本庭认为,关于与申请方诉请之法律实质相关的争议事实,仲裁庭如果认定某项事实指控(明显)令人难以置信、无意义、无根据、不准确或者是恶意作出的,那么便不需要采信其表面价值(face value);仲裁庭也不需要接受一项被装扮成事实指控的法律主张。然而,本庭不认为,仲裁庭应当衡量争议事实指控的可信度与合理性(plausibility)。[⑦]

---

① PSEG Global Inc. et al. v. Turkey (ICSID Case No. ARB/02/5), Decision on Jurisdiction of 4 June 2004, para. 64.

② Joy Mining Machinery Ltd. v. Egypt (ICSID Case No. ARB/03/11), Award on Jurisdiction of 30 July 2004, para. 30.

③ 参见 Continental Casualty Company v. Argentina (ICSID Case No. ARB/03/9), Decision on Jurisdiction of 22 February 2006, para. 61; Total SA v. Argentina (ICSID Case No. ARB/04/01), Decision on Objections to Jurisdiction of 25 August 2004, para. 53。

④ 在很多相关案例中,可参见 Noble Energy Inc. and MachalaPower Cia Ltd. v. Ecuador and Consejo Nacional de Electricidad (ICSID Case No. ARB/05/12), Decision on Jurisdiction of 5 March 2008, para. 153. 也可参见 Douglas, *supra* n. 78, 274 - 275。

⑤ Trans-Global 诉约旦案,第104段。

⑥ Trans-Global 诉约旦案,第81段。

⑦ Trans-Global 诉约旦案,第105段。

由此可见,仲裁庭尽管强调其并没有受到投资判例法中表面证据规则的指引,[①]但最终采取的标准还是与在属事管辖权审查的背景下,特定仲裁庭适用的表面证据标准相近似。"RSM Production诉格林纳达案"的仲裁庭对Trans-Global案的解释方法表示赞同,[②]同时又在考量第41(5)条异议时补充道:

适当的做法是——宽松解释申请方的仲裁申请书;如果申请方的指控范围中存在疑问或不确切之处,那么任何疑问与不确切之处都应当以有利于申请方的方式解决。[③]

这个意见可能会与以下事实联系起来解读:被申请方提出第41(5)条异议之前,仲裁申请书是申请方被要求提交的唯一书面陈述;《ICSID公约》与《ICSID仲裁规则》框架下,除了依据《ICSID公约》第36(3)条通过秘书长审查所必要的内容外,仲裁申请书不需要包含详细的事实指控。[④]

"Emmis诉匈牙利案"沿用了"Trans-Global诉约旦案"给出的标准,并提道:

为实现[根据第41(5)条]所作裁断的目的,仲裁庭……一般应推定构建申请方实质性诉请的事实为真(除非这些事实显然没有任何基础)。但之后在将推定的事实运用到对管辖权这一法律问题的考察中时,仲裁庭必须根据法律来决定那些事实是否落入仲裁合意的范围内。[⑤]

与之类似,"安城房产诉中国案"的仲裁庭认为,在处理第41(5)条异议时,事实将"按照(申请方)所主张的"采纳。[⑥]

在"Brandes诉委内瑞拉案"中,仲裁庭首先对以下看法表示认可:"事实前提基本上应当按照申请方所称的采纳;除非依据最有利于申请方的解释方法,其主张仍然明显缺乏法律实质,那么申请方诉请应当被简易驳回。"[⑦]接着,仲裁庭进一步发展了该观点:

---

① Trans-Global诉约旦案,第103段。

② RSM Production诉格林纳达案,第6.1.2段。

③ RSM Production诉格林纳达案,第6.1.3段。

④ 参见《ICSID公约》第36(2)条和《机构规则》第2条的要求。关于这方面的讨论,参见Trans-Global诉约旦案,第98~102段。

⑤ Emmis诉匈牙利案,第26段。也可参见Álvarez诉巴拿马案,第82段。

⑥ 安城房产诉中国案,第71段。

⑦ Brandes诉委内瑞拉案,第61段。

针对“明显”的审查要求显然比表面证据标准设置了高得多的门槛；后者通常适用于第41(1)条下的管辖权问题，事实前提在有关管辖权的决定中一般按照申请方声称的采纳。①

随后，仲裁庭引入了“合理性”(plausibility)门槛，认为申请方在相关事实主张中应当满足这一要求。② 仲裁庭详细论证了何为第41(5)条框架下应予适用的正确标准，并总结道：

关于诉请的实体内容，只有在申请方所称的事实并非明显具有表面看上去的合理性，以至于诉请将被驳回时，(快速)否决这项诉请的裁决才能作出。③

可能有人要问：将要求事实“表面上合理”(*prima facie* plausible)(Brandes诉委内瑞拉案)与推定事实为真(除非其明显令人难以置信、无意义、无根据、不准确、显然没有任何基础或者是恶意作出的)(Trans-Global诉约旦案、RSM Production诉格林纳达案与Emmis诉匈牙利案)的方法两相对照，前者是否可能为申请方的论证设置了更高的门槛呢？本身，在第41(5)条异议的背景下，一个较不苛刻的标准似乎更为合适，因为简易程序的特殊性质可能较不适合对事实的合理性进行深入审查。在这一阶段，仲裁庭最多可能会考量事实是否显然没有任何基础。如果仲裁庭认为，除非将事实指控和证据进行深入审查，否则它就无法对提交的问题进行裁断；那么合适的做法应是驳回第41(5)条异议，并将所有问题移交后续非简易的程序阶段处理。因此可以得出结论，申请方所称的事实除了显然不合理的情况外，均会被仲裁庭采信为真；如果该事实确实不能支撑(被申请方)有责的裁决(异议针对实体问题之时)，或者的确超越仲裁庭的管辖权范围(异议针对管辖权问题之时)，那么这项诉请便会被认定为明显缺乏法律实质。

(四)无实质诉请与费用分配

仲裁庭在处理第41(5)条下的初步异议时，应当如何分配费用呢？近期很多条约在类似的对无实质诉请的简易驳回程序下制定了费用分配规则；④与那

---

① Brandes诉委内瑞拉案，第62段，案例原文标注的重点已加着重号。

② Brandes诉委内瑞拉案，第69段，此处仲裁庭认为，“在这个初步阶段，本庭根据申请方的陈述采纳表面上合理的事实便足够了”。

③ Brandes诉委内瑞拉案，第73段。

④ 例如，可参见CP-TPP, Art. 9(23)(6)。

些条约不同,第 41(5)条不包括具有这种(费用分配)效果的规定。

在 ICSID 仲裁中,仲裁庭享有在当事方之间分配费用的一般自由裁量权。[①] ICSID 仲裁关于费用的裁决主要有两种方案。有些仲裁庭将 ICSID 的费用分割成等份,裁定每一方负担各自的费用。其他一些仲裁庭适用“费用视结果而定”的原则,未获胜的一方承担全部或部分程序费用,包括另一方产生的费用。如果诉请被认定为明显缺乏实质,法律上不可维持,或者证实了败诉方的不当、欺诈行为或对程序的滥用,后一种方案特别容易适用。[②]

仲裁庭在第 41(5)条程序的具体背景下也会采取不同的方法。在“Trans-Global 诉约旦案”中,仲裁庭称:“第 41(5)条的引入可能(部分上)源于一些国家认为被申请方即便完全获胜,也不能指望在漫长而昂贵的法律程序终了时从申请方处获得费用的赔偿。”[③]仲裁庭在此处保留了它的自由裁量权,但补充道,“这种裁量权可由仲裁庭根据费用视结果而定的一般原则适当行使”,并称其会在仲裁的后续阶段适用这一原则。[④] 在“RSM Production 诉格林纳达案”

---

① 参见《ICSID 公约》第 61(2)条和《ICSID 仲裁规则》第 28 条。与之不同的分配方法,参见 UNCITRAL (2010) Rules, Art. 42. 关于投资仲裁中的费用,参见 Susan Franck, Rationalizing Costs in Investment Treaty Arbitration, 88 *Washington University Law Review* 769 (2011)。

② 参见 Lucy Reed, Jan Paulsson and Nigel Blackaby, Guide to ICSID Arbitration 155 – 156 (2d ed., Kluwer Law International 2010). 相关判例法,例如,可参见 CDC Group PLC v. Seychelles (ICSID Case No. ARB/02/14), Annulment Decision of 29 June 2005[该案的专门委员会认定,裁决撤销程序中请求者(仲裁中的被申请方)的主张“从根本上缺乏实质”,因此在分配费用时支持了被请求者。尽管专门委员会“并未进一步宣称撤销裁决的请求是无意义的”,但它可以“明确指出,任何理性且中立的观察者都会认为(仲裁被申请方)几乎不可能获胜”, id., para. 89]; Saba Fakes v. Republic of Turkey (ICSID Case No. ARB/07/20), Award of 14 July 2010(该案的仲裁庭在分配费用时支持了被申请方,并解释道,“不应该鼓励当事方提出明显在中心的管辖权范围之外的诉请,这样做的当事方应当承担风险,为无意义的程序支付全部费用”, Ibid., para. 154); *Europe Cement Investment & Trade S. A. v. Turkey* [ICSID Case ARB(AF)/07/2], Award of 13 August 2009, para. 185[该案的仲裁庭作出了支持被申请方的费用裁决,并称“在本案的情况下,仲裁庭已经得出结论认为,本庭具有管辖权的基础在于(申请方)关于所有权的主张,但证据显示这一主张具有欺诈性;将全部费用赔偿给被申请方会在一定程度上弥补其针对无管辖权基础的诉请来辩护所造成的损失,并且有利于阻止其他主体再提出这种无实质的诉请”]. 相对照的例子,参见 AES Summit Generation Limited and AES-Tisza Erömü Kft v. Republic of Hungary, (ICSID Case No. ARB/07/22), Award of 23 September 2010, para. 15. 3. 3(该案仲裁庭遵循了“费用自担”的方法,因为“在整个程序中没有无实质的诉请被提出,而且当事双方都不存在恶意”)。关于费用分配问题的详细讨论,也可参见 International Thunderbird Gaming Corporation v. Mexico (NAFTA/UNCITRAL), Separate Opinion Thomas Wälde, paras 124 – 147。

③ Trans-Global 诉约旦案,第 122 段。

④ Trans-Global 诉约旦案,第 123 段。

中,由于申请方的诉请因明显缺乏实质而被驳回,仲裁庭在费用分配时完全支持了被申请方。[①] 在"Global Trading 诉乌克兰案"中,仲裁庭尽管以明显缺乏实质为由驳回了相关诉请,但仍然决定采用"费用自担"的方法:

考虑到第 41(5)条程序是新引入的,而且双方为此简要呈现的论证都有合理性,……适当的结果是该程序的费用各归各的。[②]

有些案件中,仲裁庭也会考虑第 41(5)条异议的提出是否不必要地增加了费用或者没有实质意义。例如,在"Transglobal 诉巴拿马案"中,仲裁庭以超过时效为由驳回了被申请方的第 41(5)条异议。[③] 在程序的后续阶段,被申请方证明申请方构成程序滥用,成功使诉请被驳回。这项裁决的结果与仲裁庭认定为滥用的其他案件相一致,费用分配均有利于获胜方。[④] 但是,仲裁庭将被申请方由于不及时提出异议而引发的费用作为例外处理,认为此处费用各归各的。[⑤]

"MOL 诉克罗地亚案"中,仲裁庭在驳回被申请方于第 41(5)条之下的所有异议后,提及这一程序阶段的费用并没有被"忽略"。仲裁庭补充道:

被申请方国家有时不得不针对完全无实质的诉请来辩护,引入第 41(5)条的主要原因之一便是节约此时被申请方进行辩护所花费的精力和费用;由此,被申请方可根据这项规则开启程序,但一旦申请失败,它反而必须自行承担费用的风险。[⑥]

因此,仲裁庭称,它尽管把此处的费用问题推迟到之后再做裁断,但会"在仲裁程序终了进行费用分配时虑及相关事项",建议当事双方将此仲裁阶段发生的费用单独计算出来,以备后续之用。[⑦]

尽管在早期的案件中,仲裁庭考虑到这项规则的新颖性,也许对费用的分

---

① RSM Production 诉格林纳达案,第 8.3.4 段[该案的仲裁庭得出结论——鉴于申请方的诉请"明显缺乏法律实质,而且(规则)不允许申请方在新的 ICSID 程序中(将已经解决过的争议重新)提出,仲裁庭认为,被申请方在整个程序中合理使用与负担的所有费用,都应该获得充分赔偿"]。

② Global Trading 诉乌克兰案,第 59 段。

③ 参见 Transglobal 诉巴拿马案,第 23 ~ 29 段。

④ Transglobal Green Energy, LLC and Transglobal Green Panama, S. A. v. Republic of Panama, (ICSID Case No. ARB/13/28), Award of 2 June 2016, paras. 124 - 127.

⑤ Transglobal 诉巴拿马案,第 127 段。

⑥ MOL 诉克罗地亚案,第 54 段。

⑦ MOL 诉克罗地亚案,第 54 段。

配十分谨慎,但鉴于当事方现在被推定为对该程序的范围和目的越发熟悉,未来仲裁庭可能采取较为刚性的费用分配方法。因此,在原则上,一项成功的第41(5)条异议会对应"费用视结果而定"的方法,因为既然仲裁庭决定支持异议方,便意味着这项诉请起初本不应该提出。该方法也在"安城房产诉中国案"中得到适用。[①] 相反,仲裁庭如果认定异议明显没有实质意义、恶意地或者仅出于拖延程序之目的而提出,那么就应当考虑在分配与该程序相关的费用时作出不利于异议方的决定。

(五)《ICSID 仲裁规则》第 41(5)条的"集中功能"(focusing-function)

在依据第 41(5)条的异议全部或部分被支持时,由于程序在先期阶段终止或至少被部分限缩,能够节省当事方的费用和时间,所以效率目标圆满地实现了。相反,在异议失败时,程序可能会被拉长,同时存在费用增加的风险。[②] 然而,一项善意的第 41(5)条异议即便不成功,也可能达成限缩特定法律问题的功能。尤其是它可能为仲裁庭提供了一个先期的机会,来针对特定诉请寻求当事方的澄清,甚至可能会在特定法律问题上促使仲裁庭采纳当事方的初步观点。[③]

比如在"Trans-Global 诉约旦案"中,仲裁庭允许了两项诉请继续进行。但是,仲裁庭提到,如果这两项诉请中的不同元素"由申请方提出作为一个个独立的诉请,每一个都声称能够单独证成被申请方的有责性,仲裁庭便有意裁定(这些诉请)属于在《ICSID 仲裁规则》第 41(5)条的意义下明显缺乏法律实质的情形"。[④] 因为申请方澄清其没有把不同元素作为独立的诉请提出,所以仲

---

① 安城房产诉中国案,第 162 段[该案提道"第 41(5)条程序已经不再是新鲜事物了"]和第 159 段[该案认为"这项诉请本不应该提出,中国也不应该承担第 41(5)条阶段成功辩护所需要的合理费用"]。

② 截至目前,第 41(5)条异议已经在 3 起案件中被完全支持(Global Trading 诉乌克兰案、RSM Production 诉格林纳达案和安城房产诉中国案),被部分支持、部分驳回的也有 3 起(Trans-Global 诉约旦案、Accession Mezzanine 诉匈牙利案和 Emmis 诉匈牙利案),在其他所有案件中被完全驳回。

③ 参见 Aron Goldsmith, Trans-Global Petroleum: "Rare Bird" or Significant Step in the Development of Early Merits-Based Claim-Vetting?, 26(4) *ASA Bulletin* 667, 675 - 676 (2008)[该文讨论了 Trans-Global 诉约旦案,提道"第 41(5)条程序赋予仲裁庭一个珍贵的机会来塑造后续的仲裁过程"]。当然,仲裁庭给出的任何初步评论都应该精雕细琢,以避免预先裁决。参见 id. ,675, fn. 29。

④ Trans-Global 诉约旦案,第 109、114 段。

裁庭驳回了被申请方在第41(5)条仲裁规则下的异议,但警告说仲裁庭希望申请方“在下一份文书中将(其)立场表述得足够清晰”。[①] 仲裁庭也建议当事双方“谨记”关于费用分配的裁决会支持案件获胜方。[②]

在“Emmis 诉匈牙利案”和“Accession Mezzanine 诉匈牙利案”中,仲裁庭都涉及一个问题:申请方能否根据可适用的双边投资协定下的国际习惯法提出诉请?因为被申请方提出了第41(5)条异议,这两个案件中的申请方均同意从仲裁申请书中删除特定的诉请,由此争议减少了。在“Emmis 诉匈牙利案”中,仲裁庭指出:“(法律)问题由于当事方之间辩论意见的讨论与交换而达到了限缩的效果。”[③]Accession Mezzanine 案的仲裁庭在其所做决定产生法律效果的部分,也归纳出很多的“结论”,涉及管辖权、可适用的法律、最惠国待遇条款的解释和范围,这些都着眼于程序的后续阶段。[④]

“Eskosol 诉意大利案”中,仲裁庭对意大利提出的异议进行了具有一定深度的分析,仲裁庭在快速程序阶段不仅将异议悉数驳回,还就被申请方提出的一些观点表达了“严重疑惑”或“怀疑”。[⑤] 进行这些动作时,仲裁庭可能希望就一些争议问题揭示其初步观点,打消申请方想在程序的后续阶段提出相同异议的念头。在“PNG 诉巴布亚新几内亚案”中,仲裁庭驳回了被申请方的第41(5)条异议,但是在程序的后续阶段拒绝对本案行使管辖权。此处,仲裁庭提道“(被申请方的)第41(5)条请求已明显使对管辖权问题的讨论更加快速而集中(focused)”。[⑥]

因此,仲裁判例法表明,一项善意的第41(5)条异议即便不成功,也可能会使程序后续阶段的辩论角度更加集中。它尽管延宕了过程的总长度,但也可能

---

① Trans-Global 诉约旦案,第 111 段。这起案件之后和解了。参见 Award of the Tribunal Embodying the Parties' Settlement Agreement of 8 April 2009。

② Trans-Global 诉约旦案,第 123 段。

③ Emmis 诉匈牙利案,第 63 段。

④ 参见 Accession Mezzanine 诉匈牙利案,第 77 段。

⑤ 参见 Eskosol S. p. A. in liquidazione 诉意大利案,第 99 段(“即便将时间点设定在仲裁合意发生之日,仲裁庭仍然非常怀疑意大利能否在任何程度上证明 Eskosol 中外国控制的丧失”)、第 100 段(“仲裁庭严重怀疑这项论断”)、第 134 段[仲裁庭“怀疑……‘岔路口’条款(fork-in-the-road clause)的法理用于阻挡这类滥用权利的重复诉讼是否合适,合适的法理似乎是既判力(*res judicata*)理论……”]。

⑥ PNG Sustainable Development Program Ltd. v. Independent State of Papua New Guinea (ICSID Case No. ARB/13/33), Award of 5 May 2015, para. 410.

提高效率。

四、《ICSID 仲裁规则》第 41(5)条在仲裁裁决撤销程序中的适用

关于第 41(5)条所设计的快速程序是否可适用于裁决撤销程序,这一问题首先在"Elsamex 诉洪都拉斯案"中被考虑到,在该案中,Elsamex 试图以第 41(5)条为基础要求简易驳回洪都拉斯的撤销裁决请求。① 通过详细的分析,专门委员会检视了第 41(5)条是否适用于裁决撤销程序以及可以适用的范围是什么。

专门委员会首先提到,第 41(5)条在裁决撤销程序中的可适用性源于《ICSID 仲裁规则》第 53 条的文本,该条规定,在进行必要变更(*mutatis mutandis*)的前提下,《ICSID 仲裁规则》总体上可以适用于撤销程序。② 专门委员会进一步认为,尽管第 41(5)条的准备资料没有提及裁决撤销程序,③但是该规则的目的在于减少不必要和昂贵的程序以使当事双方受益,这意味着如果撤销裁决的请求由于任何原因明显不能得到支持,专门委员会将被授权在先期阶段结束案件。④

既然已经认定第 41(5)条可以适用,专门委员会接着检视了该规则在裁决撤销程序中的适用范围。此处专门委员会考虑到一个问题:裁决撤销程序的特色是否要求采取与仲裁程序不同的审查标准。⑤ 专门委员会依据判例法重新

---

① 参见 Elsamex 诉洪都拉斯案。在 Elsamex 诉洪都拉斯案和 Venoklim 诉委内瑞拉案(本部分中下文对此进行了讨论)之外,第 41(5)条规则也在 Micula 诉罗马尼亚案中被援引,但该案专门委员会认定第 41(5)条规则不适用,理由是 2003 年版《仲裁规则》适用于该(裁决撤销)程序,而非 2006 年版。参见 Ioan Micula, Viorel Micula and others v. Romania (ICSID Case No. ARB/05/20), Annulment Proceeding, Decision on Annulment of 26 February 2016, paras. 7 – 20(其中也提到了 Decision on the applicable arbitration rules and on the preliminary objections filed by the Respondents on Annulment of 25 June 2014, 公开渠道不可得)。关于第 41(5)条仲裁规则在裁决撤销程序中的适用,也可参见 Bernardo M. Cremades Román, The Use of Preliminary Objections in ICSID Annulment Proceedings, Kluwer Arbitration Blog, 4 September 2013。

② Elsamex 诉洪都拉斯案,第 89、100 段。参见《ICSID 仲裁规则》,第 53 条,标题为"程序规则"("这些规则条款在进行必要变更的前提下,适用于有关对裁决进行解释、修正或撤销以及仲裁庭或专门委员会作出裁断的任何程序")。

③ Elsamex 诉洪都拉斯案,第 98 段。

④ Elsamex 诉洪都拉斯案,第 100 段。在这一点上,仲裁庭引用了 Brandes 诉委内瑞拉案,该案依靠对第 41(5)条仲裁规则的目的性解释,得出结论认为这项程序适用范围较宽,也包括管辖权问题。参见 Elsamex 诉洪都拉斯案,第 99 段,该段提到了 Brandes 诉委内瑞拉案,第 55 段。

⑤ Elsamex 诉洪都拉斯案,第 101 ~ 131 段。

总结了简易程序的主要特征,[①]认为对诉请明显缺乏法律实质"作出认定的裁断需要高标准的确信"[②]这一特点尤为重要。鉴于第53条要求对仲裁规则进行必要变更,专门委员会随后考察了是否需要对第41(5)条作出改进,"以使其在应用于裁决撤销程序时更为合适"。[③] 专门委员会找出了裁决撤销程序与众不同的特点,特别提到第50(1)(c)(iii)条没有针对撤销裁决请求书的内容明确规定必要的详细程度,也没有要求当事方指出"争议问题"或"精确的争议点"(规则对仲裁申请书和解释裁决请求书分别有相应的要求)。[④] 相反,撤销裁决请求书只能建立在《ICSID公约》第52(1)条中一项或多项撤销理由的基础上。[⑤] 接着,专门委员会找到了裁决撤销程序与仲裁程序相比最重要的不同点,那就是没有任何救济措施能够推翻关于裁决撤销的决定。因此,相较于仲裁程序,在裁决撤销过程中,人们对通过简易程序将(仲裁的)申请方/(撤销裁决的)请求者(applicant)"不当驱逐出审判台"[⑥]的担心会更加显著。[⑦] 由此,"Elsamex诉洪都拉斯案"的专门委员会判断,在第53条规则要求进行必要变更的背景下,裁决撤销程序中第41(5)条的审查标准会比仲裁程序更高。[⑧]

之后,专门委员会对第41(5)条与《ICSID公约》第52(1)条裁决撤销理由之间的互动关系发表了观点。专家委员会称,考虑到审查标准之高,只要撤销裁决请求是否缺乏法律实质的问题是存疑的,第41(5)条申请就应当驳回。[⑨] 与之对照,专门委员会认为,"如果请求者援引根本不存在于《公约》第52条的撤销理由"[⑩],或者请求者尽管依据了《公约》规定的撤销理由,但实际上"在寻求重新对案件实体内容进行辩论",[⑪]那么第41(5)条申请可能成功。

---

① Elsamex诉洪都拉斯案,第103~109段。

② Elsamex诉洪都拉斯案,第109段,本文作者把案例原文翻译为英文,译者再将其转译为中文。

③ Elsamex诉洪都拉斯案,第117段,本文作者把案例原文翻译为英文,译者再将其转译为中文。

④ 参见《ICSID公约》,第36(2)条(该条关于仲裁申请)和《ICSID仲裁规则》第50(1)(c)(i)条(该条关于对裁决进行解释的申请)。

⑤ 参见Elsamex诉洪都拉斯案,第120段。

⑥ Trans-Global诉约旦案,第92段。

⑦ Elsamex诉洪都拉斯案,第124段。

⑧ Elsamex诉洪都拉斯案,第125段。

⑨ Elsamex诉洪都拉斯案,第129段。

⑩ Elsamex诉洪都拉斯案,第130段。也可参见第131段。

⑪ Elsamex诉洪都拉斯案,第130~131段。

带着这样的标准,专门委员会分析了请求者所援引的裁决撤销理由,并得出结论,认为请求者所依据的理由全部都不符合明显缺乏法律实质的条件。[①]专门委员会的意见值得注意,因为它可能揭示出未来第41(5)条异议在裁决撤销程序中成功的条件。例如,在考察请求者援引的裁决撤销理由之一——“明显超越权限”时,专门委员会提到,请求者称独任仲裁员在接受《ICSID公约》第25条下关于“投资”的管辖权时没有“正确地”适用Salini标准。专门委员会认为审查这一问题会类似于审查仲裁庭对第25条的解释,这便超越了专门委员会的审查范围。但是,因为请求者也依据了其他要素来支持关于仲裁庭超越权限的主张,专门委员会还是认为此理由下的申请没有明显缺乏法律实质。[②]专门委员会进一步提到,请求者主张裁决在一些方面“不公平”。专门委员会认为,如果“不公平”(西班牙语原词为“*injusticia*”)作为独立的裁决撤销理由提出,那么以此为理由的申请会在第41(5)条下被驳回。但是,因为请求者仅仅是在论证《ICSID公约》第52条下的其他主张时顺便提到了不公平性,这种援引被认为无关紧要。[③]有人也许注意到,在这个案件里,第41(5)条程序可能同样具有“集中功能”,体现于专门委员会向当事双方揭示了后续阶段不值得提出的主张,并且就一些裁决撤销理由的解释问题提供了初步观点。[④]

在“Venoklim诉委内瑞拉案”的裁决撤销程序中,专门委员会对Elsamex案的结论表示赞同,认为第41(5)条在裁决撤销程序中可以适用,[⑤]第41(5)条申请的标准在撤销裁决的背景下比仲裁程序更为苛刻,特别提到了没有救济措施能够推翻关于裁决撤销的决定。[⑥]在“Venoklim诉委内瑞拉案”中,委内瑞拉申请以明显缺乏法律实质为由驳回Venoklim的撤销裁决请求,称这项请求仅仅指出了裁决撤销的原因但并没有具体论证。[⑦]委内瑞拉特别讲到,第50条仲裁规则要求提出撤销裁决的当事方“详细说明”请求所依据的原因。专门委

① Elsamex诉洪都拉斯案,第132~147段。

② Elsamex诉洪都拉斯案,第136段。

③ Elsamex诉洪都拉斯案,第146段。

④ Elsamex诉洪都拉斯案,尤其是第132~147段。这起案件之后和解了。参见Elsamex诉洪都拉斯案,Order Taking Note of the Discontinuance of the Proceeding of 21 April 2015。

⑤ 在Venoklim案中,这一点当事双方没有争议。参见Venoklim诉委内瑞拉案,第71~73段。

⑥ Venoklim诉委内瑞拉案,第74~81段。

⑦ Venoklim诉委内瑞拉案,第85段。

员会认为，不符合第 50(1)(c)(iii)条列明的形式要求，本身不能单独成为第 41(5)条异议的适用基础，除非也成立第 41(5)条仲裁规则下的“诉请明显缺乏法律实质”。[①] 例如，如果这项程序被用来对裁决提出“上诉”，那么撤销裁决的请求就会被认定为明显缺乏法律实质。[②] 专门委员会进一步提到，第 50 条是《ICSID 仲裁规则》中(不在《ICSID 公约》中)的一项程序性规则，因此无论如何都要让位于《ICSID 公约》第 52 条下请求撤销裁决的权利。[③] 因此，第 41(5)条申请被驳回。

即便撤销裁决请求仅有“极低程度”的论证，Venoklim 案专门委员会采取的谨慎方法也会允许撤销程序继续进行，此处毫无疑问是正当程序这一帝王原则的体现。[④] 但是，这种方法即便不能完全排除，也会显著缩减第 41(5)条异议在裁决撤销程序中的运作空间。事实上，最低程度的、论证不充分的撤销裁决请求会使得异议方难以按照规则要求“尽可能精确地指出[第 41(5)条]异议之适用基础”，供专门委员会据以衡量某项撤销裁决请求是否明显缺乏法律实质。[⑤] 总的来说，在第 53 条广义的“反致”(*renvoi*)操作下，第 41(5)条申请可以适用于裁决撤销程序。[⑥] 然而，由于第 41(5)条要求的标准较高(专门委员会认为其需要采取比仲裁程序更严苛的标准)，而撤销裁决请求又仅需极低程度的论证内容，实践上这种异议在裁决撤销程序中的适用范围似乎十分有限。

五、结语

第 41(5)条先期驳回程序自 2006 年被引入《ICSID 仲裁规则》以来，仲裁

---

① Venoklim 诉委内瑞拉案，第 87 段。

② Venoklim 诉委内瑞拉案，第 89～90 段。

③ Venoklim 诉委内瑞拉案，第 92 段。进一步讲，近年来对第 50 条仲裁规则的修正呈现出一个趋势，即降低撤销裁决请求的具体性要求。参见第 93～94 段。

④ 参见 Venoklim 诉委内瑞拉案，尤其是第 95 段[“阻止请求者行使申请撤销裁决的程序性权利，会给其在《ICSID 公约》下的权利保护带来终局性效果；然而，允许(请求者行使申请撤销裁决的权利)，不会对(裁决撤销程序中的被请求者)造成相同性质的后果”，以上文字是由本文作者把案例原文翻译为英文，译者再将其转译为中文的]。

⑤ 参见 Venoklim 诉委内瑞拉案，第 97 段。也可参见 M. Zicat Garofalo, Preliminary Objections in ICSID Annulment Proceedings after Elsamex, 6 *Transnational Dispute Management* (2015)(该文认为，为了避免专门委员会简易驳回撤销裁决的请求，当事方倾向于在申请时提供尽可能少的信息)。

⑥ 由于第 41(5)条仲裁规则并不对应或专门实施《ICSID 公约》中的任何具体条文，因此《公约》第 52(4)条(该条允许《公约》中有关仲裁庭的特定条文适用到专门委员会程序)在这里不发挥作用。

庭和专门委员会一直都在通过澄清规则解释中的一些疑难问题,塑造着这项程序的适用范围。正如第 41(5)条的早期适用情况所反映出的,[①]判例法对这项程序之主要特征的解说保持着高度的一贯性,但仲裁庭在应当采取的审查标准和费用分配的方法上呈现出多样性。仲裁实践也承认,这项规则在某些情况下的适用可能并不必然是起草者所预见到的[比如第 41(5)条运用到了裁决撤销进程,这项程序的适用范围也扩展至管辖权异议]。

由于仲裁庭对第 41(5)条异议的驳回并不会禁止异议方依据第 41(1)条提出管辖权异议,也不会排斥异议方在程序的后续阶段就某项诉请缺乏法律实质进行辩护,因此第 41(5)条的风险在于,它可能创造了一个不必要的“前初步”(pre-preliminary)程序,为本来就昂贵而冗长的流程又增加了一层负担。然而,迄今为止诉诸第 41(5)条的案例表明,这种风险不应该被过分强调。仲裁庭将会作出更多较为刚性的费用分配决定,这无论如何都将使没有实质意义的第 41(5)条异议有所减少,消除人们对程序滥用的担心。最后一点,无论第 41(5)条异议是否最终成功,在很多时候,它会为当事方提供在程序早期检验其主张的机会,也会允许仲裁庭发表一些初步观点,由此总体效率得到了提升。

---

① 参见 Potestà and Sabat, *supra* n. 9, 146 – 168[此处讨论了适用第 41(5)条仲裁规则的头四个案例]。

国际投资仲裁庭对东道国反请求的管辖权探析

张　建*

【内容摘要】 在国际投资仲裁程序中，东道国作为被申请人是否有权对投资者的不法行为提出仲裁反请求。换言之，仲裁庭对东道国提出的仲裁反请求是否有管辖权？这一问题由于实践的增多而日渐突出，并且引发了不同的争辩。从国际投资仲裁中最为常用的国际投资争端解决中心（The International Center for Settlement of Investment Disputes, ICSID）仲裁与联合国国际贸易法委员会（United Nations Commission on International Trade Law, UNCITRAL）仲裁的法律文件基础来看，仲裁庭受理反请求并不存在不可逾越的障碍，但反请求须符合特定的条件：主体的一致性、与本请求及争端主要事项存在密切联系、在仲裁庭的一般管辖权范围之内并且在争端当事方仲裁合意的范围之内。从仲裁庭受理反请求判例法的发展与演变历程来看，处理反请求管辖权的裁判技术日渐成熟，但不同仲裁庭之间仍然存在一定的冲突。

【关键词】 投资仲裁　反请求　管辖权　合意

一、引言

所谓仲裁反请求，是指在仲裁程序进行中被申请人针对申请人提出的独立

* 张建，中国政法大学法学博士。本文系国家留学基金委（留金发〔2016〕3100 号）联合培养博士生项目《国际投资仲裁管辖权研究》（项目编号：201607070108）的阶段性成果。

的请求。[①] 在国际投资条约仲裁程序中,提出仲裁反请求的当事方通常是仲裁本请求的被申请人,即投资东道国。从规则层面来看,尽管其组织文件与章程中并无明确授权,但绝大多数的国际司法与仲裁机构都采取了允许对反请求进行裁判的程序性规则。[②] 通常认为,国际投资条约仲裁庭的管辖权建立在各方当事人争端解决合意的基础上。[③] 因此,仲裁庭在判定其是否享有对反请求的管辖权时,必须立足于争端所涉投资条约或投资合同中的争端解决条款:当仲裁条款采用比较宽泛的措辞,例如,"产生于投资的所有争端"(all disputes arising out of an investment),原则上此类仲裁条款足以提供支持仲裁庭对反请求进行管辖的条件;但如果仲裁条款的措辞非常狭窄,例如,《北美自由贸易协定》(North American Free Trade Agreement,NAFTA)第 1116 条与第 1117 条仅允许投资者对东道国违反条约项下特定义务的行为提起仲裁,[④]则其是否可被

---

① 当然,被申请人提出反请求时,也必须符合仲裁范围和仲裁协议的要求。同时,由于仲裁双方当事人地位的平等性,一旦被申请人提出了反请求,申请人也有权对反请求进行答辩。参见宋连斌主编:《仲裁理论与实务》,湖南大学出版社 2005 年版,第 210 ~ 211 页。

② 例如,2000 年修订的《国际法院规则》第 80 条、2009 年修订的《国际海洋法法庭规则》第 98 条都确立了法庭对反诉的管辖与受理条件。参见柳华文:《〈国际法院规则〉第 79 条、第 80 条修订评析》,载《环球法律评论》2004 年第 1 期。

③ 鉴于其公法属性与私法属性的混合色彩,投资仲裁中的管辖权合意与商事仲裁中的仲裁协议差异明显,以至于有学者称其为"无默契仲裁",这类仲裁以投资者身份事先的不确定性、提起投资的权利单方面赋予投资者、仲裁事项的范围及准据法缺乏明确的共同约定为特征。参见彭思彬:《"无默契仲裁"管辖权问题研究——以 ICSID 为切入点的考察》,载《国际商务研究》2015 年第 5 期。

④ NAFTA 第 1116 条(一缔约方投资者代表自身的索赔):(1)缔约一方投资者可以就缔约另一方违反下列条款规定的义务,根据本节规定将索赔请求提交仲裁:(a)A 节或第 1503 条第 2 款(国有企业);(b)第 1502 条第 2 款 a 项(垄断和国有企业),如果垄断系以一种与该缔约方在 A 节下的义务相悖的方式为之,且投资者由于或源于该种违反而招致损失或损害。(2)如果投资者自首次知道或应当知道据称的上述违反及其因此造成投资者损失或损害之日起超过三年,投资者不得提出索赔。NAFTA 第 1117 条(缔约一方投资者代表企业的索赔):(1)缔约一方投资者,代表其直接或间接所有或控制的另一缔约方之法人企业,可以就该另一缔约方违反下列条款规定的义务,根据本节规定将其索赔要求提交仲裁:(a)A 节或第 1503 条第 2 款(国有企业);(b)第 1502 条第 2 款 a 项(垄断和国有企业),如果垄断系以一种与该缔约方在 A 节下的义务相悖的方式为之,且投资者由于或源于该种违反而遭致损失或损害。(2)如果自企业首次知道或应当首次知道据称的违反和因此造成的损失或损害之日起超过三年,投资者不得根据第 1 款之规定代表该企业提出索赔。(3)如果一投资者根据本条提起仲裁请求,其该投资者或其代表该企业的一非控股投资者,其根据第 1116 条提出的索赔要求和根据本条提起仲裁请求的属同一事项,且根据第 1120 条规定有两个或以上的赔偿请求提交仲裁,根据第 1126 条组织的仲裁庭应当对此合并仲裁,出发仲裁庭裁定争端一方的利益将因此受损。(4)一项投资不得根据本节提起仲裁请求。

视为仲裁庭管辖反请求的合意基础，答案并不明确。[①]

据研究显示，在国际投资条约仲裁领域，最早对仲裁反请求的管辖权问题进行法律回应的公开案件是 1981 年的“Amco 诉印度尼西亚共和国仲裁案”，但在此案之后迄今的 30 多年间，投资东道国是否有权提出仲裁反请求以及仲裁庭对反请求是否有管辖权，这类问题却并未受到足够的重视。以 ICSID 为代表的机构所管理下的仲裁庭，涉及这一法律问题的实例亦仅有十余起，且仲裁庭的裁决多倾向于从程序上否定对东道国反请求的管辖权，或从实体上驳回东道国的反请求。[②] 但从另一个角度来看，对于投资者提出的仲裁请求，仲裁庭却倾向于通过扩张解释保护伞条款、将最惠国待遇条款适用于争端解决事项、扩大合格投资者与合格投资的定义、纵容投资者“选购条约”、曲解岔路口条款、限制用尽当地救济条款的适用等方式，肆意扩张管辖权。[③] 从仲裁管辖权确立的角度审视，仲裁庭对投资者的偏袒与对东道国的抑制态度形成了鲜明的对比，足以可见国际投资条约仲裁机制确实存在一定的失衡状况。也正基于此，从规则与实践的角度研判仲裁庭对投资东道国提出的反请求的管辖权，有助于缓解这项难题，并强化投资仲裁机制的合法性基础。

据联合国贸易与发展会议（United Nations Conference on Trade and Development，UNCTAD）统计，截至 2016 年 1 月 1 日，已知的根据国际投资协定而提起的投资条约仲裁案件总量累计已达 696 件，在这些案件中，已有多达 107 个国家作为投资仲裁的被申请人在不同案件中被诉，受案量最多的仲裁机构为根据 1965 年《华盛顿公约》而成立的解决国家与他国国民间投资争端国际中心 ICSID，根据 ICSID《仲裁规则》及 ICSID《附加便利规则》而提起的仲裁案件占全部投资仲裁案件数量的 66%。[④] 此外，采用 UNCITRAL 的《仲裁规则》进行专案仲裁（占全部案件比例的 26%）、选定斯德哥尔摩商会仲裁院（Arbitration Institute of Stockholm Chamber of Commerce，SCC）作为指定机构

---

① Andrea Marco Steingruber, *Consent in International Arbitration*, Oxford University Press, 2012, pp. 302 – 305.

② 庄洁蕾：《国际投资仲裁中的东道国反请求问题研究》，载《北京仲裁》2016 年第 1 期。

③ 黄月明：《ICSID 仲裁庭扩大管辖权的途径及其应对——从“谢业深案”切入》，载《华东政法大学学报》2013 年第 5 期。

④ UNCTAD, “Investor-State Dispute Settlement: Review of Developments in 2015”, *IIA Issues Note*, No. 2, June 2016.

或管理机构的案件量(占全部案件比例的 5%)也不容忽视。考虑到国际投资仲裁体系的复杂性与多元性,为了有效地讨论东道国提出的反请求的管辖权问题,本文的研究集中于《华盛顿公约》体系及依据 UNCITRAL《仲裁规则》而进行的投资仲裁程序。

二、《华盛顿公约》及 UNCITRAL《仲裁规则》关于仲裁反请求的法律规定

(一)ICSID 仲裁庭管辖反请求的法律条款

《华盛顿公约》中直接涉及反请求问题的条款体现在第 46 条,该条规定:"除非双方另有协议,如经一方请求,仲裁庭应对争端的主要问题直接引起的附带或附加的请求或反请求作出裁决,但上述请求应在双方同意的范围内,并在中心的管辖范围内。"

此外,根据《华盛顿公约》第 44 条,在当事人之间不存在特殊约定的情况下,双方同意提交仲裁之日有效的仲裁规则被自动并入而适用于当事人之间的投资仲裁程序。而现行 ICSID《仲裁规则》第 40 条就仲裁反请求的提出与受理进行了更具体的限定,该条规定:"(1)除非当事人另有约定,一方当事人可以就争端主要问题所引起的事项提出附带或附加的请求或反请求,但附带请求应在双方同意的范围内,并在中心的管辖范围内。(2)附带或附加请求应当在不迟于答辩期间提出,反请求应当在提交答辩状期间提出,除非仲裁庭基于当事人陈述附带请求的理由并且在考虑另一方异议的基础上,在仲裁程序的后续阶段批准其提出仲裁请求。(3)仲裁庭应当确定一项期限,在这段期限内,反对附带请求的一方当事人可以发表意见。"

由此可知,《华盛顿公约》与 ICSID《仲裁规则》所确立的仲裁反请求的规范,并未仅限于允许投资者单方提出反请求,也并未禁止东道国提出反请求。从条款来看,就仲裁反请求的可受理条件而言,其必须直接产生于争端的主要问题,在双方同意的范围内,并在中心的管辖范围内。《华盛顿公约》第 46 条针对仲裁反请求所确立的密切联系要求,不同于《华盛顿公约》第 25 条对中心一般管辖权所确立的密切联系要求,其差异主要体现为:前者针对的是反请求必须直接产生于争端的主要问题,而后者针对的是争端必须直接因投资而产生。但从逻辑上思考,仲裁庭若要考察对仲裁反请求是否有管辖权,必须先考虑对案件主要问题是否有权管辖。换言之,第 46 条的适用以第 25 条的满足为

前提,而这正是"在中心的管辖范围内"的要求。

仲裁庭对反请求的管辖权的确立,除了需满足密切联系的要求外,还必须同时满足"在双方同意的范围内"的要求。而国际投资仲裁的管辖权合意,其确立过程颇为特殊,尤其是东道国可以在其国内投资立法或在投资条约中表示愿意将有关争端提交国际仲裁解决的一般化"要约",但"要约"本身并不等同于合意的范围,还必须要结合投资者表示愿意提交国际仲裁解决争端的"承诺"。仲裁实践中,投资者通常是通过提起国际仲裁的行为而表达出其接受前述"要约"的"承诺","承诺"到达,则合意成立。因此,有观点提出,争端双方所达成的国际仲裁的合意的范围,取决于投资者所作出的"承诺"的范围,即东道国在投资条约或国内投资立法中确立的可仲裁事项范围仅仅确定了初步的管辖权边界,投资者所提出仲裁请求的具体内容才确立了仲裁管辖权的最终范围。① 从这个角度来进行狭义解读,争端双方所达成的仲裁合意的范围是相当有限的,也进一步直接限定了东道国可以提出的仲裁反请求的可能性。依此逻辑,东道国亦不能单纯依赖于其在投资条约中表达的一般性的仲裁合意而要求仲裁庭扩张管辖权,以至于仲裁庭似乎无权对东道国提出的仲裁反请求进行管辖。但一旦从实践角度做考察,便不难发现这种立场无法立足。事实上,在一些案件中,仲裁庭不仅行使了对东道国所提出的反请求的管辖权,而且作出了实体上的评判。②

笔者注意到,上述观点的解释思路是存在问题的,其虽然沿用了合同的专业术语来理解投资仲裁的管辖权,但却并未准确地援用合同的解释方法。事实上,在运用"要约—承诺"的思维来分析合同的成立过程中,不难发现,投资东道国在其国内立法或投资条约中所表达的将特定争端提交国际仲裁的"要约",并不能轻易被投资者所修改。对待这类"要约",投资者既可以表示同意,也可以明确拒绝。而投资者在表示其同意国际仲裁的"承诺"时,其

---

① Henri C. Alvarez, "Arbitration Under the North America Free Trade Agreement", *Arbitration International*, Vol. 16, No. 4, 2000.

② Klöckner Industrie-Anlagen GmbH and others v. United Republic of Cameroon and Société Camerounaise des Engrais, ICSID Case No. ARB/81/2; S. A. R. L. Benvenuti & Bonfant v. People's Republic of the Congo, ICSID Case No. ARB/77/2; Southern Pacific Properties (Middle East) Ltd. v. Arab Republic of Egypt, ICSID Case No. ARB/84/3.

同意的范围通常不能对“要约”作出实质性的修改,例如“要约”中争端解决的范围、仲裁机构、时间限制或其他仲裁前置程序。如果“承诺”中涉及实质性变动,则其本质上构成了“反要约”,即性质上不再是对原要约人的承诺,而构成了新的要约,新要约未经接受不具有效力。因此,更准确地理解,投资者根据东道国国内立法或东道国所缔结的投资条约中的仲裁条款提起国际仲裁的行为,不仅是对东道国要约作出的承诺,而且俨然同时是履行争端解决合意的行动。

(二)根据 UNCITRAL《仲裁规则》受理反请求的法定要件

如上文所引证的调研统计显示,除了 ICSID 仲裁外,国家间在签订投资条约时亦常常允许由依据 UNCITRAL《仲裁规则》成立的临时仲裁庭进行专案仲裁。例如在 Saluka v. Czech Republic 案中,仲裁庭即根据 1976 年版 UNCITRAL《仲裁规则》拒绝管辖东道国所提出的仲裁反请求,原因是反请求与本请求缺乏充分的联系。1976 年版 UNCITRAL《仲裁规则》第 19 条第 3 款专门处理仲裁反请求事宜,该条规定:“被申请人可在其答辩书中,或如仲裁庭决定根据情况有理由延迟时,则可在仲裁程序进行的稍后阶段中,提出由同一合同所引起的反请求,或提出由同一合同所引起的索赔,以达到抵销的目的”。不过,有观点指出,该条款在制定之初专门针对的是平等民商事主体间的商事仲裁,而在投资仲裁中,如果仲裁庭严格对此进行限缩解释,则东道国据此提出反请求的可能性微乎其微,毕竟,东道国所提出的反请求未必是产生于第 19 条第 3 款中所称的“同一合同”。① 笔者认为,对仲裁规则中该条款所称的“由同一合同所引起的反请求”应当做适当的扩张解释,尤其是其中“合同”一词,应解释为一般意义上的泛指各类基于仲裁标的提出权利请求的来源,包括但不限于投资者与东道国之间的投资合同、东道国国内投资法、东道国与投资者母国所缔结的投资条约等文件。这种解释,同时可以确保仲裁庭在判定仲裁本请求的管辖权与仲裁反请求的管辖权问题上实现逻辑自洽,否则,条约必须信守的要义将沦为单向度的工具。值得一提的是,在 2010 年版 UNCITRAL《仲裁规

---

① James Crawford, Treaty and Contract in Investment Arbitration, The 22nd Freshfields Lecture on Arbitration, https://is.muni.cz/el/1422/podzim2010/MVV61K/um/20201574/Crawford-Treaty _ and _ Contract-2.pdf, Feb 14 2017 last visited.

则》中，关于仲裁反请求的条款作了有针对性的修正，第 21 条第 3 款称："被申请人可在其答辩书中提出反请求或基于一项仲裁请求而提出抵销要求，仲裁庭根据情况决定延迟是正当的，被申请人还可在仲裁程序的稍后阶段提出反请求或基于一项仲裁请求而提出抵消要求，只要仲裁庭对此拥有管辖权。"

三、提出投资仲裁反请求的程序与实体问题

（一）反请求的性质

如前所述，《华盛顿公约》第 44 条将仲裁反请求（counterclaim）、附带请求（incidental claim）、附加请求（additional claim）置于同一条款中加以规范。在公约起草过程中，对于是否有必要将附带请求与附加请求合并为一项概念，以及这三项请求之间的关系，曾存在争论，尽管三项概念最终并存于条约文本中，但彼此间的直接的差异却不甚清晰。有观点认为，附带请求是作为仲裁本请求的附带产物而存在的，例如，要求对方支付利息及仲裁费用的请求；而附加请求的提出可以被视为后续对初始请求的修正。[①] 但 ADF v. United States 案的仲裁庭却认定没有必要区分附加请求与附带请求，因为两者均必须与本请求存在密切的联系。相比之下，仲裁反请求的概念要相对清晰得多，其特指由仲裁被申请人向申请人提出的仲裁请求，但这种界定主要从请求权的主体来进行区分，若从性质上归类，仲裁反请求也可能是某种附带请求或附加请求。之所以难以将三者作出清晰、明确的划分，原因在于概念之间本就缺乏内在的逻辑周延。简言之，区分附带请求与附加请求并不存在直接的法律后果，而反请求仅在提出请求的当事人主体地位的角度上可以与前二者区分开来，在区分的基础上，需遵守提出相应仲裁请求的不同时间限制。

（二）仲裁当事人的地位列明

仲裁反请求的提出，并不改变仲裁当事人（包括申请人与被申请人）之间原本的程序地位。依据 ICSID《仲裁规则》第 31 条，陈述主张的顺序及时间限制在请求方与另一方之间有所区分，这些规则在反请求提出时同样予以适用。专门规范仲裁反请求的 ICSID《仲裁规则》第 40 条，也在仲裁申请人与提出反

---

① Christoph H. Schreuer, *The ICSID Convention: A Commentary*, Cambridge University Press, 2009, p. 740.

请求的被申请人的程序地位上作了区分。① 值得一提的是,在非 ICSID 的一起投资仲裁案件 Saluka v. Czech Republic 案中,被申请人提出了 11 项反请求,其中的 3 项反请求,尽管被申请人是针对申请人 Saluka 提出的,但仲裁庭却认定这些请求所针对的主体是另一家独立的公司 Nomura,而提出反请求的一项关键要件是反请求的双方与原仲裁请求的双方必须一致,进而仲裁庭分析得出其无权对这些请求进行管辖。② 可见,仲裁庭管辖反请求的一项关键要件是需确保主体的一致性。

(三)仲裁反请求的内容

在大多数提出仲裁反请求的案件中,反请求均与案件的实体内容相关,而不仅仅是附带问题。就其内容而言,反请求多针对的是作为申请人的投资者实施了某些不法行为。这类主张,尽管以反请求的形式呈现,但多具有程序性抗辩的实践意义,以避开仲裁庭对本请求的管辖权。例如,在 Atlantic Triton v. Guinea 案中,东道国试图将投资者投资渔船项目失败的责任归因于仲裁申请人,并提出了远高于本请求金额的仲裁反请求,而仲裁庭在注意到被申请人未满足证明标准,并且被申请人几内亚政府在认为投资者自身的不法行为导致投资失败的情况下,并没有先行提起仲裁,而是直到投资者启动了仲裁程序,才作为抗辩性主张加以提出。③ 再如,在 Genin v. Estonia 案中,被申请人爱沙尼亚政府在仲裁中提出关于金钱赔偿的反请求,理由是申请人非法从其所投资的金融机构中转移资金。但仲裁庭从实体上驳回了被申请人提出的反请求,原因是

---

① 保留当事人之间最初的程序地位列明,在根据《华盛顿公约》第 52 条第 6 款撤销仲裁裁决而重新提起的仲裁程序中仍然适用。在 Amco v. Indonesia 案中,投资者与东道国双方当事人都主张根据第 52 条重新提起仲裁。在新的仲裁程序中,东道国希望仲裁庭将自己作为申请人处理,但新的仲裁庭则认为,由于其所处理的是曾经在原仲裁庭辩争过的争端,因此当事人的地位仍然应当按原程序列明,因此仍然将东道国列为被申请人。且仲裁庭指出,如此处理并未将东道国置于程序上的劣势地位,因为提出请求和主张抗辩的权利并不取决于其是申请人还是被申请人,双方的程序权利是始终平等的。See Amco Asia Corporation and others v. Republic of Indonesia, ICSID Case No. ARB/81/1.

② Saluka Investments B. V. v. The Czech Republic, UNCITRAL, Decision on Jurisdiction over the Czech Republic's Counterclaim.

③ Atlantic Triton Company Limited v. People's Revolutionary Republic of Guinea, ICSID Case No. ARB/84/1.

其未提供充分的证据证明其所主张的事实是客观存在的。① 但也有某些案件中的仲裁反请求属于附带请求,这类反请求主张的是利息、仲裁费用或欠税等,如 Benvenuti v. Cango 案。②

(四)仲裁庭受理反请求的先决要件

如前文所述,依据《华盛顿公约》第 46 条,仲裁庭在决定行使对东道国所提出的反请求的管辖权时,不仅要满足反请求与本请求之间的密切联系要求,而且要符合 ICSID 行使管辖权的一般要件及当事人合意的主观要求。对此,如果仲裁庭已经判定东道国提出的反请求不在中心管辖范围之内,则其不会再深入考察反请求与本请求之间的关系。反过来,仲裁庭对反请求的一般管辖权也受到反请求与本请求关系的影响。例如,在 Holiday Inns v. Morocco 案中,争点之一即在于当贷款合同中已明确约定通过国内法院解决争端的情况下,中心的管辖权是否还能延伸至依据单个合同提出的反请求。最终,仲裁庭肯定了其拥有管辖权,并强调了投资保护中总体上的统一性,既然反请求与本请求具有相同的事实基础,则并无迹象表明应当分别审查每个贷款合同与仲裁标的间的关系。③ 再如,在 Klöckner v. Cameroon 案中,东道国政府在其提出的反请求中指出,投资者在其所投资的化肥厂的管理中存在重大失误,而仲裁庭是否有权管辖反请求则成为案件的裁判焦点。尽管投资者力证其与东道国签订的独立的管理合同中已订明相关争议应提交国际商会仲裁院(The ICC International Court of Arbitration,ICC),ICSID 仲裁庭无权管辖,但仲裁庭最终仍然认定其对反请求拥有管辖权,其关键原因在于,东道国所提出的反请求与本请求间存在密切的联系因素,且投资者与东道国之间相互的义务存在共同的来源、一致的基础以及操作上的统一性,因此是彼此依赖、不容分割的。④

同时,在国际投资仲裁实践中,亦存在因未满足先决要件而导致仲裁庭拒

---

① Alex Genin, Eastern Credit Limited, Inc. and A. S. Baltoil v. The Republic of Estonia, ICSID Case No. ARB/99/2.

② S. A. R. L. Benvenuti & Bonfant v. People's Republic of the Congo, ICSID Case No. ARB/77/2.

③ Holiday Inns S. A. and others v. Morocco, ICSID Case No. ARB/72/1.

④ Klöckner Industrie-Anlagen GmbH and others v. United Republic of Cameroon and Société Camerounaise des Engrais, ICSID Case No. ARB/81/2.

绝管辖反请求的例证。在 Saluka v. Czech Republic 案中,仲裁庭首先肯定《华盛顿公约》与 ICSID《仲裁规则》原则上允许东道国提出反请求,但随后,仲裁庭在考察本案具体情况的基础上认定其无权管辖捷克所提出的反请求,原因在于:其一,反请求针对的是投资者未履行股权购买协议,但股权购买协议中订立了专门的争端解决条款;其二,本案东道国提出的反请求与本请求之间并不符合密切联系的要求。①

四、东道国提出反请求的国际投资仲裁实例:类型化及其演变

(一)基于合同而提出反请求的仲裁案例

学界多认为,Benvenuti and Bonfant v. Cango 案②是最早的一起涉及仲裁反请求管辖权争议的判例法。本案中,申请人与被申请人经谈判而达成了一项联营协议,在刚果境内共同成立了 Plasco 公司,主要经营塑料瓶制造及矿泉水生产。后申请人提出投资仲裁请求,称被申请人并未按合同的约定赋予 Plasco 以特殊的税收优惠地位,而且还对申请人所持有的股份进行征收。被申请人刚果政府提出反请求,称申请人未能遵守刚果的国内法缴纳进出口关税,而且人为拉高了原材料的价格,并恶意从第三方处购买有缺陷的施工设备,这一系列不法行为已经违反了投资合同,因此主张赔偿。对本案中的反请求,仲裁庭分别从管辖权与实体角度进行认定:一方面,由于被申请人所提出的反请求是直接与争议客体相关的,因此仲裁庭拥有管辖权;另一方面,仲裁庭认定被申请人并未提供充分的证据支持其反请求的主张,因此从实体上驳回了其反请求。

在 Amco v. Indonesia 案中,③Amco 于 1981 年依据《特许协议》中的仲裁条款向 ICSID 仲裁庭提出请求,称印度尼西亚政府对其投资实施了永久性的军事武装扣押,并撤销了其投资许可。答辩期内,印尼政府提出反请求,称其扣押的原因是投资者自 1973 年以来就未按要求缴纳企业所得税,且实施了一系列

① Saluka Investments B. V. v. The Czech Republic, UNCITRAL, Decision on Jurisdiction over the Czech Republic's Counterclaim.

② S. A. R. L. Benvenuti & Bonfant v. People's Republic of the Congo, ICSID Case No. ARB/77/2.

③ See Amco Asia Corporation and others v. Republic of Indonesia, ICSID Case No. ARB/81/1.

税收欺诈行为,主张投资者支付其未缴纳的税负。仲裁庭注意到,被申请人所提出的关于税收欺诈的反请求,性质上并不构成独立的仲裁请求,而仅仅是一项抗辩理由,且从请求权基础来看,投资者不得从事税收诈骗只是印度尼西亚国内法中所确立的普遍义务,而不是根据投资条约或投资合同所承担的投资义务。因此,投资者违反东道国国内法并不当然导致其应当对东道国承担赔偿义务,因此,仲裁庭最终否决了对该项仲裁反请求的管辖权。但与此同时,仲裁庭同意管辖被申请人所提出的主张税收(包括企业所得税及进口关税)的反请求,但由于印尼政府撤销许可证的行为本身即属违法,因此仲裁庭从实体上驳回了该项反请求。

另一起典型的合同性反请求的仲裁案例是 Mine v. Guinea 案,①本案中申请人与被申请人达成了一项联营协议,据此在几内亚成立了一家合资公司 Sotromar,该公司由申请人与被申请人共同所有并以开发几内亚的铝土矿资源作为经营范围。在 ICSID 投资仲裁程序中,申请人指控被申请人几内亚政府违反了联营协议中商定的装运安排,与另一第三方秘密达成了另一项铝土运输合同,导致了合资公司经营的失败。而被申请人提出的反请求则称:申请人才是造成合资公司经营失败的责任方,其不仅违反了根据联营协议中的争议解决条款向美国仲裁协会(American Association of Arbitration, AAA)提出仲裁请求,而且还向欧洲法院申请扣押了几内亚的财产,因此被申请人主张解除财产扣押并由申请人承担所有仲裁费用。仲裁庭经过审理认为,被申请人与第三方私下达成秘密运输协议的行为不仅违反了联营合同,而且有悖于诚信原则,据此驳回了被申请人所提出的反请求。遗憾的是,本案仲裁庭虽然对反请求的实体作出了认定,但却并未深入分析根据《华盛顿公约》第 46 条,其是否拥有对反请求的管辖权。

从以上几个案件的仲裁庭对合同性仲裁反请求的审理来看,总体上存在三点共性规律:其一,原则上,仲裁庭会分别讨论其是否对反请求拥有管辖权的程序性问题以及反请求是否成立的实体问题;其二,如果被申请人的反请求仅仅

---

① Maritime International Nominees Establishment v. Republic of Guinea, ICSID Case No. ARB/84/4.

主张投资者实施了欺诈性陈述或违反东道国的国内法,则仲裁庭并不会对此类反请求行使管辖权;其三,对被申请人基于投资合同而提起的反请求,如果仲裁庭认定东道国的行为在实体上构成违法,则不会再就反请求的管辖权进行专门讨论,而是倾向于从实体上驳回反请求。

(二)基于条约而提出反请求的仲裁案例

相较于以合同作为管辖权基础的投资仲裁,自 1990 年 AAPL v. Sri Lanka 案后,以 BIT 中的争端解决条款作为管辖权基础的投资仲裁程序得到了普遍的推广。[①] 被申请人根据投资条约而向仲裁庭提出反请求的案例不断得到丰富,通过回顾不同历史时期仲裁庭对待反请求的态度,可以了解仲裁反请求管辖权规则的形成及其实践演变。

1. 国际投资仲裁庭处理东道国反请求的早期实践(见表 1)

表 1　国际投资仲裁庭处理反请求的早期实践

案号	反请求内容	处理结果	处理原因
ICSID Case No. ARB/99/2	投资者进行非法资金转移而应当支付赔偿金	从实体上驳回(dismiss)反请求,未分析管辖仲裁反请求的条件	仲裁庭认定爱沙尼亚所提供的证据未能证明其反请求中所主张的事实成立
ICSID Case No. ARB/05/17	投资者未能按和解协议的要求维持银行担保并执行善后工作,应予赔偿	从实体上驳回反请求,未分析公约项下管辖仲裁反请求的要件	仲裁庭认定也门所提出的反请求以和解协议的无效为前提,但也门又同时要求投资者履行和解协议,如果认可其反请求则违反"禁反言"原则

① AAPL 案的仲裁庭根据投资条约确立管辖权的初试意义非常关键,堪称开辟了国际投资仲裁新的实践领域。此后,BIT 作为接受国际仲裁管辖权的基础,其重要性不断得到加强。参见杨彩霞、秦泉:《国际投资争端解决中的无默契仲裁初探》,载《比较法研究》2011 年第 3 期。

续表

案号	反请求内容	处理结果	处理原因
ICSID Case No. ARB/99/7	投资者主张的征收不成立,投资者应就声誉损失支付赔偿金、仲裁费、律师费等	仲裁庭认定反请求不成立(not funded)	投资者才是征收行为的受害者,刚果提出的反请求并未说明投资者违反 BIT 项下的某项特定义务,因此仲裁庭认定其没有义务进一步考察
SCC Case No. 080/2005	国家原子能公司的拒付行为不能归因于国家,投资者应支付名誉赔偿金及仲裁费用	从实体上驳回了名誉损失的反请求,同时驳回了仲裁费用的反请求	仲裁庭认定,乌克兰并未根据 BIT 提供充分的证据证明其名誉损失的可赔偿性,而分担仲裁费用的主张并无必要专门提出一项反请求

从国际投资仲裁庭处理东道国依据条约而提出的反请求的早期实践来看,整体上的裁判技术还非常粗糙:一方面,仲裁庭并没清楚地区分反请求的管辖权与反请求的实体问题,将二者混为一谈或径直处理反请求的成立与否,是早期仲裁实践的常态;另一方面,由于对反请求管辖权标准的漠视,仲裁庭未充分考虑反请求是否在当事人的仲裁合意范围内,也并未先行判定反请求是否符合《华盛顿公约》第 46 条的要求。不过,这种状况在 2007 年及 2010 年的两个案件中出现了明显的转变。

2. 国际投资仲裁庭处理仲裁反请求态度转变的转折点

在 Sempra v. Argentina 案中,投资者在仲裁申请中指控阿根廷政府所采取的措施违反了其根据条约所承担的征收补偿义务、公正公平待遇、充分保护及安全等条款。阿根廷政府在答辩期内提出了管辖权异议:首先,投资者应当就其投资活动中产生的正常商业风险承担损失,而本案投资者并未尽到勤勉及善意履职的基本要求;其次,投资者在仲裁申请中无权主张超出公平合理税费之外的索赔额;最后,投资者应遵守投资合同的约定,求诸国内法院解决争端,并且遵守东道国的监管法规。仲裁庭在分析阿根廷的抗辩时作了必要的释明,其告知阿根廷:作为仲裁被申请人,其有权利根据《华盛顿公约》第 46 条提出反请求,只要反请求是基于申请人对投资条约的违反并且在仲裁庭的管辖范围之内,仲裁庭即可受理。但阿根廷并未行使其提出仲裁反请求的程序性权利。①

在 Hamester v. Ghana 案中,投资者与加纳可可协会(该协会并非加纳政府机构,而是非政府组织)签订了联营协议,根据该协议在加纳成立了合资企业 Wamco,并与合资企业达成了固定价格的销售合同。后投资者针对加纳政府向 ICSID 提出仲裁请求,称加纳政府违反了投资条约中的保护伞条款、公正公平待遇条款及征收补偿条款。加纳向仲裁庭提出了管辖权异议,指控投资者在设立投资时实施了欺诈。经过事实查明,仲裁庭认定投资者在谈判联营协议期间确实存在不实陈述,但并无证据表明该不实陈述对投资的设立起到了关键的作用。随后,加纳提出反请求,主张投资者就其不实陈述行为导致的损失支付赔偿。② 仲裁庭在对反请求进行分析后,分别从仲裁管辖权与东道国请求权基础的角度发表了意见:首先,仲裁庭在简要解释《华盛顿公约》第 46 条的基础上认定,原则上,当事人同意 ICSID 仲裁的范围也包括了同意被申请人(东道国)提出反请求,而且本案所适用的《德国—加纳 BIT》第 12 条也允许仲裁庭管辖东道国提出的仲裁反请求;随后,仲裁庭注意到,本案东道国在提出反请求的同时,并未提供足够的事实与法律基础证明其救济主张的可仲裁性。因此,仲裁庭最终认定自身不具有审理反请求的管辖权。③ 值得一提的是,本案仲裁庭对反请求管辖权的分析建立在对投资条约相关条款进行解释的基础上,而不是预先默认被申请人当然有权或无权提出反请求。

相较于早期案件中仲裁庭对反请求一概否定的处理态度,Sempra 与

---

① Sempra Energy International v. The Argentine Republic, ICSID Case No. ARB/02/16, Decision on Objections to Jurisdiction.

② Gustav F W Hamester GmbH & Co. KG v. Republic of Ghana, ICSID Case No. ARB/07/24, Award.

③ 仲裁庭在分析《德国—加纳 BIT》第 12 条时,首先注意到该条第 1 款将允许提交国际仲裁的争端限定为涉及条约缔约一方违反了其对缔约另一方的投资者承担的国际义务而产生的争端,这似乎意味着可以国际仲裁的事项范围限定为缔约方的义务违反。但仲裁庭随后又注意到,该条第 3 款、第 4 款使用的措辞是"受损害方"(aggrieved party),而投资权利的受害方不仅限于投资者,东道国的权利也可能受到损害,因此东道国有权利通过提出仲裁反请求的方式主张赔偿,仲裁庭原则上对反请求有管辖权。See José Antonio Rivas, ICSID Treaty Counterclaims: Case Law and Treaty Evolution, in Reshaping the Investor-State Dispute Settlement System: Journeys for the 21st Century (Leiden: Brill Nijhoff Publisher, Jean E. Kalicki and Anna Joubin-Bret ed., 2015), pp. 796 – 798.

Hamester 这两起案件的实践意义恰恰在于，仲裁庭开始注意到投资条约中所确立的仲裁合意的重要性，并且考虑到《华盛顿公约》第 46 条为反请求所提供的制度支撑，即如果被申请人的抗辩是以反请求的行使提出，且提供了足以支持其请求的事实与法律基础，则仲裁庭是可以管辖并受理反请求的。这种认定思路，为 2010 年之后的仲裁庭处理东道国反请求提供了深远的启发。

3. 2010 年后国际投资仲裁庭处理反请求的新问题（见表 2）

表 2　2010 年后国际投资仲裁庭处理反请求的实践

案号	反请求内容	处理结果	处理原因
ICSID Case No. ARB/06/1	投资者经营不善，并且实施了逃税和欺诈行为	仲裁庭认定对反请求无管辖权①	东道国在 BIT 中作出的仲裁要约并未包括反请求，因此不存在反请求的仲裁合意；BIT 未对投资者设定国际法或国内法义务
ICSID Case No. ARB/95/3	投资者未能遵守银行证书的条件而向布隆迪当地居民提供账户	仲裁庭管辖了反请求并作出了实体裁决	仲裁庭明确了受理反请求的两项条件：(1)反请求属于 ICSID 受案范围及当事人合意仲裁的范围；(2)反请求直接与仲裁事项相关
ICSID Case No. ARB/08/8	投资者应向乌克兰政府支付冬季维修保养的费用	仲裁庭管辖了反请求，但实体上驳回了反请求	仲裁庭认定 BIT 中约定的仲裁管辖事项范围“投资争端”包括了仲裁反请求；但对维修费负有支付义务的是 KMTI 而非投资者

① 本案中，仲裁庭多数成员主张对反请求无管辖权，但一名仲裁员提出了反对意见（dissenting opinion）。多数意见的裁判理由主要是基于对《希腊—罗马尼亚 BIT》中争端解决条款的严格文义解释，因其中称提交国际仲裁的争端应当是投资者与东道国之间涉及“后者在本协定项下义务的违反，并且与前者的投资有关”的争端，“相关的投资者可以将争端提交至有管辖权的国内法院或国际仲裁”，因此东道国提出的反请求不符合仲裁合意的争端范围内。而对多数意见持异议的仲裁员 Reisman 教授则提出，当 BIT 中约定了国际仲裁条款，则《华盛顿公约》第 46 条就被视为自动接受，因此仲裁庭是应当接受反请求的管辖权的。See Anne K. Hoffmann, Counterclaims, in Building International Investment Law: The First 50 Years of ICSID, *Kluwer Law International*, 2016, pp. 505 – 507.

续表

案号	反请求内容	处理结果	处理原因
UNCITRAL①	投资者未尽到对投资对象的管理义务	仲裁庭未管辖反请求	仲裁庭指出,捷克提的反请求与本请求不存在密切联系;且反请求涉及的是捷克国内法规定的义务而不是 BIT 确立的条约义务②
UNCITRAL③	投资者未履行税收义务,且拖欠了大量的外国劳工费用;投资者对环境损害及黄金走私负有责任	仲裁庭未管辖反请求	仲裁庭重申了 Saluka 案仲裁庭的观点:能否管辖反请求首先取决于 BIT 中同意仲裁的范围,其次需考察反请求与本请求的密切关系。税收反请求涉及的是蒙古国公法,应由国内法院排他管辖;而环保与走私反请求与本请求不存在密切的联系
ICSID Case No. ARB/10/3	投资者向乌兹别克斯坦总统助理及总理的哥哥支付了贿金以获得投资设立	仲裁庭未管辖反请求	仲裁庭认定投资者为了获取投资而从事了腐败行为,因此驳回了仲裁本请求的管辖权,并指出:由于仲裁庭对本请求无管辖权,因此对仲裁反请求亦无管辖权

管辖权的确立是作出实体判断的前提,无论对于仲裁本请求抑或反请求,均当如此。从 2010 年以后投资仲裁庭对反请求问题的处理态度来看(具体参见表 2),仲裁庭已经意识到了要先行考察反请求的管辖权是否成立的必要性,处理反请求的技术和标准渐趋成熟。不过,不同仲裁庭的裁判意见仍然存在一定的紧张关系:其一,对于投资条约中的仲裁条款是否涵盖了对反请求提交国际仲裁的合意,有部分仲裁庭(如 Roussalis 案)认为应做个案分析(case by case

① Saluka Investments B. V. v. The Czech Republic, UNCITRAL, Decision on Jurisdiction over the Czech Republic's Counterclaim, 7 May 2004.

② 值得一提的是,仲裁庭在解释仲裁反请求与本请求之间密切联系时强调,密切联系是管辖及受理反请求的先决要件,也是《华盛顿公约》、UNCITRAL《仲裁规则》、《伊朗—美国求偿委员会索赔声明》所共同确立的一般法律原则。

③ Paushok, Golden East, Vostokneftegaz v. Mongolia, Award on Jurisdiction and Liability, 28 April, 2011.

analysis)，即必须存在专门的对反请求约定仲裁管辖权的合意，另一部分仲裁庭（如Goetz Ⅱ案）则认定对反请求无须特别约定，而是被国际仲裁的一般合意所当然并入（ipso facto importation）；①其二，对于仲裁庭管辖权范围，部分仲裁庭采取限缩解释的立场，对东道国反请求中所指控的投资者违反东道国国内法或违反诚信的国际原则（包括虚假陈述、欺诈及腐败）不予管辖，另一部分仲裁庭则采取相对宽泛的立场，认为东道国反请求中指控的投资者违反东道国国内法、国际公共秩序、诚信原则（包括欺诈、腐败）等行为应当通过国际投资仲裁加以解决。

五、结语

近十年来，随着相关仲裁实践的增多，仲裁庭对国际投资仲裁反请求的管辖权与可受理性问题越来越受到关注，相关论著层出不穷。② 东道国通过在投资仲裁程序中提出反请求，不仅可以从仲裁管辖权上争取投资争端解决程序中的利益平衡，而且客观上对外国投资者的不法投资行为形成有效规制及威慑。从《华盛顿公约》、ICSID《仲裁规则》、UNCITRAL《仲裁规则》等确定投资仲裁

---

① 当然并入的解释指的是，当BIT缔约方同意ICSID仲裁，且投资者提起了ICSID仲裁，则《华盛顿公约》第46条中涉及仲裁反请求的合意要素即被视为自动满足。此时，ICSID仲裁庭管辖反请求并不存在合意方面的障碍。

② 例如，Anne K. Hoffmann, Counterclaims by the Respondent State in Investment Arbitrations—The Decision on Jurisdiction over Respondent's Counterclaim in Saluka Investments B. V. v. Czech Republic, *German Arbitration Journal SchiedsVZ* (2006), Vol. 6, No. 5, p. 319; Hege Elisabeth Veenstra-Kjos, Counterclaims by Host States in Investment Treaty Arbitration, in New Aspects of International Investment Law-Research Seminar, *Hague Academy of International Law TDM* 4 (2007), pp. 43 – 46; Ana Vohryzek-Griest, State Counterclaim in Investor-State Disputes: A History of 30 Years of Failure, International Law, *Revista Colombiana de Derecho Internacional*, Vol. 15 (2009), pp. 83 – 124; Gustavo Laborde, The Case for Host State Claims in Investment Arbitration, *Journal of International Dispute Settlement*, Vol. 1, No. 1 (2010), pp. 97 – 122; Pierre Lalive& Laura Halonen, On the Availability of Counterclaims in Investment Treaty Arbitration, *Czech Yearbook of International Law*, *TDM* 2 (2011), p. 141; Yaraslau Kryvoi, Counterclaims in Investor-State Arbitration, *Minnesota Journal of International Law*, Vol. 21, No. 2 (2012), pp. 216 – 252; Mark N. Bravin Alex B. Kaplan, Arbitrating Closely Related Counterclaims at ICSID in the Wake of Spyridon Roussalis v. Romania, in CILS-Biennial Symposium on International Arbitration and Dispute Resolution, Vol. 9, No. 4, TDM 1 (2012); Anne K. Hoffmann, Counterclaims in Investment Arbitration, *ICSID Review-FILJ*, Vol. 28, No. 2 (2013), p. 438; Andrea K. Bjorklund, The Role of Counterclaims in Rebalancing Investment Law, *Lewis& Clark Law Review*, Vol. 17, No. 2 (2013), pp. 461 – 480; Jean E. Kalicki, Counterclaims by States in Investment Arbitration, *Investment Treaty News Quarterly*, Vol. 2, No. 3 (2013).

管辖权的基础法律文件来看,其对仲裁庭管辖反请求持积极肯定的态度,并不构成仲裁庭管辖东道国反请求的法律障碍。结合已有的仲裁实践进行概括总结,可以发现,国际投资仲裁庭对反请求行使管辖权,需同时满足属于 ICSID 一般管辖权范围、符合争端当事方的合意、反请求直接产生于争端所涉仲裁标的。对第三点的要求又可进一步归纳出如下要求:首先,反请求系由仲裁被申请人向申请人所提出的,主体上需保持一致,但诉辩方向上具有对抗性,且反请求的提出不改变仲裁当事人原本的地位列明,亦不影响仲裁程序性权利;其次,仲裁反请求需满足与本请求之间的密切联系要求,更具体地讲,反请求需直接产生于仲裁争端的主要问题,这是仲裁庭管辖并受理反请求的先决要件;最后,反请求就其性质而言,可能属于附带请求或附加请求,也可能是与本请求针锋相对的抗辩主张,在个别案件中,东道国所提出的反请求标的额甚至可能会超出本请求。① 从更深远的意义来看,仲裁庭在满足上述条件的前提下正确认定反请求的管辖权并对请求事项作出实体裁决,将对实现外国投资者海外投资权益与东道国社会公共利益的重新平衡发挥不容忽视的作用。

---

① See Klöckner Industrie-Anlagen GmbH and others v. United Republic of Cameroon and Société Camerounaise des Engrais, ICSID Case No. ARB/81/2; Atlantic Triton Company Limited v. People's Revolutionary Republic of Guinea, ICSID Case No. ARB/84/1.

争议解决实务

进口国强制性规则在国际商事仲裁中的适用

崔　强[*]　　王　也[**]

【内容摘要】 强制性规则由各主权国家制定和实施,旨在保护特定的公共利益,当事人无权约定排除强制性规则的适用。但在国际商事仲裁中,“当事人意思自治”(party autonomy)作为重要基石之一,在很多事项上均允许当事人自由约定。那么,强制性规则的适用是否构成当事人意思自治的例外?在当事人未明确约定适用,或者明确约定不予适用时,强制性规则是否仍然适用?这些看似简单的问题,却存在一定程度的不确定性。通过一则国际货物买卖争议的实例,我们认为,进口国关于货物进口管制的规定属于强制性规则,不论当事人是否约定进口国法律为准据法,该等规则均应当适用于当事人之间的争议。然而,这一结论并不具有普遍性,不适用于所有涉及强制性规则的国际商事仲裁案件。

【关键词】 强制性规则　当事人意思自治　国际货物买卖　转基因产品

一、引言

作为商人法的延伸,国际商事仲裁业已发展成为国际商事交易中常用且行之有效的争议解决方式。商事仲裁中,“当事人意思自治”(party autonomy)被

* 崔强,北京市通商律师事务所的合伙人,仲裁员。

** 王也,北京市通商律师事务所的律师助理。

尊为基石性的原则,[①]即仲裁之所以可能,端赖于当事人之间有效的仲裁协议。[②] 仲裁协议文本多种多样,究其本质,乃各方当事人一致同意将争议提交仲裁之约定。各仲裁机构纷纷列出示范条款供交易主体参考和采纳,如上海国际经济贸易仲裁委员会的示范仲裁条款之一为:"凡因本合同引起的或与本合同有关的任何争议,均应提交上海国际经济贸易仲裁委员会/上海国际仲裁中心进行仲裁",[③]香港国际仲裁中心的示范条款之一为:"凡因本合同所引起的或与之相关的任何争议、纠纷、分歧或索赔,包括合同的存在、效力、解释、履行、违反或终止,或因本合同引起的或与之相关的任何非合同性争议,均应提交由香港国际仲裁中心管理的仲裁,并按照提交仲裁通知时有效的《香港国际仲裁中心机构仲裁规则》最终解决"。[④]

在仲裁协议之中或之外,当事人还可以进一步约定准据法,包括仲裁协议的准据法、实体权利义务的准据法。[⑤] 如当事人在适用法律条款或者仲裁条款中约定了实体法,即意味着,如果争议发生,仲裁庭将按照当事人约定的实体法对双方权利义务及履行情况进行法律判断,进而得出仲裁裁决,解决争议。

然而,在仲裁实践中,当事人中任意一方,可能出于各种目的,请求仲裁庭适用当事人约定以外的实体法,或者仲裁庭可能自行考虑适用准据法以外的法律。甚至,在某些情境下,涉及的法律规则具有强制性,即法律规则的创设目的

---

① See Gary B. Born, International Commercial Arbitration, V. 1, (2009) *Kluwer Law International*, p.3.

② 不同的法域对有效仲裁协议的认定标准可能不同。如不同法域对于"或裁或审"条款效力的认定不同;中国法下对仲裁协议的形式要求基本与《纽约公约》第 2 条第 2 款的要求一致,但采纳了《联合国贸易法委员会国际商事仲裁示范法 2006 年修正案》第 7 条的备选案文二的法域,书面协议已经不再是有效仲裁协议的必备要件等。

③ 载 http://www.cietac-sh.org/SHIAC/arbitrate_items.aspx,最后访问日期:2017 年 5 月 25 日。

④ 载 http://www.hkiac.org/zh-hans/arbitration/model-clauses,最后访问日期:2017 年 5 月 25 日。

⑤ 一般认为,仲裁该程序法律为仲裁地法,不容当事人作其他约定。实践中,约定仲裁协议准据法、仲裁该程序法相对少见。

带有直接保护公共利益的公法属性，具有直接适用性。[①] 如何对待当事人选择以外的法律，是仲裁庭有待解决的棘手问题。在某些情形下，选择适用不同的法律对案件结果将产生根本性的影响。鉴于此，本文仅讨论实体法的适用问题，且仅针对国际货物买卖中进口国的强制性法律的实例展开讨论。基于这样的前见，本文可能难以就宽泛的强制性规则适用问题得出确定的或唯一的答案，但就具体语境中应否适用某类强制性规则问题，结论应该是确定的。

二、实例分析

以下将介绍一个我们已经处理完毕的国际货物买卖纠纷案件，并将仲裁庭可能的审理思路予以展开。由于案件保密性的考虑，我们对案件信息作了必要的隐名处理。该案由一家知名的国际仲裁机构管理，目前仲裁庭已作出裁决。

审理期间，仲裁庭面临的首要问题是当事人既未约定适用货物进口国的法律，也未约定在进口国进行仲裁，进口国关于货物进口管制的法律应否适用。以下将就案件事实和法律的争议焦点展开分析。

（一）关键事实

2012 年年初，一家美国公司作为卖方，与一家作为买方的中国公司签订了一系列特定农产品的买卖合同（以下简称案涉合同）。案涉合同中约定，卖方

---

① 这种法律规则在国际私法上一般称为“直接适用的法”。“直接适用的法”的概念的产生，可以追溯到 1958 年法国希腊裔学者 Franceskis 发表的一篇名为《反致理论和国际私法中的体系冲突》的文章，该文通过大量的案例实证研究，首次提到，随着国家职能的改变以及国际在社会生活中作用的提高，国家对经济干预的频度和强度与日俱增，为了能够在国际民商事往来中更好地保护国家与社会利益，国家制定的具有强制性的法律规范在调整国际民商事关系时，将绕开传统的法律选择条款，直接适用到该国际民商事法律关系中。在法语里，强制性规则的表达为“loi de police”，而在德语里则为“Zwingende Vorschriften”，在意大利语里为“norme imperative”，这些语汇翻译成现代汉语有“警察法”“强行适用的法”等多种表达，在表达强制性规则的概念时，也有学者使用如“直接适用的法”（law of direct application）、“即刻适用的法”（law of immediate application）、“自动适用的法”（self-applying law）。目前“警察法”已经很少被提到，“直接适用的法”或“强制性规则”的提法较多，我们可以从这种变化中解读出，对于强制性规则，法律技术层面因素较立法目的因素更为显著。换句话说，“警察”等代表着立法目的或规范作用的修饰语的隐退一定程度上说明，强制适用性成为了这一类规则的自我定义属性，进一步也说明，强制性规则背后的利益类型变得越来越复杂，已经很难简单地概括出来。详情参见高晓力：《国际私法上的公共政策的应用》，中国民主法制出版社 2008 年版，第 85 页。关于本文讨论的强制性规则的定义，另参见 Pierre Mayer, Mandatory rules of law in international arbitration, (1986) 2 *Arb. Int' l*, at p. 275。

向买方出售某种农产品,农产品将进口至中国大陆,通过中国南方某港口入关,买方应当在农产品交付航运前开具令卖方满意的信用证,合同的成立、生效、履行、解释及纠纷的解决适用英格兰法律(仅限于实体法)等。

直到合同履行过程中,买方才无意中了解到卖方拟向其出售的农产品中包含中国当时尚未颁发农业转基因生物安全证书的转基因,即在没有得到中国有权机关的批准的情况下,该等农产品无法进口中国。得知这一情况后,买方与卖方进行了多轮沟通和谈判。卖方最终承认,案涉合同项下的农产品的确部分含有未得到中国有权机关批准的转基因,同时承认现阶段无法提供相应的农业转基因安全证书,亦不能做出该等产品不含转基因的任何承诺。买方认为合同无法继续履行,试图与卖方变更合同,寻找妥当的解决方案。

由于双方在商务谈判中未能达成一致意见,卖方随即以买方未能及时开具信用证为由提起仲裁。仲裁过程中,买方提出反请求,要求确认卖方未依照中国相关法律法规获取农业转基因生物安全证书的行为构成违约,且因为卖方违约,买方有权中止履行其开具信用证的义务。

(二)争议焦点

仲裁庭认为本案的核心争议之一为,中国法关于农业转基因产品的限制性规定是否应当适用于本案,进一步而言,卖方(同时也是出口方)是否应当遵循中国法下申请并取得农业生物安全证书的义务(如有)。经过双方举证及聘请专家证人的进一步澄清,仲裁庭了解到的中国法关于农业转基因产品的规定,如下所示:

国务院制定的《农业转基因生物安全管理条例》(2001 年 5 月 23 日起施行,2011 年 1 月 8 日修订)相关规定如下:

第二条　在中华人民共和国境内从事农业转基因生物的研究、试验、生产、加工,经营和进口、出口活动,必须遵守本条例。

第三十二条　境外公司向中华人民共和国出口转基因植物种子、种畜禽、水产苗种和利用农业转基因生物生产的或者含有农业转基因生物成份的植物种子、种畜禽、水产苗种、农药、兽药、肥料和添加剂的,应当向国务院农业行政主管部门提出申请;符合下列条件的,国务院农业行政主管部门方可批准试验材料入境并依照本条例的规定进行中间试验、环境释放和生产性试验:

(一)输出国家或者地区已经允许作为相应用途并投放市场;

(二)输出国家或者地区经过科学试验证明对人类、动植物、微生物和生态环境无害;

(三)有相应的安全管理、防范措施。

生产性试验结束后,经安全评价合格,并取得农业转基因生物安全证书后,方可依照有关法律、行政法规的规定办理审定、登记或者评价、审批手续。

第三十三条　境外公司向中华人民共和国出口农业转基因生物用作加工原料的,应当向国务院农业行政主管部门提出申请;符合下列条件,并经安全评价合格的,由国务院农业行政主管部门颁发农业转基因生物安全证书:

(一)输出国家或者地区已经允许作为相应用途并投放市场;

(二)输出国家或者地区经过科学试验证明对人类、动植物、微生物和生态环境无害;

(三)经农业转基因生物技术检测机构检测,确认对人类、动植物、微生物和生态环境不存在危险;

(四)有相应的安全管理、防范措施。

第五十条　违反本条例规定,未经国务院农业行政主管部门批准,擅自进口农业转基因生物的,由国务院农业行政主管部门责令停止进口,没收已进口的产品和违法所得;违法所得10万元以上的,并处违法所得1倍以上5倍以下的罚款;没有违法所得或者违法所得不足10万元的,并处10万元以上20万元以下的罚款。

农业部制定并颁布的《农业转基因生物进口安全管理办法》(2002年3月20日起生效,2004年7月1日修订)就农业转基因生物进行了如下规定:

第十二条　境外公司向中华人民共和国出口农业转基因生物用作加工原料的,应当向农业部申请领取农业转基因生物安全证书。

第十三条　境外公司提出上述申请时,应当提供下列材料:

(一)进口安全管理登记表(见附件);

(二)安全评价申报书(见《农业转基因生物安全评价管理办法》附录Ⅴ);

(三)输出国家或者地区已经允许作为相应用途并投放市场的证明文件;

(四)输出国家或者地区经过科学试验证明对人类、动植物、微生物和生态环境无害的资料;

(五)农业部委托的技术检测机构出具的对人类、动植物、微生物和生态环境安全性的检测报告;

(六)境外公司在向中华人民共和国出口过程中拟采取的安全防范措施。

经安全评价合格后,由农业部颁发农业转基因生物安全证书。

第十五条　境外公司应当凭农业部颁发的农业转基因生物安全证书,依法向有关部门办理相关手续。

第十九条　进口农业转基因生物用于生产或用作加工原料的,应当在取得农业部颁发的农业转基因生物安全证书后,方能签订合同。

第二十条　进口农业转基因生物,没有国务院农业行政主管部门颁发的农业转基因生物安全证书和相关批准文件的,或者与证书、批准文件不符的,作退货或者销毁处理。

国家质量监督检验检疫总局颁布并颁布的《进出境转基因产品检验检疫管理办法》(2004 年 5 月 24 日起生效)对于转基因产品出入境也作了详细的规定,相关规定如下:

第七条　货主或者其代理人在办理进境报检手续时,应当在《入境货物报检单》的货物名称栏中注明是否为转基因产品。申报为转基因产品的,除按规定提供有关单证外,还应当提供法律法规规定的主管部门签发的《农业转基因生物安全证书》(或者相关批准文件,以下简称批准文件)和《农业转基因生物标识审查认可批准文件》。

第十条　经转基因检测合格的,准予进境。如有下列情况之一的,检验检疫机构通知货主或者其代理人作退货或者销毁处理:

(一)申报为转基因产品,但经检测其转基因成分与批准文件不符的;

(二)申报为非转基因产品,但经检测其含有转基因成分的。

从以上不完全列举的规定中,可以明确导出两条结论:第一,向中国出口转基因农产品,应当向国务院农业主管部门(农业部)提出申请,获得相应的农业转基因生物安全证书;如果没有该等证书或者货物检测结论与证书所载内容不符,货物均无法入境。第二,以上提及的所有规范性文件所要求的对象均为向中国出口农产品的境外公司,申请并取得农业转基因生物安全证书的主体是出口商/境外公司,而非进口商。

值得注意的是,案涉合同中没有约定农业转基因生物安全证书申请及获得事项，且就我们所知，英格兰法律中也没有对此进行专门规定。仲裁中的被申请人/买方/进口方对此的主张是，即便合同作出相反约定，即由买方申请并获得农业转基因生物安全证书，中国法关于卖方申请并获得农业转基因生物安全证书的义务也不能突破，应当认为该等合同约定无效。而在本案中，由于合同及英格兰法律就申请及获得农业转基因生物安全证书均保持沉默，因而更应当将中国法适用于案件中，将申请并取得农业转基因生物安全证书的义务明确施加于卖方。

有鉴于此，上述中国法的规定是否适用，决定了争议双方关于农业转基因生物安全证书相关的权利义务的负担和分配，对案件审理产生了实质性影响。

（三）争议焦点的解析

为了解决中国法是否适用的问题，仲裁庭进行了几方面的探讨，包括：（1）上述中国法的性质，即是否属于强制性规则；（2）如果第一个问题的答案是肯定的，是否应该在本案中适用该等规则。

1. 中国法关于转基因农产品的规定属于强制性规范

为探明中国法关于转基因农产品规定的规范属性，颇值得参考的规范基础为中国法本身，且中国法对此确有规定。

2011 年 4 月 1 日生效的《中华人民共和国涉外民事关系法律适用法》（以下简称《涉外民事关系法律适用法》）第 4 条规定，中华人民共和国法律对涉外民事关系有强制性规定的，直接适用该强制性规定。随后，最高人民法院于 2012 年 12 月 28 日发布了《关于适用〈中华人民共和国涉外民事关系法律适用法〉若干问题的解释（一）》（法释〔2012〕24 号）第 10 条对前述法条进行了进一步的解释[①]其规定："有下列情形之一，涉及中华人民共和国社会公共利益、当事人不能通过约定排除适用、无需通过冲突规范指引而直接适用于涉外民事关系的法律、行政法规的规定，人民法院应当认定为涉外民事关系法律适用法第四条规定的强制性规定：（一）涉及劳动者权益保护的；（二）涉及食品或公共卫生安全的；（三）涉及环境安全的；（四）涉及外汇管制等金融安全的；（五）涉及反垄断、反倾销的；（六）应当认定为强制性规定的其他情形。"

① 《关于适用〈中华人民共和国涉外民事关系法律适用法〉若干问题的解释（一）》，载 http://www.court.gov.cn/shenpan-xiangqing-5275.html，最后访问日期：2017 年 5 月 26 日。

从上述规定的认定标准出发,前引《农业转基因生物安全管理条例》应当属于《涉外民事关系法律适用法》第 4 条意义上的强制性规定。首先,《农业转基因生物安全管理条例》为国务院颁布的规范性文件,规范效力上属于行政法规,效力等级上满足《涉外民事关系法律适用法》第 4 条的规定;其次,虽然转基因农产品在提高粮食产量、改善农作物抗病虫能力方面功不可没,但其对人畜、生态环境存在的安全影响至今尚存非常大的不确定隐患,因此转基因农产品相关的行政法规既涉及食品及公共卫生安全[①]又涉及环境安全。此外,还应当说明的是,前述规范性文件的适用对象具有普遍性,即并非限制某一特定的交易主体或某次特定的交易,进一步证明了该等规定保护的是普遍的公共利益。

2. 中国法关于转基因农产品的规定应当适用

第一个问题的答案为肯定的,但是并不意味着第二个问题的答案能够自动生成。仲裁庭仍然面临一处困境,即当事人已经明确选择了英格兰法作为准据法,适用中国法存在违背当事人意志的风险,而这种风险在商事仲裁领域往往属于禁区。经由以下几点理由的综合考虑,仲裁庭最终认为,中国作为进口国,其关于转基因农产品进口管制的法律应当适用于本案争议。

(1) 中国与合同履行存在最密切联系,中国的公共利益应当得到尊重。

最密切联系原则,是指在处理某一涉外民事关系或涉外民事案件时,全面衡量法律关系的有关联结的因素,通过质和量的分析,找出与该法律关系或有关当事人最直接、最本质和最真实的联系的法律加以适用。[②] 最密切联系地的强制性法律如果旨在保护该国公共利益,应当遵循。在确定最密切联系时,权衡各种与该案当事人具有联系的因素,如合同领域的合同履行地、当事人住所地和营业地。侵权领域的侵权行为地、侵权结果发生地等,从这些因素中找出与该案具有最密切联系的因素。根据该等因素的指引,适用解决该案件的与当事人有最密切联系国家或地区的法律规则或原则。

在国际立法上,1980 年的《罗马国际合同义务法律适用的公约》以及后来

---

① 案件涉及的转基因农作物包括玉米,可能作为动物饲料或者食品,因此涉及食品安全。

② 姜茹娇、王娇莺:《论国际私法中法律选择方法的价值追求——兼论最密切联系原则的勃兴与修正》,载《比较法研究》2002 年第 3 期。

的《欧共体合同义务法律适用条例》(以下简称《罗马条例Ⅰ》)、《欧盟非合同义务法律适用条例》(以下简称《罗马条例Ⅱ》)等国际立法都确立了最密切联系原则;而在国内立法上,德国《非合同债务关系和物权方面的国际私法》(具体为第24条)、日本《法律适用通则法》(具体为第8条)和中国的《涉外民事关系法律适用法》(具体为第2条第2款、第6条等条款)都将最密切联系原则确立为国际私法的一般原则。①

在本案件中,中国是农产品的进口国,合同履行与中国存在密切联系,而且仲裁裁决的执行地也很可能在中国,因此,中国应认定为最密切联系国。通常而言,以下与案件存在密切联系的法域的强制性规则应当加以考虑:仲裁地、仲裁裁决执行地以及合同履行地。在强制性规则具体适用时,密切联系原则也与当事人合理法律期待、可执行性等考量因素联系在一起,与案情没有密切联系的国家或地区对当事人的权利义务关系影响较小,一般也不会影响到仲裁裁决的承认与执行。中国作为仲裁裁决潜在的执行地以及合同的主要履行地,无疑满足上述条件。

此外,通过特别连接方法也可以得出上述相同的结论。特别连接的理念由德国学者Wengler提出,该理论处理的是,准据法以外的强制性规则,在与合同关系具有实质性的关系时,可与合同准据法叠加适用。② 观察国际私法的立法,有很多适用特别连接理论的范例,如前述《罗马条例Ⅰ》及《瑞士联邦国际私法》,其中带有共性的要求包括:①情形与该规则具有密切联系;②考虑规范的目的为保护第三国的公共利益;以及③适用后果。中国作为进口国,与交易关系存在实质性关系,因此中国法相关规定可与准据法叠加适用。

(2)强制性规则的直接适用为一种已经确立的法律适用方式,仲裁庭直接适用法律的情形并不少见。在历经半个多世纪的实践后,“直接适用的法”理论已对各国及相关国际立法实践产生深远影响。③ 经由前部引用的相关立法成果,“直接适用”已经成为一种确立起来的法律适用方法。对直接适用而非经由当事人选择或授权最大的批评或担忧,来自当事人意思自治原则的考虑。

① 方杰:《“最密切联系原则”考证》,载《比较法研究》2013年第2期。

② 李旺:《国际私法》,法律出版社2011年版,第174页。

③ 刘仁山:《“直接适用的法”在中国的适用》,载《法商研究》2013年第3期。

如本文开篇的介绍,仲裁中当事人意思自治最根本的指向是"当事人同意仲裁"这一程序上的预定,而非全部相关事项的锁定。事实上,如果当事人意思自治可以解决所有问题,争议也就不可能产生了,即便争议产生,也无须当事人以外的第三方来决定权利义务的分配问题。当然,直接适用不是肆意的,而必须基于对"仲裁员认为适当的法律规则"的确认。①

除了理论上仲裁庭可以直接适用强制性规则外,实践中仲裁庭进行直接法律适用的案件也不在少数。相关实证研究表明,在中国国际经贸易仲裁委员会管理的仲裁案件中,为数众多的仲裁庭并未遵从或完全遵从当事人的选择法律适用的约定,而是根据最密切联系原则等确定了案件适用的实体法律。② 在国际商会国际仲裁院管理的仲裁中,亦存在仲裁庭处理案件时适用强制性规则的实例。③

(3)忽略中国法相关规定将造成实体审理结果显失公平。在本案件的情况下,如果不予适用中国法,相当于免除了交易中美国进口商申请并取得转基因农业生物安全证书的义务,将带来实体权利义务上极大的不公。一方面,在交易中,外国公司将可以完全无视进口国关于进口管制的法律法规,与此相关的法律风险将完全由买方承担;另一方面,仲裁庭忽略中国法,无疑将极有可能使仲裁成为规避法律的途径。另外,情理上也很难想象,一项进口国为中国的外贸交易,中国法中关于转基因产品进口管控的规定会被完全无视,且合同实际无法履行(无法进口至中国)后果的承担将与中国法规定的责任主体完全无关。

此外,实体审理的结果可能会影响仲裁该裁决的承认与执行。由于本案件中买方为中国公司,仲裁裁决的执行地之一可能在中国。如果仲裁庭无视中国法,是否可能导致仲裁裁决不予承认执行?鉴于最高人民法院对于拒绝承认执行外国仲裁裁决的立场持比较谨慎的态度,且本案仲裁裁决可能仅限于金钱赔偿,因此根据《纽约公约》第 5 条第 2 款(乙)的"公共政策"条款拒绝执行的可

---

① 参见杜志华、王凌萍:《仲裁实体法的"直接适用方法"探析》,载《法学评论》2005 年第 4 期。

② 参见胡诗雪:《国际货物贸易争议实体问题之法律适用——对 CIETAC 1996—2006 仲裁实例的经验研究》,载《北京仲裁》2014 年第 1 期。

③ 参见 ICC Case No. 6379, XVII Yrbk. Comm. Arb. (1990), pp. 212 – 220; ICC Case No. 1512 (Preliminary Award) (1971) I Yrbk. Comm. Arb. 128, *etc*。

能性较小。但在某些法域,法院司法审查并不局限于形式审查,实体法律适用可能成为裁决执行与否的一个重要考虑因素。

从考虑仲裁作为一项制度的制度利益出发,亦应当兼顾相关国家利益,给适用强制性规则留足空间。维护仲裁的制度利益,实际上也是妥当处理国家利益与私人利益之间的合理平衡关系的过程。对于仲裁制度的发展得到主权国家的支持,即便当事人意思自治原则的最坚定支持者也不会否认,仲裁在一定程度上依赖主权国家的善行。在这样的背景下,给予相关国家足够的尊重在国际商事仲裁中甚至已经进入了职业道德的范畴。如此,亦有利于国际礼让和互惠原则在国际实践层面的深入。

三、结语

前述实例中,仲裁庭最终认定中国法关于农业转基因产品管理的相关规定应当适用。本文第二部分就仲裁庭可以考虑的因素进行了详细叙述,但仲裁庭究竟以何种因素为主来最终认定中国法适用,尚未可知。从抽象的层面上,仲裁员通过最密切联系原则或者特别连接理论、特征履行等,可以在形式上基本确定值得考虑的强制性规则的大致分布范围。在考虑强制性规则的性质和目的以及适用价值后,则从进行实体价值判断得出该规则是否具有强制适用的目的、是否能够达成公共利益的保护以及是否取得合适的结果。值得注意的是,前述三项考虑因素在逻辑上具有一定的先后顺序,但在具体操作上它们之间存在一定的重合和倒置的关系。最密切联系原则的立足点偏重形式,即不对规则本身内容进行深入考察,而规则的目的和性质则侧重于规范应然层面的分析,但不追问规则在具体案件中的意义,而规范适用价值则是在前两项完成后对适用强制性规则进行的理想试验和综合判断,是前两种标准完成后从理论走向实践的跨越,也是向如何适用强制性规则这个现实问题的回归。

仲裁庭作为法律专家,在适用法律上应当有一定的自由裁量权。本文坚持认为,当事人意思自治的核心在于争议提交仲裁的合意,其主要目的在于使仲裁庭获得排除法院的管辖权。仲裁庭受争议当事人之托,对案件进行审理,理应最大限度地尊重当事人意思自治,但对于强制性规则的适用,最终的决定权应在仲裁庭,而非当事人。正如当事人同意仲裁,但可能并不赞同仲裁裁决,尤其是最终败诉的一方。我们绝不会仅仅因为当事人可能反对仲裁裁决而认为仲裁裁决的作出有违当事人意思自治,在强制性规则的适用上,没有理由秉持不同的态度。此外,国际仲裁实践中,表面看起来违背当事人意思自治的情形并不少见,如"合并仲裁""快速程序"机制等。①

随着全球化的进一步拓展,涉及中国的国际商事交易越来越多,中国法中的强制性规则适用的可能性也相应增大。但一如本文最开始强调的,抽象层面上很难得出强制性规则应否直接适用的结论。本文讨论的实例具备多重特殊性,如交易涉及与公共利益密切相关的转基因农产品、进口国为中国且中国对于转基因产品的确有明确的强制性规定、被申请人明确提出了中国法应当适用的主张以及案件证据显示卖方知悉中国相关法律法规、买卖双方特定的交易习惯等。可以看出,对于一项较为抽象的法律原则,其在实践中的成功实现依赖于多重因素的叠加。然而,并非每一方买家都如此幸运。故此,我们建议国际货物买卖的交易主体应认真审视与交易相关的国家和地区的法律,在交易进行前做好充分的调查工作,对交易相关风险进行全方位评测,尽可能在协议中设计对己方有利的安排。如果争议发生,应该及时调动内部力量,并聘请高水准的外部律师,妥善应对调查取证、商务谈判及/或诉讼仲裁等事宜。

---

① 如主流国际仲裁机构新近颁布的仲裁规则中往往设置"快速程序"(expedited procedure),即当争议金额在某一区段内时,自动适用该等程序,将由一名仲裁员审理,审理程序相应简化;但实践中,有的交易合同中明确约定仲裁员数量为三人。在这样的情况下,常见的做法是直接忽略当事人对仲裁员人数的约定,而由独任仲裁员审理案件。相关讨论,参见 Fabian Bonke:Overriding an Explicit Agreement on the Number of Arbitrators—One Step Too Far under the New ICC Expedited Procedure Rules?,载 http://kluwerarbitrationblog. com/2017/05/22/overriding-an-explicit-agreement-on-the-number-of-arbitrators-one-step-too-far-under-the-new-icc-expedited-procedure-rules/,最后访问日期:2017 年 5 月 27 日。合并仲裁程序往往由一方当事人提出或由仲裁机构自行决定,如将系列交易中产生的不同仲裁合并为一个程序,客观上存在与当事人合意不一致之处。

中国式禁诉令及其在涉外海事商事司法之中的运用

彭先伟*

【内容摘要】 近年来,中国涉外海事商事司法之中频频出现来自外国法院的禁诉令。虽然外国法院的禁诉令不是直接发给中国法院,但会间接地妨碍中国法院司法管辖权。本文研究了近年来外国法院对中国诉讼的禁诉令,以及中国法院反过来针对外国诉讼的禁令。结合中国最高人民法院对外国法院禁诉令效力的认定,本文探讨了通过中国新民事诉讼法行为保全制度来反制外国法院禁诉令的可能性,并提出了中国当事人如何通过侵权法来应对外国禁诉令的建议。

【关键词】 禁诉令 行为保全 司法送达 侵权

一、引言

禁诉令(Anti-suit Injunction)是近年来中国涉外民商事诉讼之中比较热门的话题,尤其是对于海事法院的法官以及涉外海事律师,在涉外船舶碰撞和货物货损货差纠纷案件之中,可能或多或少地听过或者碰到过来自英国、新加坡、澳大利亚等国外法院的禁诉令。随着中国法院受理涉外民商事案件的增多和影响的扩大,肯定还会遇到更多的此类案件。为妥善应对这种情况,在当前涉外案件数量不断增加、中外之间管辖权冲突不断出现的背景下,对该制度的基

---

* 彭先伟,北京德恒律师事务所高级合伙人,仲裁员,美国律师协会国际运输法律专业委员会副主任。

本内容、发展情况以及其他国家对此的态度等进行研究,是有必要的。

二、近年来外国法院针对中国诉讼的禁诉令

所谓禁诉令,顾名思义,是指法院签发的禁止当事人从事一定行为的命令。英国法下的禁诉令属于禁令(injunction)之一。禁令是法院基于衡平原则发布的一种要求当事人为或者不为一定行为的命令。禁令可以分为禁止性禁令(prohibitive injunction),禁止当事人为一定行为;强制性禁令(mandatory injunction),强制当事人为一定行为。禁令可能是临时性(temporary)的,也可能是永久性(permanent)的。临时性禁令最常见的形式是诉前禁令(pre-trial injunction),其目的是在紧急情况之下维持目前各方权利义务的现状。诉前禁令则可以进一步分为临时禁令(interim injunction)和中间禁令(interlocutory injunction),前者只是在一定期间之内有效而后者则在诉讼之前都有效。禁诉令(Anti-suit Injunction)属于中间禁令的一种,是一种限制(restrain)一方当事人向外国法院提起诉讼的命令。禁诉令(Anti-suit Injunction)制度广泛存在于英国等普通法系国家之中,甚至在大陆法系国家,例如,德国、法国以及日本也存在这样的制度。①

禁诉令主要出现在涉外平行诉讼之中,出现两国管辖权冲突的时候,例如,笔者曾经参加过处理一些涉及外国法院的禁诉令。第一个案例是 MV Good Luck 案。本案之中,MV Good Luck 载运 166,967 吨铁矿从巴西运往中国,该货轮在新加坡锚地走锚,并连续碰撞了其他锚泊的 7 条船,因此产生了巨额的海难救助费用。该货轮货物的中国收货人在天津海事法院向船东提出索赔,要求赔偿其分摊的救助报酬 480 多万美元。该货轮的船东一方面在天津海事法院提起管辖权异议,认为案件应该在伦敦仲裁、中国法院没有管辖权。另一方面,该货轮船东在伦敦申请英国高院(English High Court)签发禁诉令,要求禁止中国收货人继续天津海事法院的诉讼程序,英国高院批准了船东的申请。最终,此案和解结案。②

① 彭先伟:《禁诉令的终结?:评欧盟法院就 the“FRONT COMOR”案的裁决》,载《中国海商法年刊》2009 年第 4 辑。

② 关于此案所涉禁诉令的评述,还可以参见张丽英、尚迪:《从“尼亚加拉海运会司诉天津钢铁集团”案析英国禁诉令》,载《世界海运》2012 年第 3 期。

再如，在笔者曾经参与处理的 MV “Xin Tai Hai”案中，MV “Xin Tai Hai”轮在新加坡水域和 MV“B Oceania”发生碰撞，导致后者沉没。MV “Xin Tai Hai”轮到达中国之后，在青岛海事法院设立了海事赔偿责任限制基金，MV“B Oceania”轮船东则在青岛海事法院登记了针对该海事赔偿责任限制基金的债权，并提起了确权诉讼。后来，MV“B Oceania”轮船东在澳大利亚法院又扣押了 MV“Xin Tai Hai”轮，并申请澳大利亚法院签发禁诉令要求 MV“Xin Tai Hai”轮船东不得继续在中国的海事赔偿责任限制程序，否则将会被视为藐视法院，可能会受到英国法院刑事制裁。

除了涉外海事案件，涉外商事案件之中，中国当事人有时也会碰到禁诉令问题。例如，2008 年七八月，海升果汁与摩根士丹利国际公司（Morgan Stanley & Co. International plc）签订了外汇掉期合约[Swaps and Derivatives Association ISDA）Master Agreement]，并导致当年亏损人民币 5914 万元。2009 年 4 月 2 日，海升果汁在西安中级人民法院起诉了摩根士丹利国际公司以及摩根士丹利亚洲有限公司（Morgan Stanley Asia Ltd.），理由是侵权，摩根士丹利国际公司及摩根士丹利亚洲有限公司均未曾向其知会或披露关于任何该保证金的条款及任何与亏损有关的风险。① 摩根士丹利国际公司向英国法院申请禁诉令，理由是外汇掉期合约约定管辖在英国法院[（i）Jurisdiction. With respect to any suit, action or proceedings relating to any dispute... each party:（1）irrevocably submits to the exclusive jurisdiction of the English courts.]最后，英国法院裁决：对摩根士丹利国际公司的诉讼应在英国进行，禁止在中国诉讼。②

一般地，英国法院的禁诉令都会有惩罚提示，典型的措辞会是：

惩罚提示（中文译文）

本命令禁止你从事本命令中所列之行为。请仔细阅读本命令。建议你尽快咨询你的律师。你有权向法院请求改变或撤销本命令。如果你们，即××集团有限公司、××保险股份有限公司××市分公司（以下合称“被告”）违反本命令。你们将会被视为藐视法庭，你们的董事会被送入监狱或罚款，或你们的

① 有关海升果汁诉摩根士丹利案的报道，载新浪财经网：http://finance.sina.com.cn/stock/hkstock/ggscyd/20091031/02546907501.shtml，最后访问日期 2016 年 12 月 20 日。

② Morgan Stanley & Co. International PLC v. China Haisheng Juice Holdings Co. Ltd. [2009] EWHC 2409 (Comm).

资产会被扣押。其他任何知道本命令的人,如果帮助或允许被告违反本命令之条款,将会被送入监狱、罚款或扣押资产。

被命令不得做某事的个人不得亲自或以任何其他方式从事该行为,不得允许其他任何人以该个人的名义、或指示任何其他人、或鼓励任何其他人从事该行为。被命令不得做某事的公司或法人不得亲自从事该行为,不得通过其董事、高级职员、员工或代理、或其他任何方式从事该行为。

普通法法院的禁诉令签发、发送的对象不是中国法院,而是当事人。以英国法院禁诉令为例,其往往会明确载明,英国法院认为案件不应该在中国进行诉讼,中国的诉讼程序必须终止。否则违反禁诉令的中国公司董事、高级职员、员工有可能在英国被拘留,或者中国公司财产在英国被扣押。鉴于英国是重要的经济、金融中心,在英国有业务的中国当事人一般都比较忌惮英国法院的禁诉令。

三、最高人民法院对外国法院禁诉令法律效力的认定

一般地,虽然禁诉令不是直接发给中国法院的,主流观点认为中国法院应以侵犯司法主权、违反中国公共政策为由拒绝送达禁诉令,或者拒绝承认禁诉令的效力。即使在美国,也有法院认为,针对当事人签发的禁令和针对外国法院签发的禁令实际上并没有区别。禁止当事人等同于禁止外国的法院。当禁令被用于解决同一国家内的平行诉讼时,因不涉及外国主权,一般不会引发严重问题,但一旦涉及其他国家,则不得不考虑国际规则和国际关系。当美国的重要政策受到威胁时,其法院往往不承认也不执行外国的禁诉令。例如,审理 Laker Airways 案件的美国法院裁决,英国的禁止 Laker 在美国诉讼的禁令违反了美国的公共政策,因此拒绝承认和执行该英国的禁令。①

在厦门海事法院审理的 M/V“NORD LUNA”案中,中国收货人厦门 A 公司在厦门海事法院对船东 B 公司提起诉讼,理由是货物在厦门卸货过程之中发生货损。船东在厦门海事法院提起管辖异议,认为案件应该在伦敦仲裁。厦门海事法院认为经请示最高人民法院,驳回了船东的管辖异议,理由是:提单并未直接载有仲裁条款,而是通过并入条款将租约中的仲裁条款并入提单。能并

① 张利民:《国际民诉中禁诉令的运用及中国禁诉令制度的构建》,载《法学》2007 年第 3 期。

入提单的航次租约应以承运人为一方当事人，而本案双方均非所涉航次租约当事人，包括仲裁条款在内的航次租约均不能有效并入提单对双方产生拘束力。此外，因A公司在受让提单前及当时不了解航次租约条款内容，不能单从其受让提单的行为推定其即有将纠纷提交仲裁，甚至提交伦敦仲裁的意思表示，故应认定本案双方当事人之间不存在仲裁协议。厦门海事法院作为运输目的地、货损检验地、原告住所地、货物保险人所在地、涉诉货物保险合同纠纷受理地法院，有管辖权。另外，船东则开始伦敦仲裁，并申请英国法院签发禁诉令，禁止A公司在厦门海事法院继续对船东B提起诉讼。

关于M/V“NORD LUNA”案英国法院禁诉令的效力，最高人民法院以(2010)民四他字第67号批复认为，B公司主张以伦敦高等法院的禁诉令作为英国仲裁庭确定双方存在仲裁协议的依据，没有事实和法律依据。虽然最高人民法院没有直接对英国法院禁诉令效力表态，但基本实质性地否定了其效力。①

四、近年来中国法院对境外诉讼的禁令

近年来，中国诉讼当事人频繁收到外国法院禁令，那么反过来有没有中国法院发布的对外国诉讼的禁诉令？目前，据笔者所知有两起这样的案件。

第一件发生在2008年，申请人萍乡公司向武汉海事法院申请海事强制令，责令被申请人南远公司向美国法院申请解除财产保全措施。武汉海事法院认为，南远公司先后向美国法院和本院提出财产保全申请，美国法院已实际冻结被申请人萍乡公司的银行存款，本院也已足额冻结萍乡公司的银行存款，且萍乡公司提供了与美国法院实际保全金额相当的担保，如果继续冻结萍乡公司在美国的银行存款，势必不合理地加重该公司的负担，对萍乡公司造成不公正的压迫。同时，本案纠纷所涉运输起运港为中国常熟港，目的港为沙特阿拉伯吉达港，美国仅为萍乡公司部分财产所在地，为限制不必要的相同当事人的平行诉讼，保障诉讼的公平进行，同意签发海事强制令，责令南远公司向美国法院申请解除财产保全措施。被申请人不服并申请复议，法院经审查驳回了当事人的

---

① 周诚友：《申请人巴拿马××海运公司申请承认和执行英国仲裁裁决案例》，载 http://www.xmhsfy.gov.cn/InfoList.aspx？nid=37&id=155，最后访问日期：2018年3月12日。

复议申请。①

第二件就是上面提及的 MV “Xin Tai Hai”轮案,笔者参与了该案的处理。该案之中,鉴于澳大利亚法院扣押 MV “Xin Tai Hai”轮,MV “Xin Tai Hai”轮向青岛海事法院申请海事强制令,请求法院禁止对方在澳大利亚的扣船程序。青岛海事法院同意了申请,理由是 MV“Xin Tai Hai”轮已经设立了海事赔偿责任限制基金,MV“B Oceania”轮船东在青岛海事法院登记了针对该海事赔偿责任限制基金的债权和提起了确权诉讼,同意了青岛海事法院管辖。《最高人民法院关于适用〈中华人民共和国海事诉讼特别程序法〉若干问题的解释》第 86 条规定,设立海事赔偿责任限制基金后,向基金提出请求的任何人,不得就该项索赔对设立或以其名义设立基金的人的任何其他财产,行使任何权利。因此,MV“B Oceania”轮在澳大利亚扣船行为违反了海商法的规定,违反了中国法律规定,不立即纠正会对申请人造成损害。后来,此案最终以和解结案。

五、新《中华人民共和国民事诉讼法》以及中国的行为保全制度

“行为保全”是中国民事诉讼理论上的一个独有的术语,也是中国民诉法学中的一个独创的制度理论,是指对于完成行为的给付请求,因被申请人的行为或者其他原因,可能导致申请人的合法权益遭受难以弥补的损害,或者使判决不能执行或者难以执行的,申请人可以向法院申请制止某种行为或者要求作出某种行为的保全。② 早在 1950 年 12 月 31 日的《中华人民共和国诉讼程序试行通则(草案)》以及最高人民法院于 1956 年 10 月制定并印发的《关于各级人民法院民事案件审判程序总结》之中,中国诉讼法律就出现了“行为保全”制度的雏形“暂先处置”。③ 1988 年 1 月 26 日最高人民法院审判委员会讨论通过的最高人民法院《关于贯彻执行〈中华人民共和国民法通则〉若干问题的意见(试行)》第 162 条规定:在诉讼中遇有停止侵害、排除妨害、消除危险的情况时,人民法院可以根据当事人的申请或者依职权先行作出裁定。最高人民法院这条规定为行为保全制度提供了支持。有学者认为,1992 年最高人民法院发布的

① 王娟:《关于中国引入禁诉令制度的思考》,载《法学评论》2009 年第 6 期(总第 158 期)。

② 肖建国:《行为保全:弥补财产保全不足的创举》,载中国法律信息网:http://article.chinalawinfo.com:81/article_print.asp? articleid=73278,最后访问日期:2017 年 1 月 2 日。

③ 黄维智、万旭、张斌:《论中国行为保全制度的历史变迁》,载《天府新论》2014 年第 3 期。

最高人民法院《关于适用〈中华人民共和国民事诉讼法〉若干问题的意见》第107条规定的“需要立即停止侵害、排除妨碍的”和“需要立即制止某项行为的”时可以裁定先予执行，该规定为行为保全提供了程序法律支持。

1995年，最高人民法院开始起草《中华人民共和国海事诉讼特别程序法》（以下简称《海诉法》）。在《海诉法》起草之初，海事强制令被称为“行为保全”，并被规定在“海事请求保全”一章中。然而，立法者最终改变了这一初衷，将该制度定名为“海事强制令”，并独立成章，其中《海诉法》第51条规定，海事强制令是指海事法院根据海事请求人的申请，为使其合法权益免受侵害，责令被请求人作为或者不作为的强制措施。实务中，《海诉法》的海事强制令限于海事领域，主要用在强制交付提单等案件之中。

2001年修订的《中华人民共和国专利法》（以下简称《专利法》）、《中华人民共和国商标法》、《中华人民共和国著作权法》增加了有关“诉前临时措施”的规定，正式确立了行为保全制度在知识产权领域中的地位。其中，《专利法》第61条规定，专利权人或者利害关系人有证据证明他人正在实施或者即将实施侵犯其专利权的行为，如不及时制止将会使其合法权益受到难以弥补的损害的，可以在起诉前向人民法院申请责令停止有关行为和财产保全的措施。这是中国为加入世界贸易组织在法律上所作的积极准备之一。[①] 根据中国专利法“诉前临时措施”的规定，最高人民法院于2001年6月发布了《关于诉前停止侵犯专利权行为适用法律问题的若干规定》，细化了专利领域行为保全制度。

2012年《中华人民共和国民事诉讼法》（以下简称《民诉法》）的一大亮点是系统性地确立了行为保全制度，该法第100条规定，人民法院对于可能因当事人一方的行为或者其他原因，使判决难以执行或者造成当事人其他损害的案件，根据对方当事人的申请，可以……责令其作出一定行为或者禁止其作出一定行为；当事人没有提出申请的，人民法院在必要时也可以裁定采取保全措施。对此，全国人大常委会的《民事诉讼法修正案（草案）条文及草案说明》特地指出，民事诉讼法对行为保全问题未作规定。侵害知识产权等案件有时需要禁止当事人作出某种行为，或者要求其作出某种行为，以制止侵权发生，防止损害扩

---

① 段立红：《〈关于对诉前停止侵犯专利权行为适用法律问题的若干规定〉的理解与适用》，载《法律适用》2001年第7期。

大。著作权法、专利法、商标法、海事诉讼特别程序法等法律作了相关规定。建议在财产保全的基础上增加这方面的规定:人民法院对于可能因当事人一方的行为或者其他原因,使判决难以执行或者造成当事人损害的案件,根据对方当事人的申请,可以裁定对其财产进行保全、责令其作出一定行为或者禁止其作出一定行为;当事人没有提出申请的,人民法院在必要时也可以裁定采取保全措施。①

从法理上讲,有学者认为中国应在涉外民商事诉讼引入禁诉令,其中重要的理由是,在国际民事诉讼中,禁诉令不失为一项具有吸引力的选择:它使当事人能够在方便法院或对其具有同情心的法院获得此类命令,从而预先阻止在不方便或具有敌意的外国法院进行诉讼。在中国和外国都有管辖权的情况下,如果外国法院有禁诉令的手段,而中国法院没有这一手段,必然会使中国法院在管辖权的争夺中处于不利地位。目前,中国对专属管辖权的保障是不执行外国的判决和裁定,仅有此保障是不够的。如果建立禁诉令制度,意味着违反中国专属管辖权的当事人还可能面临罚款或罚金的经济制裁,甚至因藐视法庭而受刑的刑事制裁。制裁所形成的高压无疑会使中国的管辖权得到更多的尊重。禁诉令和不方便法院是相通的,而中国法律已经肯定了不方便法院原则禁诉令和不方便法院是一枚硬币的两面。如果本国法院于案件的审理不方便时,可以中止诉讼;如外国法院不方便时,则禁止当事人在外国法院诉讼。②

六、娃哈哈诉毕马威华振会计师事务所案的启示

面对不断来自国外法院的禁诉令,中国法律可有反制措施?对此,宿迁娃哈哈恒枫饮料有限公司诉毕马威华振会计师事务所案③可能给我们一些启示。

该案的案情是,2007 年 11 月初,达能亚洲私人有限公司等作为原告,将娃哈哈恒枫贸易有限公司等作为被告,向英属维尔京群岛高等法院提起民事诉讼,并向法庭申请财产接管令。2007 年 11 月 13 日,英属维尔京群岛高等法院

---

① 《民事诉讼法修正案(草案)条文及草案说明》,载 http://www.npc.gov.cn/npc/xinwen/syxw/2011-10/29/content_1678367.htm,最后访问日期:2018 年 5 月 4 日。

② 张利民:《国际民诉中禁诉令的运用及中国禁诉令制度的构建》,载中国民商法律网:http://old.civillaw.com.cn/article/default.asp?id=60543,最后访问日期:2018 年 5 月 4 日。

③ 周辉、朱庚:《宿迁娃哈哈恒枫饮料有限公司诉毕马威华振会计师事务所及其广州分所侵权责任纠纷案》,载《人民法院案例选》2012 年第 1 辑。

签发财产接管令，委任接管人为包括"毕马威（BVI）有限公司的 Casey McDonald 先生和毕马威中国公司的 Jannie Wong 女士（香港居民）被指定作为共同接管人"。2007 年 11 月 30 日，中国工商银行杭州市解放路支行收到以被告毕马威华振所名义、用特快专递所邮寄的信函，该信函主要内容为："（1）现告知中国工商银行杭州市解放路支行，根据英属维尔京群岛高等法院于 2007 年 11 月 13 日作出的命令，本人与 Casey McDonald 被指定为公司的联席及个别接管人，现附上本命令的副本以供贵行查阅及存档。（2）请注意，所附文件为一份重要的法律文件，敬请予以认真考虑。本人特别请您注意第 7 段，其声明：被告知本命令的任何人故意协助或允许违反本命令，即属藐视法庭。违者将有可能被监禁、罚款或查封其财产。（3）请冻结恒枫贸易有限公司名下于贵行开设的所有银行账户……"娃哈哈恒枫贸易有限公司认为被告毕马威华振会计师事务所（以下简称毕马威华振所）、毕马威华振会计师事务所广州分所（以下简称广州分所）作为一家中介机构，超越法定执业范围和违背基本执业道德，明知其所从事的行为违反中国法律，却不断以所谓外国法院指定的财产接管人身份对作为中国公司的原告采取司法文书送达、调查取证和冻结财产等行为；同时其行为具有持续性，已造成原告的生产经营不能正常进行，并造成至少 100 万元以上的经济损失。原告诉讼请求：（1）判决确认被告代表英属维尔京群岛高等法院在中国境内从事接管人的一切活动违反中国法律，并已构成对原告的侵权；（2）判令被告停止一切针对原告的侵权行为，并共同承担收回其已发信函，登报赔礼道歉，澄清事实的责任，消除对原告的不良影响和损害；（3）判令被告共同赔偿原告因侵权行为而导致的经济损失人民币 100 万元；（4）判令被告承担本案的诉讼费。

最终，江苏省高级人民法院于 2009 年 4 月 28 日作出的"（2009）苏民二终字第 0045 号"判决认为：根据《民诉法》，任何需要在中国执行的外国法院判决、裁定（或类似命令），均需由人民法院根据外国法院所在国和中国共同加入或缔结的国际条约进行审查，并由中国法院进行确认和执行。被告的发函行为实质上是根据一项外国法院的接管令而从事的财产保全、调查取证以及代为送达法律文书并要求境内公司执行的行为。因被告在未履行法定程序的情况下就从事该行为，违反了中国民事诉讼法的相关规定，其行为违法。该行为已经对本案被上诉人产生明显的消极社会影响，并产生了损害后果。同时，广州分所作为一家专业会计师执业机构,应当明知其行为的违法性,仍到处发函、发送接管令,主观上具有明显故意。其行为符合中国法律规定的侵权行为的法律特征,故广州分所应当对该侵权行为后果承担相应的民事法律责任。一审江苏省宿迁市中级人民法院酌定被告赔偿损失数额为人民币 30 万元,二审决定予以维持。

因此,如果律师、律师事务所为国外客户在国内通过邮件或者传真发送接管令到中国当事人,按照上述案件江苏省高级人民法院的裁判结果,会面临被诉侵权的风险。类似地,如果是外国企业的代理律师在国内送达禁诉令,中国企业也许可以参照该案来应对。

七、结语:中国式禁诉令?

禁诉令制度是从普通法中发展出来的一种解决平行诉讼冲突的制度,尽管英国法院一再声称这不是针对外国法院的禁令,由于其间接地干涉了外国法院管辖权,往往会被其他国家法院和当事人抗议。那么,在中国法律下,中国法院有什么样的政策或者手段来反制,用中国式禁诉令来保护国内的司法管辖权呢?从上面的分析可以看出,至少从《民诉法》《海事诉讼特别程序法》条文字面意思来解释,中国法律下中国法院签发针对外国诉讼程序的禁诉令逻辑上并无障碍,且司法实践中已经出现了相关的案例。对此,杨良宜先生也指出:"在英国法院或伦敦仲裁庭对中国收货人与/或代位保险人做出止诉禁令后,中国法院只要是认为自己应该有管辖权的就可以对中国收货人与/或代位保险人做出反止诉令(anti-anti-suit-injunction)。这等于是与英国法院针锋相对,但对中国收货人与/或代位保险人而言,好处是他们如果漠视英国法院的止诉禁令,就可以有机会抗辩与免除蔑视法院的刑事罪行。"[①]此外,如果中国法院认为律师协助外国法院在中国发禁诉令违反中国法律,构成侵权,估计也会阻却一些外国法院的禁诉令。英国法院为争夺、保护伦敦管辖,不惜使用会引起外国法院反感的禁诉令。那么,中国法院在何时、何种情况下可以准予签发中国式禁诉令?我们期待中国最高司法机关能对这一问题进一步作出解释、明确。

① 杨良宜、杨大明:《提单与其他付运单证》,大连海事大学出版社 2016 年版,第 546 页。

《联合国国际货物买卖合同公约》第72条适用研究

高旭军*

【内容摘要】 预期根本违约是国际贸易实务中时常发生的、会导致严重法律后果的违约问题,《联合国国际货物买卖合同公约》(以下简称《公约》)第72条是解决由逾期根本违约而引发的国际贸易纠纷的重要条款。本文采用《维也纳公约》规定的文义解释法等方法解释并探究了适用本条过程中涉及的法律问题。首先,根据第1款的规定探究了预期根本违约的概念和构成要件及其法律后果;其次,在此基础之上,又进一步结合第2款的规定分析了守约方行使救济权的程序性前提条件;最后,文章研究了不适用第3款规定的限制条件的例外情形。本文论述依第72条3款之间的内在逻辑展开,对适用本条过程中出现的疑难问题进行了深入的讨论,就此提出了新的观点并进行了充分论证。

【关键词】《联合国国际货物买卖合同公约》 预期根本违约 成立要件 宣告合同无效

一、引言

预期违约又称先期违约,它是指在合同规定履行期限到来之前发生的、表明一方当事人将不会履行合同义务的情形。《公约》对此作了比较系统的规定。其第71条专门规范了在买卖合同签订以后一方当事人的行为构成预期非

* 高旭军,同济大学法学院/中德学院教授、博导,德国洪堡学者。

根本违约时的救济问题;第 72 条则规范了一方当事人的行为构成预期根本违约时对方当事人所拥有的救济权利以及行使这种救济权的前提条件。对《公约》第 72 条的适用问题进行深入研究很有必要,以下几方面的原因决定了这一点:第一,在国际贸易实务中,确实会时常发生预期根本违约的情形。在合同签订后、履约日期到来前,卖方可能会因为工厂遭遇火灾而失去交付货物的能力,买方也可能会进入破产程序而失去支付货款的能力。这时就出现了如何比较公平合理地处理买卖双方当事人权益的问题,而第 72 条是专门规范这一问题的条款。第二,第 72 条的规定本身还存在着一些令国内外理论界以及实务界困惑的问题,构成预期根本违约的要件究竟有哪些?在判断一方当事人的行为构成预期根本违约时,如何平衡买卖双方当事人的权益,等等。这些不仅仅是单纯的理论问题,更是关系到买卖双方当事人之间合同争议如何解决的现实问题。第三,《中华人民共和国合同法》(以下简称《合同法》)第 108 条也规定了类似的预期违约制度,在适用第 108 条解决合同纠纷时也会遇到类似的法律问题,研究《公约》第 72 条的适用问题,也能给解决适用《合同法》第 108 条过程中遇到的法律问题提供一些有益借鉴。

在适用《公约》第 72 条过程中涉及的法律问题主要有:何为预期根本违约?其构成要件有哪些?在一方当事人的行为具备这些要件时,将会产生哪些法律后果?此时另一方当事人是否可以毫无限制地行使救济权?《公约》第 72 条共有 3 款,本文将结合该条 3 款的规定,对适用该条规定过程中涉及的法律问题进行较为深入的探究。

二、预期根本违约的概念、构成要件和法律后果(第 1 款)

《公约》第 72 条仅仅适用于预期根本违约,正因如此,适用本条时遇到的核心法律问题有:何为预期根本违约?构成预期根本违约必须具备哪些要件?在具体这些要件时,将会产生哪些法律后果?该条第 1 款规范了这些问题,下文将根据该条第 1 款的规定探究这些问题。

(一)预期根本违约的概念

对于预期根本违约这一概念,《公约》没有进行明确的定义。国内学者研究《公约》预期违约制度的文章不少,但还未见到相应的定义。预期根本违约是《公约》第 72 条规范的对象,该条第 1 款前半句具体规范了预期根本违约问题,据此“履行合同日期到来之前已经十分明显(clear):一方当事人将根本违约”。根据这一表述的字面意思,逾期根本违约应该具有三个特点:其一,它并不是指“一方当事人不履行合同的意图”,而是指该当事人的行为将构成根本违约的情形;其二,它是指未来发生的根本违约行为;其三,未来发生的行为必须相当确定。由此本文将预期根本违约定义为:在合同规定履行期限到来之前发生的,有充分的客观迹象表明一方当事人将根本违反义务的情形。

(二)预期根本违约的构成要件

在具备哪些要件时,一方当事人的行为才构成预期根本违约呢?这是适用第72条解决法律纠纷时必须解决的一个问题,因为它关系到是否适用第72条这一基本问题,只有在具备预期根本违约的构成要件时,才能适用第72条规定,否则本条规定根本不能适用。下文将根据本款规定,分析预期根本违约的构成要件。

本条第1款明确规定,在“履行合同日期到来之前已经十分明显(clear):一方当事人将根本违约,则另一方当事人可以宣告合同无效”。根据对本条前半句的分析,构成预期根本违约应该具备根本违约行为和此种行为的预期性两个要件。

(1)根本违约行为。一方当事人必须有根本违约行为,这是构成预期根本违约的一个必备要件。这一分析是成立的,这不仅是因为本条第1款“履行合同日期到来之前已经十分明显(clear):一方当事人将根本违约”中“根本违约”这一表述表明了这一点,“预期根本违约”这一概念本身也说明了这一点。

何为“根本违约”?《公约》第72条对此没有进行相应界定。根据《公约》第25条的规定,“根本违约”是指合同一方当事人的行为违反了合同的规定,而且该违约行为剥夺了对方当事人根据合同本应获得的利益。据此分析,根本违约具有如下法律特征:首先,它是一种违反合同义务的行为。无论是买方没有及时交付货款,还是卖方没有按时交付货物,或者所交货物的数量或质量不符合合同的规定,都属于违反合同规定,因而都有可能构成根本违约。其次,它是一种造成严重后果的违约行为。本条中“严重地损害了另一方当事人的利益,以至于在实际上剥夺了他根据合同规定本应获得的权益”这一规定表明:一般性、轻微的违约行为,例如,延迟一天交付货款或货物、交付的货物数量有少许的短缺,都不应该属于根本违约,因为它们不足以给对方造成严重的损害,只有后果严重的损害才有可能成为根本违约。本条用"以至于在实际上剥夺了他根据合同规定本应享受的权益"来描述损害的严重程度。最后,可预见性。这是指违约方和通情达理的第三者应该能够合理地预见到由其行为所产生的严重后果。

可见,如果一方当事人的行为具备了以上特征,便属于根本违约。

(2)根本违约的预期性。根本违约的"预期性"又包括以下两方面的内涵:其一,它并不是指已经发生或正在发生的根本违约行为,而是指未来将要发生的根本违约行为。本条第1款前半句有关"履行合同日期到来之前已经十分明显(clear):一方当事人将根本违约"这一表述表明了这一点。这具体意味着:一方当事人的根本违约行为必须发生在"合同约定的履约日期届满以前"。如果它发生在上述日期届满之时或之后,便不是预期根本违约,而是实际根本违约。

其二,根本违约行为在未来之发生必须是"十分明显"。这一要求应该是必要的,因为这种预期根本违约在未来是否发生具有不确定性,在本质上它是一方当事人对对方当事人违约行为的一种"预测"。如果没有"十分明显"这一要求,那么,任何一方当事人都可以以"预期根本违约"为借口而宣告合同无效。这不仅会损害合同对方当事人的利益,而且不利于维护国际贸易关系的稳定和发展;而加上这一要求,则可以较好地限制第72条被滥用的可能性。

当然,或许有人会不同意上述观点,因为现有译文仅仅强调"一方当事人将根本违反合同"是"明显"的。在确定性方面,"明显"和"十分明显"存在本质的区别。尽管如此,笔者依然坚持这一观点。在英文版本中,与"明显"相对应的词是"clear"。笔者认为将"clear"译成"明显",既不符合英文版中"clear"的字面意思,也没有将其与第71条中"apparent"这一概念的区别翻译出来。现有官方中文版《公约》将第71条中"apparent"翻译成"显然",而将"clear"译成"明显"。[①] 在中文中,"显然"与"明显"并没有本质的区别。但几乎所有专家

① Bianca/Bonell/Bennett, Commentary on the Internatinal Sales of Law, p. 527; John O. Honnold, Uniform Law for International Sales under the 1980 United Nations Convention, 3rd edition, 1999, p. 426; 李巍:《联合国国际货物销售合同公约评释》,法律出版社2009年版,第325页。

一致认为:第 71 条英文版中的"apparent"与第 72 条中的"clear"在确定性方面存在程度差异,即第 71 条的"apparent"仅仅要求一方当事人了解妨碍对方当事人履行合同义务的各种因素,但对"预期违约"发生的确定性并没有提出很高的要求;而第 72 条第 1 款中的"clear"则不仅要求合同当事人了解妨碍对方当事人履行合同义务的各种因素,而且发生"预期根本违约"的概率很高。换句话说,确定发生第 72 条第 1 款意义上"预期根本违约"的概率要远远高于发生第 71 条第 1 款意义中"预期违约"的概率。① 所以,笔者认为,我们应该将第 72 条中的"clear"理解成"十分明显","十分明显"也是构成"预期性"的一个要素。

那么,在什么情况下,一方当事人的"预期根本违约"才变得"十分明显"呢?对此学术界和实务界还没有形成统一的答案。但可以肯定以下几点:第一,它并不是指"预期根本违约"将会肯定发生;第二,与第 71 条第 1 款和第 72 条第 2 款相比,"十分明显"所指的发生概率比较高;②第三,必须有客观事实作为判断的依据,这些既有可能是第 71 条第 1 款列举的原因,③也有可能是其他一个国家采取的政策性因素,例如实施贸易禁运或者外汇管制,也可能是指一些人为或自然灾害,例如一场火灾烧毁了卖方的工厂等。④总之,只要发生了任何导致一方当事人无法履行其合同义务的客观事实,那么,"相关当事人将预期根本违约"便已经变得"十分明显"。除此之外,如果一方当事人在合同约定的履约日期截止以前便声称,他将不履行其承担的合同义务,这种"声明"也已经构成了本款意义上的"十分明显"。

当然,进行"预期根本违约"的当事人既可以是卖方,也可以是买方。所以,本条规定可以适用于买卖合同中的任何一方当事人。

根据上文论述,在具备上述条件时,一方当事人的行为便构成第 72 条第 1 款意义的预期根本违约。《公约》在第 72 条第 1 款中为预期根本违约规定上

---

① Bianca/Bonell/Bennett, Commentary on the Internatinal Sales of law, p. 527; John O. Honnold, Uniform law for International Sales under the 1980 United Nations Convention, 3rd ed., 1999, p. 426; 李巍:《联合国国际货物销售合同公约评释》,法律出版社 2009 年版,第 325 页。

② Staudinger/Magnus, Art. 72, Rn. 9; Witz/Salger/Loranz/Lorenz, Art. 72, Rn. 7.

③ 李巍:《联合国国际货物销售合同公约评释》,法律出版社 2009 年版,第 325 页。

④ Secretariat commentary on Article 72 of Draft Convention, 载 http://www.cisg.law.pace.edu/cisg/text/secomm/secomm72.html,最后访问日期:2015 年 6 月 27 日。

述要件十分必要,因为预期根本违约行为发生于未来,具有一定的不确定性,如果不设置上述要件,那么国际贸易中的任何一方当事人均可以此为借口拒绝履行自己承担的合同义务。但是,设置了上述限制,便可以对潜在违约方提供了一定程度的保护,而对守约方行使救济权则进行了一定程度的限制。

(三)预期根本违约的法律后果

在具备上述要件的情况下,将会产生哪些法律后果呢?第 72 条第 1 款后半句回答了这一问题,据此,“另一方当事人可以宣告合同无效”。如果这样,合同便失去了法律效力,它同时解除了双方当事人在合同中的义务,即任何一方当事人都无须再履行其合同义务。由于这里涉及的是预期根本违约,在通常情况下双方当事人均还没有履行任何合同义务,所以,一般无须适用第 81 条规定向对方当事人退回已经交付的货物或货款,除非一方当事人已经支付预付款,或向对方预先授予特许使用权等。如果发生此种情形,对方当事人自然应该将收到的预付款或其他东西退还给前者。

在宣告合同无效后,守约方是否可以向违约方主张损害赔偿呢?《公约》对此没有进行明确的规定,但是一般认为有此权利:在守约方宣告合同无效后,他应该根据《公约》第 77 条的规定采取合理的措施,以便减少损失,例如,他可以将合同项下的货物转售他人,或向第三者购买替代货物;[①]如果他因此而受到损失,则可以根据第 74 条和第 76 条的规定向违约方提出损害赔偿要求。[②]

三、对宣告合同无效权的限制(第 2 款)

由上可知,《公约》第 72 条第 1 款赋予一方当事人在对方预期根本违约时宣告合同无效的权利。但是,由于预期根本违约是基于一方当事人的“预测”而在未来发生的、尚未真正发生的违约行为,第 72 条第 1 款完全有可能被合同的当事人滥用。如果滥用情形经常发生,不仅容易引发买卖双方的贸易纠纷,而且不利于国际贸易的健康发展。所以,《公约》制定者也加入第 2 款,对合同当事人宣告合同无效的权利进行一定程度的限制。据此,“如果时间允许,有意宣告合同无效的一方当事人必须向另一方当事人发出合理的通知,以便使他

① Secretariat commentary on Article 72 of Draft Convention, 载 http://www.cisg.law.pace.edu/cisg/text/secomm/secomm-72.html,最后访问日期:2016 年 6 月 27 日。

② 李巍:《联合国国际货物销售合同公约评释》,法律出版社 2009 年版,第 327 页。

能够对其承担履约义务提供充分保证”。下文将从通知义务、承担通知义务的前提条件、通知的内容和通知的法律效果等方面探究适用本款过程中应该注意的法律问题。

（一）通知义务

根据第 2 款的规定，有意宣告合同无效的一方当事人在通常情况下必须向对方发出“合理的通知”。其中“必须”二字表明发出本款要求的“通知”是一种法律义务。任何一方当事人计划根据第 72 条第 1 款的规定宣告合同无效，一般都必须履行这一义务。本款要求当事人履行这一通知义务，有两方面的法律意义：一方面，借此可以告知对方当事人自己有解除合同的意图；另一方面，可以让对方当事人有一定的考虑和准备时间，他既可以决定提供履约保证，这样合同便能得到继续履行；也可以决定不提供履约保证，但要做好解除合同的准备。总之，《公约》规定这一通知义务的目的是让对方当事人了解自己的意图，做好相应的准备。

（二）承担通知义务的前提条件

是否每一个有意引用第 72 条第 1 款规定宣告合同无效的当事人都必须履行第 2 款规定的通知义务呢？答案并非如此。本款开头所用的“如果时间允许”这一表述表明了这一点。这意味着：如果时间“不允许”，当事人就不必发出本款要求的通知。既然如此，接下来就应该探究在什么情况下才构成本款意义上的“时间允许”？对此，《公约》没有作出明确的规定。一般认为，可以从“离合同约定履约日期的时间长短”“市场价格波动的幅度”“货物容易变质或季节性很强”“预期违约方的资信状况”等角度来进行考量。[①] 具体地说，判断构成时间“不允许”的因素有：

第一，离合同约定履约日期的时间长短。在一方当事人发现可能导致对方预期根本违约的事实时，已经离合同规定履约日期很短，他根本没有时间首先发出本款要求的通知，然后再行使第 1 款下的权利。

第二，市场价格波动的幅度。在一方当事人发现可能导致对方预期根本违约的事实时，在国际市场上，合同货物的价格正处于急剧的波动之中，如果首先

---

① Achilles, Art. 72 Rn. 4; Bamberger/Roth/Saenger, Art. 72, Rn. 9.

履行本款要求的通知义务,然后再宣告合同无效,将会给当事人造成巨大的损失。

第三,货物容易变质或季节性很强。如果合同项下的货物属于容易发生腐烂变质的蔬菜、水果等,或属于季节性很强的货物,等当事人首先发出通知,然后视对方的反应再作出是否宣告合同无效的决定,那么,货物可能已经发生腐烂变质,或者已经过季。

第四,预期违约方的资信状况。在一方当事人了解到导致对方当事人将发生预期根本违约的原因时,他已经发现,基于对方当事人的信用基础,对方当事人既不能履行合同义务,也不可能提供履约保证。

根据上述四种情况判断相关当事人是否承担本款规定的通知义务。如果在具体的案件中相关的案情表明了相反的结论,那么,它们就具备了本款意义上的"时间允许"。如果这样,该方当事人就必须向对方发出通知。

(三)通知的内容

《公约》第 72 条第 2 款不仅规定了当事人承担通知义务的前提条件,而且对通知的内容提出了原则性的要求,这一要求具体体现在"有意宣告合同无效的一方当事人必须向另一方当事人发出合理的通知"中。换句话说,通知必须具有"合理性"。不仅如此,本款还确定了通知是否具有"合理性"的判断标准,即"以便使他能够对履行义务提供充分保证"。[①] 那么,这里的重要问题便是"通知"应该包含哪些内容,它才能够符合本款提出的"合理性"要求呢?

一般认为,在本款意义中的"通知"不仅应该说明发出通知者有宣告合同无效的意向,还必须在通知中说明他作出宣告合同无效的理由。在理由方面,他尤其应该详细解释他判断对方当事人将预期根本违约的依据。[②] 除此之外,他还应该向对方提出提供履约担保的要求。[③] 如果通知中包括了以上三方面的内容,那么,就已经符合本款规定的"合理性"要求。因为,在收到这样的通知后,对方当事人已经可以决定是否提供履约保证。

---

① Enderlein/Maskow/Strohbach, Art. 72 Anm. 5.

② Bamberger/Roth/Saenger, Art. 72, Rn. 5.

③ 李巍:《联合国国际货物销售合同公约评释》,法律出版社 2009 年版,第 327 页。

（四）通知的送达及其法律效果

根据上文论述，有意宣告合同无效的一方当事人并不一定承担通知义务，如果“时间不允许”，那么，他便无须发出本款要求的通知；“如果时间允许”，他必须发出这样的通知。

（1）无须发出通知的情形。如果有意宣告合同无效的当事人无须发出本款要求的通知，那么，他便可以直接根据《公约》第 26 条的规定向对方当事人发出宣告合同无效的通知。通知中必须明确说明宣告合同无效的理由尤其是判断对方将发生预期根本违约的依据。《公约》并没有规定发出宣告合同无效通知的期限。当然，该方当事人也可以决定不解除合同。根据第 26 条规定，宣告合同无效的通知于发出时生效。这意味着：对方当事人必须承担通知延迟送达或不能送达的风险。① 同时也意味着：一方发出相关的通知，合同便失去效力。

（2）必须发出通知义务的情形。“如果时间允许”，有意宣告合同无效的一方当事人必须向另一方当事人发出第 2 款要求的通知。这一通知何时产生法律效力呢？由于本款对此没有明确规定，似乎应该适用《公约》第 27 条的规则，即于发出通知时生效，由违约方承担通知能否送达的风险。但是，由于本款发出的通知中包含有要求对方提供履约保证的信息，所以，一些学者认为，本款意义上的通知应该视为一种适用第 27 条规定的例外情形，即该通知应该于送达对方当事人时生效。② 这一观点是成立的，因为一方当事人发出这样的通知表明：在对方当事人满足其要求时，他有意继续履行合同。如果在这里适用投邮主义原则，那么，通知便于发出之时生效，但这种生效对于实现该方当时有意继续履行合同的目的没有任何积极意义；相反，如果适用到达生效原则，应该更加有利于实现该方当事人的这一目的。

四、第 2 款之例外（第 3 款）

在第 72 条第 1 款和第 2 款规定的基础上，第 3 款规范了不受第 2 款约束的预期根本违约。据此，“如果另一方当事人已声明他将不履行其义务，则上

① 详见第 26 条之论述。

② Schlechtriem, Kommentar zum Einheitlichen UN-Kaufrecht-CISG-, S. 677.

一款规定并不适用”。就立法目的而言,本款与前两款也有所不同,前两款在赋予守约方宣告合同无效权的同时设置了一些限制性条件,设置限制性条件的目的是防止滥用合同解除权,保护对方当事人的利益,而本款的目的更多是保护守约方的利益。下文将分别论述第 3 款涉及的“特殊类型的预期根本违约”和“简易宣告合同无效程序的适用”两方面的问题。

(一)特殊类型的预期根本违约

第 3 款的调整对象为一种特殊类型的预期根本违约,本款前半句表明其特殊性即“如果另一方当事人已声明他将不履行其义务”。通过对第 1 款和本款规定的“预期根本违约”进行比较,我们能够更清楚地发现本款“预期根本违约”的特殊性。根据上文论述,第 2 款调整的“预期根本违约”有一个重要特征,即有意宣告合同无效的当事人必须有足够的客观证据证明另一方当事人将发生预期根本违约。而本款的调整对象是另一方当事人主动声明“他将不履行其义务”。在适用本款规定时,合同当事人无须提供其他证据来证明对方当事人的预期根本违约,因为该方当事人发出的声明便是最有力的证明。

当然,另一方当事人发出的声称将不履行其义务的声明是否构成本款意义上的“预期根本违约”是一个值得探究的问题。判断是否构成“预期根本违约”的重要标准是《公约》第 72 条第 1 款的规定。具体地说,该另一方当事人声称其将不履行的义务是否属于合同的重要义务,是否因此而剥夺了对方当事人根据合同而本应享有的权益。

(二)简易宣告合同无效程序的适用

如果一方当事人的预期根本违约属于上述特殊类型,那么,就可以适用简易的宣告合同无效程序。本款后半句“则上一款规定并不适用”明确表明了这一点。这一简易程序是指,有意宣告合同无效的当事人可以不受第 2 款规定的约束直接根据第 1 款的规定向对方发出宣告合同无效的通知,而且此通知于发出时即产生法律效力。

这一规定同样十分重要。因为在国际贸易中,国际市场的情势变幻莫测,因此,在签订合同后,一方当事人不仅可能预期违约,甚至有可能预期根本违约。在这种情况下,如果绝对赋予对方当事人宣告合同无效的权利,不仅不利于国际合同关系的稳定,而且不一定符合经济效率原则,因为即使在这种情况下，该方当事人也可能找到帮助其解脱履约困境的有效方法。但是，如果一方当事人的根本违约不但已经变得十分明显，而且不可避免，那么，不赋予对方当事人宣告合同无效的权利，也同样不合情理，是不可取的。[①] 而本条规定便是在预期根本违约和宣告合同无效之间寻求一个比较合理的平衡点。

五、结语

综上所述，《公约》第 72 条提供了在一方当事人的行为构成预期根本违约时最经济的救济方式，即对方可以宣告合同无效。客观地分析，这一条款比较好地平衡了守约方和违约方的利益。它既较好地维护了守约方的利益，因为在对方当事人的行为构成根本预期违约时，守约方拥有宣告合同无效和主张损害赔偿的权利；又较好地平衡了违约方的利益，因为守约方必须将其宣告合同无效的计划立即通知预期违约方，在违约方提供履约担保后，守约方必须继续履行合同义务。这一条规定也提供了一种更加经济有效的解决争议的方式。因为如果没有本条规定，即使一方当事人的行为已经构成了预期根本违约，对方也应该按照合同的规定按时履行其义务；在预期违约方届时不履行合同义务时，对方才可以采取相应的法律救济措施。这种情况下，由于守约方已经履行了全部或部分合同义务，对方的预期根本违约行为会对其造成更大的损失，这时解决争议自然比较困难，并会给双方带来更大的时间成本和经济成本。由此可见，本条规定的解决争议方法，值得中国学界和外贸企业关注。

① Bianca/Bonell/Bennett, Commentary on the Internatinal Sales of Law, p. 527.

Proof of Foreign Law in International Commercial Arbitrations

Anselmo Reyes *

Ⅰ. INTRODUCTION

The purpose of this short paper is to set out three different ways in which tribunals can approach the proof of foreign law in international commercial arbitrations. Because the author is most familiar with common law practice, it will focus on proof of foreign law in international commercial arbitrations with a common law seat (such as Hong Kong). But the observations made here are meant to be generally applicable and should be equally valid in the case of international commercial arbitrations with a civil law jurisdiction (such as Mainland China) as their seat. For the purposes of the analysis here, it will be assumed that a jurisdiction's arbitration law (as in the case of Hong Kong) is based on the 2006 UNCITRAL Model Law.

Currently, the prevalent approach, at least in arbitrations with a common law

* Professor of Legal Practice, University of Hong Kong.

seat (such as Hong Kong), is to follow domestic court procedure. ① In contrast to civil law jurisdictions where foreign law is regarded as a matter of law, ②common law jurisdictions treat the content of foreign law as a question of fact. This means that foreign law is established in common law court proceedings (including before the Hong Kong court) in the same manner as any other question of specialized fact, through the submission of expert reports on the relevant law and the examination and cross-examination of the experts who prepared such reports. The experts will usually be retired judges, law professors or lawyers qualified in the relevant foreign law. This standard common law procedure can be time-consuming and costly. There is the additional wrinkle that, as a matter of common law court procedure, where foreign law has not been pleaded, it will be assumed to be the same as domestic law on the matter. ③Common law arbitrators conducting international commercial arbitrations often adhere closely to this common law court approach as the one with which they are most comfortable, even if the procedure may not be the most appropriate for the arbitration concerned due to the cost and time involved.

---

① For a discussion of proof of foreign law in common law jurisdictions, see David Foxton QC, "Foreign Law in Domestic Courts" (2017) 29 SAcLJ 194, arguing that common law courts should follow the practice in international arbitration and the Singapore International Commercial Court by ascertaining foreign law through direct submission.

② For a useful survey of modes of proving foreign law in civil law jurisdictions within the EU, see Institut suisse de droit comparé, "The Application of Foreign Law in Civil Matters in the EU Member States and Its Perspectives for the Future: Synthesis Report with Recommendations" (JLS/2009/JCIV/PR/0005/E4, revised, Lausanne, 2011), available at: http://ec. europa. eu/justice/civil/files/foreign_law_iii_en. pdf, accessed 12 June 2017.

③ This principle can lead to the anomalous and undesirable situation where, because the parties have only pleaded one aspect of foreign law on a matter, the court applies an amalgam on foreign and domestic law in relation to an issue. The result is that the court resolves a disputed issue artificially under some hybrid law and the outcome does not reflect what should have been the case if either domestic law or foreign law alone was applied.

There is no reason for deference to domestic court practice. [1] An arbitral tribunal should not feel itself constrained to follow domestic court practice in the determination of foreign law. There are a variety of ways in which a tribunal can determine what foreign law on a given matter is supposed to be. The approach to be used in a given arbitration should not depend on theoretical notions about the nature of foreign law (whether a question of fact or of law), but on what as a practical matter is called for in the interests of cost-effectiveness, expedition and fairness in all the circumstances of a particular case.

The discussion in this paper will fall into three parts. The first will deal with the question whether tribunals can proceed on the basis that, where foreign substantive law has not been pleaded, foreign substantive law may be assumed to be the same as domestic substantive law. The second will catalogue three different ways of establishing foreign law, highlighting the advantages and disadvantages of such methods. The final section will focus on the implication of the discussion in the first and second parts on the capacity-building of arbitrators in international commercial arbitrations.

Ⅱ. TRIBUNAL'S DUTY ON APPLICATION OF FOREIGN LAW

Article 28 [2] of the 2006 Model Law stipulates:

(1) The arbitral tribunal shall decide the dispute in accordance with such rules of law as are chosen by the parties as applicable to the substance of the dispute...

(2) Failing any designation by the parties, the arbitral tribunal shall apply the law determined by the conflict of laws rules which it considers applicable.

(3)...

(4)...

The primary rule then in Article 28 (1) is party autonomy. A tribunal is

---

① Institut suisse (n. 2), p. 32 points out that, among civil law jurisdictions, the Latvian and Luxemburg courts follow the common law method of proving foreign law. This suggests that, whether as a matter of theory a court regards proof of foreign law as a question of fact or law, has no bearing on how foreign law is proved as a matter of practice before the court.

② Enacted in Hong Kong by section 64 of the Arbitration Ordinance (Cap. 609).

required ("shall decide") to apply "such rules of law as are chosen by the parties as applicable to the substance of the dispute". Where the parties' agreement is silent as to the applicable law and the pleadings do not refer to foreign law, Article 28(2) nonetheless requires the tribunal to decide ("shall apply") in accordance with "the law determined by the conflict of laws rules which [the tribunal] considers applicable". In such situation, a tribunal therefore cannot merely proceed on the basis of the common law principle that, in the absence of a party pleading or adducing evidence on foreign law, the latter is to be regarded as the same as the law of the seat of the arbitration.

What does this mean in practical terms? There are at least two consequences on how a tribunal might proceed where there a potential question of foreign law.

First, in some cases, it will be apparent that, because of some connecting factor (for example, the habitual residence of the parties, the place of contracting, or the place of principal performance) that foreign law may be applicable on some issues in the arbitration. In that case, it would be for the tribunal to ask the parties whether they wish to rely on foreign law. If the parties respond that they do not wish the tribunal to apply foreign law or that the tribunal can treat foreign law (insofar as applicable) as equivalent to the law of the arbitration seat, the tribunal might safely proceed on the basis that, by the parties' agreement, the law of the seat is to apply. In other words, the situation would then fall within Article 28(1), as opposed to Article 28(2). But, if one or other party suggests that foreign law is applicable, the tribunal will have to give directions on how the foreign law is to be established in the course of the arbitration. One or more of the methods canvassed in section Ⅱ below might consequently be used to prove the content of the foreign law.

In contrast, if it is not obvious from a case that foreign law is applicable and if the parties say nothing about foreign law, there should be no obligation on the tribunal to raise of its own motion the possibility of foreign law being applicable. In this situation, the tribunal would have no basis for considering that foreign law is applicable and Article 28(2) would not on its face even be relevant to the arbitration.

Second, the tribunal needs to raise the possibility of foreign law applying at an early stage in the arbitration proceeding. This is because, if the question of foreign law is to be pursued seriously, the parties will need time to state their respective cases on what the relevant foreign law is. The parties will also need time to consider and, if necessary discuss with the tribunal, how that foreign law is to be proved.

The next section will suggest three ways of proving foreign law. As will be seen, where the foreign law is in dispute, each of the methods described will inevitably require each party to make direct submissions to the tribunal as to why its view of the foreign law is preferable to that of the other. In order to obviate a party claiming to have been taken by surprise in respect of the other party's submissions on the content of foreign law, the tribunal will need to ensure that each party is aware of the other side's case on foreign law well before the substantive hearing of the arbitration. Otherwise, there is the danger of a party later claiming that it was not given a reasonable opportunity to present its case on foreign law and so the resultant award should be set aside or refused recognition.

Ⅲ. TRIBUNAL'S APPROACH TO PROOF OF FOREIGN LAW

On the assumption that one or other party or both wishes to rely on foreign law, how is foreign law to be established?

One way, perhaps the simplest, would be for the tribunal to apply whatever a code, statute, book, article or website says is the relevant foreign law on a particular issue.

This method has the advantage of being straightforward and relatively inexpensive. A difficulty may be that the original text of the code or statute can be in a language unfamiliar to all or some members of a tribunal and so will have to be translated. Translation might result in the meaning of the original becoming distorted or some nuance of the original text being lost. Frequently, it may not be immediately apparent how the provisions of a code or statute, even if accurately translated, are supposed to apply to an issue under consideration. The code or statute might, for example, employ technical or legal terms that can only be understood by reference (say) to judicial pronouncements in cases. If so, the cases will also have to be made available to the tribunal and it is inevitable that there will be submissions from the parties on how the cases affect the manner in which the code or statute should be interpreted.

Where it is sought to rely on passages from a book or article, the tribunal will need to be satisfied that the book or article represents an orthodox view of the foreign law on a given matter. It could be that there are contradictory passages in different books or articles relied upon by the parties. The passages may cite authorities (provisions in some code or statute or dicta in cases) that will themselves have to be provided to the tribunal to enable it to assess the reliability and accuracy of the authors' opinions in the books or articles cited. Thus, in all likelihood, the tribunal will not be able to take what is stated in a book or article as the final word on a matter, but will have to hear submissions from the parties on whether or not weight should be given to the opinions expressed.

By similar token, where what is relied upon as evidence of foreign law comes from a website, the tribunal will have to be satisfied that the website is a reliable source of information. ①This may entail (among other matters) looking at cases, books or articles to confirm what is stated in a website. Again, this will certainly require submissions from the parties.

In short, the main advantage of this first method is that it is relatively simple and may be inexpensive. Each party puts forward whatever foreign law materials it can find in support of its point and makes submissions directly to the tribunal on what the foreign law is on the basis of such materials. The tribunal assesses the reliability of the materials drawn to its attention and decides whether such materials do or do not reflect a standard view of the foreign law in question. The tribunal

---

① Institut suisse (n. 2), pp. 51 – 53, indicates that it is common among EU legal professionals to refer to internet for information about foreign law.

determines the foreign law on the basis of one or other of the competing views advanced and applies that law to the facts.

But the parties will still have to identify at an early stage, if necessary at the prompting of the tribunal, (1) the foreign law question or questions which the tribunal needs to decide and (2) the parties' competing views on what the foreign law on such question or questions is. This may be done in the pleadings or, more likely, in some document submitted by the parties to the tribunal in advance of the substantive hearing. The important point is that disputed questions of foreign law need to be flushed out in advance of the substantive hearing, so that both parties have adequate time to prepare their cases on what the foreign law is supposed to be.

A second way of proceeding is for the tribunal to refer the matter to some foreign law experts for an opinion on the questions of foreign law arising in the arbitration. ①Ideally, the tribunal should invite the parties to agree on the expert to whom the questions are to be referred and the parties should also agree on the wording of the questions to be put to the expert. Where there is no agreement, the tribunal may have to choose from the rival proposals of an expert by the parties and from among any competing formulations of the relevant questions put forward by the parties.

In some civil law jurisdictions, there are may be foreign law experts accredited to the court. These foreign law experts assist the court to determine foreign law in particular cases. In common law jurisdictions, although it is possible for the courts to engage experts to assist with the determination of foreign law, this method is rarely used for the investigation of foreign law. In Hong Kong, for instance, lawyers are wary of single experts appointed by the court. Single experts normally only used in relatively simple personal injury proceedings where the amounts in dispute are small. The Hong Kong court does not usually at present

① See Article 26 of the 2006 Model Law, enacted in Hong Kong by section 54 of the Arbitration Ordinance.

appoint single experts in cases involving the determination of foreign law.

There is, however, one type of common law court proceeding where experts are typically appointed by the common law court to sit as lay assessors. That is in Admiralty proceedings relating to collisions at sea. ①The assessment of blame in a collision will often require specialist knowledge about ship navigation that a judge (even if experienced in shipping law) might not have. In such case, the parties will agree on an expert (for example, a master mariner from Trinity House②in the UK) and the court approves their choice. If the parties cannot agree, each side will suggest an expert (submitting cvs of the relevant candidates and their proposed charge rates) and the court will decide whom to appoint. The person so appointed will then sit as a lay assessor together with the judge at the trial of the collision. This procedure (which is akin to the procedure of accrediting lay experts in some civil law countries) can be more adopted for the purposes of appointing an expert in foreign law in common law jurisdictions, including in arbitrations with a common law jurisdiction as a seat.

In practice, having a single expert on foreign law in an arbitration may be more expensive overall than allowing the parties to each call an expert on foreign law. Where there is only one "official" expert, the parties may still appoint their own "shadow" experts to advise privately on how to support or challenge the official expert's views on a question. The end result is that there could be at three experts involved in an arbitration proceeding: the official expert and two shadow experts.

Where a tribunal is minded to appoint a single expert to provide an opinion on foreign law, it will be vital to consult the parties on an appropriate choice of expert. This needs to be done in the interests of fairness. Otherwise, the appointment of an expert may become a purely random exercise with the outcome

---

① For an example, see *The "HE DA 98"* HCAJ No. 200 of 2007, 26 August 2011 (Reyes J sitting with Captain John Simpson as Nautical Assessor), at [23]. Captain Simpson was appointed to sit with the court by agreement of the parties.

② On Trinity House, https://www.trinityhouse.co.uk/about-us, accessed 13 June 2017.

of a case merely dependent on which expert espousing which pet theory (whether or not generally regarded as orthodox within the foreign law jurisdiction) gets appointed. Where there is a dispute among the parties on whom to appoint as a foreign law expert, the tribunal may find itself in an invidious position as the outcome of a case could hinge on which expert is appointed. An obvious way to proceed in such situation is for the tribunal to appoint an expert who is known for having an open mind and whose views are likely to reflect orthodox thinking on the relevant question in the foreign law jurisdiction. Nonetheless, to determine whether a particular person has such quality may not be an easy task.

As a matter of fairness, the expert should probably at least attend the substantive hearing of the arbitration in order to be cross-examined on his or her report to the tribunal. For instance, during the substantive trial of an arbitration, the expert might first state whether his or her views in a previously submitted expert report need to be modified in light of the factual evidence actually adduced. The parties should then have the chance to ask questions of the expert. During closing submissions, the expert may or may not ask questions of the parties' lawyers. Thereafter, the tribunal will decide the matter. Since the award must be the decision of the tribunal, not of the expert, the safest procedure would be that, in drafting its award, the tribunal no longer consults the expert. The tribunal should instead only rely on the expert's evidence during the trial and (insofar as there was examination of the parties' lawyers during closing submissions) on the exchanges between the parties' lawyers and the expert. The tribunal cannot simply adopt the expert's views on the basis that he or she is an expert. The tribunal will have to give reasons for accepting this or that view of the expert. To do otherwise would be to abdicate the tribunal's responsibility to decide a dispute. Such an abdication by the tribunal could be a ground for setting aside the final award.

The third method is the standard one used in common law courts. That has already been described in section I. It can be expensive and time-consuming because it requires the parties to engage experts, to prepare and exchange expert reports, and to cross-examine each other's experts. Thereafter, each party will have to make closing submissions on why the views of their expert should be accepted and those of the other rejected. The tribunal will finally have to use its skill, knowledge and experience to decide which expert's evidence to accept on an issue and for what reason.

It will be seen that, in all three approaches, the tribunal is not absolved of its responsibility ultimately to determine questions of foreign law. In all three methods, the determination of the foreign law will be subject to the parties' direct submissions. The tribunal cannot merely adopt what a book or an expert (even one appointed by the tribunal) says is the law. The tribunal must instead give the parties a reasonable opportunity to say why the tribunal should or should not accept an expert's views. When deciding whether or not to adopt a particular view, the tribunal must further succinctly explain why it is so deciding.

It will also be noticed that, in international commercial arbitrations, it does not really matter whether questions of foreign law are theoretically to be considered as questions of fact or law. To a large extent, the theoretical concern only affects whether an appeal court has jurisdiction to overrule a first instance decision on the content of foreign law. If foreign law is a question of law, an appeal court can freely substitute its view of the foreign law for that of the judge below. On the other hand, if foreign law is a question of fact, an appeal court (whether in the common or civil law tradition) will be circumspect in overruling a finding of fact by a first instance judge. The appeal court will normally only do so where the finding is perverse, that is, in the absence of evidence or without regard to the totality of evidence adduced or where the finding is so irrational that no reasonable judge properly advised could have come to such a conclusion. But there is only limited scope for recourse against an award in any event. An award will typically only be set aside where it is contrary to public policy or where due process has been denied. Thus, so long as the process of determining the foreign law was fair, an award is not likely to be set aside.

Further, in terms of who makes submissions to the tribunal on whether or not foreign law is x or y, there is no restriction in international commercial arbitrations from representatives who are not qualified as lawyers in the foreign jurisdiction from making such submissions directly to the tribunal. For instance, in the first approach described above, the foreign law materials might be adduced before the tribunal and submissions as to the weight (if any) to be accorded to those materials might be made by party representatives who may be lawyers solely qualified in the seat of the arbitration or who may not even be lawyers.

As to which method or combination of methods might be used, it will depend on a given arbitration and the issue or issues to be resolved by reference to the foreign law.

Where the amount at stake is not large, the first approach may be justified, since it is likely to be the least expensive. Where there is a simple point of foreign law involved and the parties are in agreement on a respected expert, the second approach may be called for, since (where the parties are in agreement on the single expert) the parties are less likely to instruct full blown shadow experts to advise privately on matters at issue. The second approach may also be apposite where the tribunal itself has expertise in the foreign law, because (say) one or more of its members is knowledgeable in the foreign law. In such instance, the tribunal or one or more of its members will have some familiarity with the relevant foreign legal system and can tease out through questions during the substantive hearing whether the single expert's views constitute an orthodox or unconventional view of the law. It may also be possible in the same arbitration to use different methods to deal with different foreign law issues before a tribunal.

The tribunal in conjunction with the parties will have to decide which method or combination of methods makes sense in a particular case, taking account of complexity, cost, time, and fairness.

Ⅳ. IMPLICATION ON CAPACITY-BUILDING OF ARBITRATORS

The foregoing prompts the question: how is a tribunal to decide on what the content of foreign law is, if its members or some of them are not themselves qualified in the relevant foreign law? Even if one or two members of a tribunal are knowledgeable in the foreign law, how are the other members to decide whether to agree or disagree with the knowledgeable members of the tribunal, on the content of the foreign law?

There is unfortunately no magical method of determining foreign law. But it is far from a hopeless task.

Arbitrators will certainly have to decide, on the basis of the materials before them and the parties' submissions, what they believe to be the foreign law applicable on a matter. That is what arbitrators are paid to do-decide. As with any other question before it, a tribunal will have to resort to hard work, commonsense, logic and realism. One might ask, for example, whether the text of given code or statutory provision literally covers the issue before the tribunal. If not, where an extended coverage is sought to be given to particular words in a code or statute, are there cases that have expressly or impliedly upheld such an extension of meaning? If there are cases, are they analogous to the situation before the tribunal or are they distinguishable in some significant manner? Does the legal outcome advocated by one party or other make sense from a logical point-of-view? Does the outcome make sense from an economic or other policy angle? In respect of the last question, the tribunal would be proceeding, by way of a reality check on any conclusions as to foreign law, on the assumption that laws exist to address particular problems in a rational manner, so that an outcome should make practical sense in a real world. The tribunal's conclusions might finally be bolstered by pertinent citations from standard legal references (books and articles) used in the applicable foreign law jurisdiction.

Where a tribunal steeped in the common law is faced with the determination of the law in another common law jurisdiction, the process is possibly more straightforward. Common law jurisdictions share a particular tradition in relation to the determination of the law on an issue and court decisions in one common jurisdiction are frequently cited in another common law jurisdiction as being of persuasive value. Further, for historical reasons, the statutes of many common law jurisdiction are similar and there is much copying of statutory provisions, often word for word, among different common law jurisdictions in relation to more recent statutory provisions. The problem is more acute for the common law arbitrator when he or she is required to determine a question relating to the law followed in a civil law jurisdiction.

For tribunals with a civil law background, the reverse is the case. It may not be too difficult for the civil law arbitrator to determine the law applied in other civil law jurisdictions. There is a commonality of approach to the treatment of codes, statutes and cases among civil law jurisdictions, so that the legal techniques of one civil law jurisdiction should seem relatively familiar to the civil lawyers of another jurisdiction. There will of course be variations, sometimes significant variations, but these will readily be perceived and grasped by civil law arbitrators sitting in different countries. The difficult situation for the civil law arbitrator may be where he or she is confronted with a question involving the law of a common law jurisdiction.

The implication of the foregoing is that an important area of capacity-building for international commercial arbitrators should be the acquisition of at least conversational familiarity with the essential contractual principles of both civil and common law jurisdictions and with the methods of legal reasoning used in both jurisdictions.

But this must be done with care, such that a tribunal (however steeped in the traditions of the common and civil law) will always keep an open mind in an actual arbitration. It is often said that a little knowledge is a dangerous thing, perhaps worse than no knowledge at all. In this context, there can hardly be a more obnoxious arbitrator than one who, having only had a minimal exposure through a couple of elementary courses of the common or civil law, believes that he or she knows everything there is to know about the common or civil law. Even the best among the most experienced practitioners of the common or civil law will deny that it is ever possible to know the law of their home jurisdiction comprehensively. The beauty of both civil and common law systems is the wealth of new and challenging questions that they throw up on an almost daily basis.

Comparative on the Judicial Supervision System under Arbitration Law of China and Myanmar

Su Latt Yadanar *

Myanmar is an exciting emerging market with investment opportunities while China is Myanmar's largest foreign investor, far ahead of those countries in ASEAN. Attaching with long bordering line, the relationship between the two countries becomes more transnational and transactional in these days. Thus, arbitrational mechanism practicing in each country become a crucial factor because it could help improve for investment and trading transactions especially on the respective judicial supervisory role.

Myanmar legal system is descended from the English common law system, but has seen little material development since independence in the late 1940's. Prior to the Arbitration Law, domestic arbitration in Myanmar was governed by the Myanmar Arbitration Act of 1944 which was outdated and required modernization. As to foreign seated arbitration or foreign awards, until the enactment of the Arbitration Law the only legislation in force was the Myanmar Arbitration (Protocol and Convention) Act 1937, which governed awards made under the Convention on the Execution of Foreign Arbitral Awards of 1927 (the Geneva Convention). In April 2013, Parliament of the Republic of the Union of

* Staff Officer, The Union of Supreme Court in Myanma.

Myanmar ratified the New York Convention on the Recognition and Enforcement of Arbitral Awards (1958) becoming the 149 party to the Convention.

Myanmar's statement of intent to sign up to the New York Convention is a positive step. Myanmar enacted relevant legislation to support the adoption of international arbitration in Myanmar. Foreign arbitration clause in Myanmar is allowed because the foreign arbitral award can be enforced against the Myanmar party's assets under the New York Convention.

Since then, the Myanmar Supreme Court publicized a draft Arbitration Bill in May 2014, with both based on the UNCITRAL Model Law on International Commercial Arbitration 1985 (as amended in 2006) (Model Law). Myanmar's parliament has enacted the New Arbitration Law (Union Law No. 5 of 2016) by the President on 5 January 2016.

Myanmar Arbitration Law is applicable to both domestic and international arbitrations seated in Myanmar, including the commercial arbitrations and investment arbitrations between Myanmar government and private investors. However, Arbitration Law of the People's Republic of China (PRC) stipulates expressly that only contractual disputes and other disputes over rights and interests in property between citizens, legal persons and other organizations that are equal subjects may be arbitrated.

In a comparison between the legislation of two countries, one should trace back to their model first, as for Myanmar, the arbitration law is being modelled on a common-law so arbitration proceedings in Myanmar tend to follow the common law whereas China followed the civil law system and arbitration proceedings in China tend to follow the civil law.

Based on China's experience, it could be adaptable some valuable idea in practicing a new Arbitration Law in Myanmar. Although there are differences between Myanmar Arbitration Law, 2016 and Arbitration Law of People's Republic of China, 1995, the two laws were provided with the similar objectives such as to boost a fair and peaceful settlement atmosphere for international trade and foreign investment in arbitration process.

Myanmar acceded to the New York Convention on the Recognition and Enforcement of Foreign Arbitral Awards in 2013. Myanmar's new arbitration law (2016) explicitly allows enforcement of foreign awards on the basis of the New York Convention. The new arbitration law is largely based on the UNCITRAL Model Law which is familiar to international users.

The Arbitration Law of the People's Republic of China (PRC Arbitration law), which was adopted at the 9th session of the Standing Committee of the Eighth National People's Congress on August 31, 1994, was promulgated and came into force on September 1, 1995. It wasamended on June 24, 1998, become effective as of December 24, 1998, and Articles 8, 54, and 56 are as amended and effective as of July 10, 2002. As with the rapid development of Chinese economy, PRC Arbitration Law plays a vital role in settling economic disputes, particularly the private disputes with foreign investors. The arbitration rules of the China International Economic and Trade Arbitration Commission (CIETAC), 2015 and Shanghai International Arbitration Center (SHIAC), 2015 are unique sets of institutional rules, which in some regards operate quite different from other institutional rules and international standards. The special features of Arbitration in China are (1) Institutional Arbitration only, (2) its dual-track division between the domestic and foreign-related regimes and (3) Harmonious Arbitration (Med-Arb).

Myanmar Arbitration Law is applicable to both domestic and international arbitrations seated in Myanmar, including the commercial arbitrations and investment arbitrations between Myanmar government and private investors. However, PRC Arbitration Law stipulates expressly that only contractual disputes and other disputes over rights and interests in property between citizens, legal persons and other organizations that are equal subjects may be arbitrated.

After scrutiny in arbitration law between China and Myanmar, though some differences are appeared, the legislative intent of settling the commercial disputes fairly and peacefully is the same. Moreover, Arbitration Law in Myanmar is a new and it is processed to be used in the very near future. Getting the advancement of arbitration for Myanmar arbitration system is following closely in strengthen and weakness of China Arbitration Law and practices.

Both legislations have relevant provisions regarding the revocation of foreign and domestic arbitral award. Myanmar has eight grounds to revoke the award whereas Chinese law has only six grounds. Among these grounds, it is found out that some grounds are accepted in both countries, such as invalid arbitration agreement, no opportunity to appoint arbitrators and lack of chances to present their case before the arbitration panel, lack of due process, process of the arbitration and arbitral tribunal in contradiction with the agreed laws of the parties, and jurisdiction of the arbitration tribunal in contradiction with the national laws.

On the other hand, Myanmar has adopted for open ended clause by enabling its courts to revoke arbitral award on the ground of national interest which is open for broader interpretation whereas China has emphasized more on due process and impartiality of the tribunal. It has been mentioned in the Chinese law that an arbitral award can be revoked on the ground of forged evidence and corruptive practice of any arbitrator such as taking bribes, embezzlements and/or any other malpractices in connection with the award.

In the light of the above-mentioned similarities and differences, it can be said that the courts in Myanmar have more discretion on revocation process than that of in China because of its appellate jurisdiction. However, an internal court reporting system in China has shown its guarantee to ensure that every court decision to revocation of the arbitral award of these kinds of awards has been seriously examined at different levels of the court system up to the Supreme People's Court.

According to the provisions of Myanmar Arbitration Law (2016), one of the disputants can demand to hand over for the arbitrational decision not behind the time of putting forward the major argument matter as the written report while accusing in accordance of the arbitral agreement. ①If the Myanmar Court cannot find that the arbitral agreement is null and void, ineffective or unable to complete,

① Myanmar Arbitration Law (2016) sec. 10 (a) (www. myanmarlegalservices. com/.../Myanmar-Arbitration-Law (Unofficial-English-Translation-140116)_ (1827166_1). PDF), visited on 10 March 2016.

they must hand over them for arbitrational decision. [1] Arbitral tribunal can start the arbitral process or can continue to accomplish unless the matter of dispute finished after handed over and can also make the arbitrational decision. [2] If the Myanmar Court rejects to hand over the arbitrational decision, any order must not affect upon the accusing process that is making the arbitral decision before the accusing process followed by the arbitral agreement. [3] The Myanmar Court must order to suspend the accused process in court after handed over. If the Myanmar Court accepts the aforementioned application of handed over the decision of court cannot be appealed. [4] If the Myanmar Court rejects the aforementioned application of handed over the decision of court can be appealed. [5]

In China, where a party to an arbitration applies for a judicial revocation of a foreign arbitral award or for suspension of enforceability thereof, the court at the request of respondent may order the applicant to pay a suitable and certain security to suspend the recognition or enforcement proceedings prior to issuing any order for recognition or enforcement of the foreign arbitral award. If the foreign arbitral award mentioned in the preceding paragraph has been revoked according to the law, the court shall dismiss any application for recognition or upon request, revoke any recognition of the arbitral award.

The Government of the People's Republic of China and the Government of the Union of Myanmar have intended to create favorable conditions for investment, recognizing of reciprocal encouragement, so promotion and protection of investment will be conducive to stimulating business initiative of the investors

---

① Myanmar Arbitration Law (2016) sec. 10 (b) (www. myanmarlegalservices. com/... /Myanmar-Arbitration-Law (Unofficial-English-Translation-140116)_ (1827166_1). PDF), visited on 10 March 2016.

② Myanmar Arbitration Law (2016) sec. 10 (c) (www. myanmarlegalservices. com/... /Myanmar-Arbitration-Law (Unofficial-English-Translation-140116)_ (1827166_1). PDF), visited on 10 March 2016.

③ Myanmar Arbitration Law (2016) sec. 10 (d) (www. myanmarlegalservices. com/... /Myanmar-Arbitration-Law (Unofficial-English-Translation-140116)_ (1827166_1). PDF), visited on 10 March 2016.

④ Myanmar Arbitration Law (2016) sec. 10 (e) (www. myanmarlegalservices. com/... /Myanmar-Arbitration-Law (Unofficial-English-Translation-140116)_ (1827166_1). PDF), visited on 10 March 2016.

⑤ Myanmar Arbitration Law (2016) sec. 10 (f) (www. myanmarlegalservices. com/... /Myanmar-Arbitration-Law (Unofficial-English-Translation-140116)_ (1827166_1). PDF), visited on 10 March 2016.

and will increase prosperity in both State and desiring to intensify the cooperation of both States on the basis of equality and mutual benefits.

Between two countries there have many commercial agreements which agreed that any dispute between the Contracting Parties concerning the interpretation or application of agreements shall be settled with consultation through diplomatic channel and be submitted to an *ad hoc* arbitral tribunal. The tribunal shall determine its own procedure. The arbitral tribunal shall reach its award in accordance with the provisions of this agreement and the principles of international law recognized by both Contracting Parties.

China is a signatory to the New York convention since 1987, while Myanmar has just already become the signatory on 15th July 2013. As the same time, Foreign-related arbitration rules may be formulated by the China Chamber of International Commerce in accordance with PRC Arbitration Law and the relevant provisions of the Civil Procedure Law in China. After entering the convention is to be accepted and is a step in the right direction in putting in place means by which the resolution of commercial disputes arising in Myanmar can be dealt with fairly and efficiently to some extent, particularly in the respects of how to make efficient and enforceable arbitrative process in detail.

Myanmar Arbitration Law defined as **International Arbitration** is as follows:

1. If, at the time of execution of the arbitration agreement, if one of the party's place of business and trading activity is situated in another country other than Myanmar; or

2. If the place stated in the arbitration agreement or the place to conduct arbitration in accordance with the arbitration agreement is situated outside the country in which the parties have their place of business; or

3. If, among the commercially related business obligations, any place where a substantial part of the obligations is to be performed or the closest place connected to the subject matter of the dispute is situated

outside the country in which the parties have their place of business; or

4. If the parties of the arbitration agreement have expressly agreed that the subject matter relates to more than one country; such arbitration shall mean International Arbitration. ①

Explanatory note:

1. If the place of business of a party is more than one place, the place of business of the party shall be that which is the closest to the place of execution of the arbitration agreement;

2. If a party does not have a place of business, reference to his place of business shall be its permanent residing.

Foreign arbitral award is an award made in the territory of the New York Convention member states other than the State in accordance with the arbitration agreement. ②

In China, it has various arbitral awards and where a verdict rendered by a foreign arbitration organization requires the people's court in the PRC to acknowledge its validity and execute it, the applicant shall directly apply to the intermediate people's court in the place of the residence of the party concerned or of his property to do so, and the people's court shall act according to the international treaties which China has concluded or to which China is a party or in accordance with the principal of mutual reciprocity. Chinese People's Court may enforce a foreign-related arbitral award and may also deny the recognition and enforcement a foreign-related arbitral award of if it believes that enforcement would be detrimental to the Chinese "social and public interest".

Both in China and Myanmar, jurisdiction to rule on interim measures is conferred within the competence of courts. With regards to the appointment of arbitrators, the parties' freedom of choice is limited. Courts play an important role

① Myanmar Arbitration Law, 2016, sec. 3 (i) (www. myanmarlegalservices. com/. . . /Myanmar-Arbitration-Law (Unofficial-English-Translation-140116)_ (1827166_1). PDF), visited on 10 March 2016.

② Ibid.

in arbitration processes in both countries.

Chinese arbitration system is divided between international and domestic arbitration, known as the "dual-track" system. Consequently, domestic and international arbitrations in China stand distinctly separate from each other. It can be seen from comparison of Article 58 of CAL (China Arbitration Law) and Article 258 of CPL (Chinese Civil Procedure Law), the grounds for cancellation of domestic awards are much wider than those for foreign-related awards.

Myanmar arbitration law also provides the distinction between international and domestic arbitration, known as the "dual-track" system. Problem and difficulties have occurred in Myanmar Courts that seem to assume wide discretion in setting aside arbitral awards and following matters;

- If the losing side does not want to follow the arbitral award, it can request the court to set it aside.
- Courts are apparently likely to heed such a request and the whole case has to be litigated again before the ordinary court.
- The arbitration proceedings were a waste of time and money for business people going to arbitration if they have business dealings amongst themselves.

In China, the SPC (the Supreme People's Court), through a series of notices in 1995 and 1998 (known as SPC Notices), established the "pre-reporting" system among the people's courts in reviewing the effect of foreign-related arbitration agreements and arbitral awards.

In Myanmar arbitration system does not have "pre-reporting" system. Therefore, recognition and enforcement of arbitral award in Myanmar is still found inconvenient to be executed. There are no clear provisions in the law that foreign arbitral awards can be enforced in Myanmar, and Myanmar arbitral awards can be enforced abroad. But foreign arbitral awards can be enforced if they are the result of a commercial dispute and were made at a place "covered by an international convention and notified in the State Gazette by the President". The party seeking enforcement has to apply to the competent court in Myanmar. The court does not find fault over the award, it has to enforce it will become a decree of a Myanmar court and the grounds set forth in the Law in line with the UNCITRAL model.

Myanmar and China arbitration procedure, it is clearly noticeable that State courts play an important role in arbitration processes in both countries. This role can be complementary and sometimes interventionist at different stages of the arbitration process. The courts can react either by request from any of the parties or upon the initiative of the arbitral tribunal. But it also sees an almost unique system in both of these countries.

In China, given the rise in recent years of multi-party and multi-contract disputes, in 2015, CIETAC introduced two or more arbitration into one, either on request of one party and with the agreement of all other parties, or if CIETAC considers it necessary to consolidate and all parties consent.

In Myanmar, there are no arbitration commissions or institutions and specific proceeding rules. Therefore, proceeding for "consolidation of arbitrations" is not used in Myanmar arbitration system. Besides, for certain contracts, there are restrictions on the parties to choose the governing law and forum for dispute resolution under the Myanmar Export/Import Rules and Regulations require that sales and trading contracts involving foreign companies must be governed by Myanmar law and prohibit disputes arising in relation to such contracts from being referred to arbitration outside Myanmar.

The New Foreign Investment Law (FIL) already recognizes the parties' freedom to choose dispute resolution procedure which reflected in practice by government owned entities accepting international arbitration clauses as a viable method of resolving disputes rather than insisting on resolution in Myanmar Courts. It is encouraging that Myanmar seems willing to take steps in the direction of reform of its arbitration laws, though given the competing priorities for legislative attention there appears to be no time frame in place to do so. It has much to gain by progressing this.

Besides, Court rules will need to be amended in light of new legislation. As a matter of practice all international arbitration matters would usefully be directed automatically to higher courts, and concentrated in a panel of specialist judges experienced in commercial matters. In the longer term wider reform of the Court process in terms of transparency, efficiency and perceived neutrality is vital.

The mere existence of a valid arbitration clause included in an agreement does not bar access to state courts. If a party to such agreement commences a legal proceeding with respect to subject matter thereof, the other party has a right to get such proceeding stayed so as to enable arbitration to proceed in accordance with the terms of the agreement.

Government of Myanmar can raise defense in the context of a commercial agreement with a private party. In addition, State-owned enterprises may avail themselves of this defense as well. In the meantime, international companies recognize that the Myanmar legal system regards the judiciary as the primary forum for the resolution of disputes and has arbitration useful for a contract with a long term. Myanmar will be able to implement the international commercial matters successfully where there is an Arbitration Center which could settle the commercial disputes independently without any intervention by any other third party.

Myanmar's implementation of the New York Convention should bolster investor and business confidence, signaling future foreign arbitral awards involving Myanmar linked entities will be enforceable in Myanmar. Notably, a foreign award may not be enforced if the Myanmar court finds that the enforcement of the award would be contrary to the public policy of Myanmar, pursuant to chapter 10 of the Arbitration Law, which mirrors Article V of the New York Convention. In arbitration case law, this exception to the enforcement of foreign awards has usually been applied narrowly, with countries that adopt an expansive interpretation of "public policy" considered less investor friendly. ①

① Myanmar Embraces International Commercial Arbitration, Legal News & Analysis-Asia Pacific-Myanmar-Dispute Resolution, http://www.conventuslaw.com/report/myanmar-embraces-international-commercial/#sthash.jSXAh3kn.dpuf, Accessed on 2 March, 2016.

Myanmar Arbitration Law of 2016 provides foreign investors with the option to resolve commercial disputes before a domestic or foreign independent tribunal of the parties' contracted choice. It also requires Myanmar courts to enforce and recognize foreign arbitral awards which are generally supported by due process and not in opposition to the national interests or policies of Myanmar. ①

If a timely application is made, the Myanmar courts now have an obligation to refer matters to arbitration where parties to an action before the court are parties to an arbitration agreement, unless the agreement is legally unenforceable. In addition, the courts have the power to act in support of arbitration by issuing interim orders and taking and preserving evidence. This authority is restricted when the authorized parties to a dispute or the arbitral tribunal/institution have no authority or are not otherwise able to handle these interim duties effectively. The parties to a dispute, with the approval of the arbitral tribunal, may apply for court assistance in matters such as the taking of evidence. The domestic courts have the power to enforce interim orders issued by the arbitral tribunal. ②

While parties to international arbitration are free to agree on the choice of law and venue, as well as the procedural rules of the underlying arbitration, parties to domestic arbitration are restricted as to the application of law. Specifically, if the place of arbitration is in Myanmar, and the arbitration does not fall within the definition of international commercial arbitration, the tribunal would decide the dispute in accordance with Myanmar law. This essentially excludes domestic arbitrations from resolution under foreign laws. This may be a missed opportunity to guarantee equally independent arbitral proceedings for all parties in legal disputes, not just those involving foreign arbitration. ③

While a domestic or foreign arbitral tribunal has the right to make rulings on

① Myanmar Embraces International Commercial Arbitration, Legal News & Analysis-Asia Pacific-Myanmar-Dispute Resolution, http://www.conventuslaw.com/report/myanmar-embraces-international-commercial/#sthash.jSXAh3kn.dpuf, Accessed on 2 March, 2016.

② Ibid.

③ Ibid.

challenges to its jurisdiction, a party who is not content with the ruling may nonetheless appeal to the Myanmar courts on issues of jurisdiction. The Arbitration Law of 2016 allows any party to make a request to a Myanmar court within a certain time to decide on the jurisdiction of the tribunal, provided that a preliminary determination on jurisdiction has already been made by the tribunal. In this case, the arbitral tribunal may continue the proceedings and subsequently make an award during this period pending decision of the court. There are similar rights to seek court review of the arbitral tribunal's other interim orders. ①

The Arbitration Law of 2016 also provides a party with the right to petition the Myanmar court to set aside arbitral awards. To do this, the party has to prove that a court did not take into consideration certain procedural matters; the subject matter of the dispute is not capable of settlement by arbitration; or the arbitral award is in conflict with public policy. If a court is satisfied with the enforceability of the arbitral award, the award is deemed to be a decree of the court and fully enforceable. ②

International arbitration plays a key role in resolving cross-border commercial disputes. Parties choose international arbitration primarily because it enables the parties to have their disputes adjudicated without any involvement of domestic courts. It is clear that the supervisory role of domestic courts is necessary for the proper conduct of international arbitrations and to ensure that the arbitral process meets the standards of fairness. However, in recent times, the involvement of domestic courts in aid of effective arbitrations seems to be a growing concern since their involvement tends to hinder the arbitral process rather than protecting the same. In many cases, it is said that the supervisory powers are being misused by domestic courts especially in the Asian subcontinent.

The relationship between national courts and arbitral tribunals can be said as

---

① Myanmar Embraces International Commercial Arbitration, Legal News & Analysis-Asia Pacific-Myanmar-Dispute Resolution, http://www.conventuslaw.com/report/myanmar-embraces-international-commercial/#sthash.jSXAh3kn.dpuf, Accessed on 2 March, 2016.

② Ibid.

one of "partnership". However, it is not an equal partnership. Arbitration depends upon the agreement of parties. The arbitration system has to depend on the prescribed law to be effective both nationally and internationally. Domestic courts can exist without arbitration. Arbitral tribunal cannot exist without the domestic courts. The demarcation on where the dependence of arbitration on domestic court begins and where it ends is a material issue.

On 5 January 2016, Myanmar enacted the Arbitration Law which is a new legal regime that regulates the conduct of arbitration and enforcement of arbitral awards. One practical impact of this enactment is that foreign arbitral awards from more than 150 New York Convention member States may now be enforced in Myanmar. Additionally, the new Law requires the Courts in Myanmar to recognize generally an agreement by parties to arbitrate their disputes. The interpretation, application and developing court procedures to facilitate the same remain to be seen. Nevertheless, the enactment of new Arbitration Law may alleviate, to some extent, the concerns of foreign investors contemplating agreements with parties that have substantial assets in Myanmar. They can now more confidently provide in these agreements that disputes are to be resolved by way of arbitration in a neutral State. In such a case, the Myanmar courts are required to give effect to the arbitration agreement, and any eventual arbitral award would be enforceable in Myanmar, subject to the specific and limited exceptions under the new Arbitration Law. Anyhow, it can definitely be said that Myanmar is at a very infant stage of international commercial arbitration.

The future of China has a variety of separate arbitration systems for commercial and maritime dispute resolution. Arbitration between Chinese and foreign parties in economic and trade matters is available at the China International Economic and Trade Arbitration Commission (CIETAC), Beijing Arbitration Commission, Shanghai International Arbitration Center and other arbitration institutions in China.

The CIETAC Arbitration Rules have been amended several times over the past few years to accommodate the concerns of foreign parties and to accord more closely with international practice. Arbitration of disputes appears to be useful as an alternative to traditional mediation and the formality of the judicial system, because the system is not without its problems.

Despite the enactment of practice rules for arbitrators requiring fairness and impartiality, improper activities such as ex-parte contacts between arbitrators and appointing parties remain a problem. Bureaucratic politics are also evident, as Chinese courts often subject arbitral decisions to extensive review prior to enforcement. ①

China's performance in the context of anti-dumping cases origination in the United States and the European Union suggests a willingness to combine vigorous legal defenses with a general lack of cooperation in providing the evidence and information required by the process. The Chinese court system combined with the generally weak record of enforcement of judgments and arbitral awards, suggest that local performance on international standards on dispute resolution remains contested. ②

Chinese law certainly recognizes the validity of arbitration. However, while most of the requirements for a valid arbitration under Chinese law are similar to those found in the United Nations Commission on International Trade Law (UNCITRAL) Model Law on Arbitration, Chinese arbitration law differs from arbitration laws of most other countries in two critical respects: ③

- Under Chinese law, domestic disputes with no foreign element, including a dispute between a Chinese party and the Chinese subsidiary

---

① Assessing Treaty Performance In China: Trade and Human Rights, https://books.google.co.uk/books? isbn =0774825618, Pitman B. Potter-2014-Political Science, Accessed on 2 March, 2016.

② Ibid.

③ Henry (Litong) Chen, MWE China Law Offices and B. Ted Howes, McDermott, Will & Emery, The Enforcement of Foreign Arbitration Awards In China (© 2009 Bloomberg Finance L. P. All rights reserved. Originally published by Bloomberg Finance L. P in the Vol. 2, No. 6 edition of the Bloomberg Law Reports-Asia Pacific. Reprinted with permission. The views expressed herein are those of the authors and do not represent those of Bloomberg Finance L. P. Bloomberg Law Reports® is a registered trademark and service mark of Bloomberg Finance L. P.), Accessed on 2 March, 2016.

of a foreign party, must have their seat of arbitration inside mainland China; and

• When the place of arbitration is within mainland China, Chinese law requires that the arbitration be administered by a Chinese arbitration institution rather than an international arbitration institution.

As a result of the limitations that Chinese law imposes on arbitration, Chinese courts have considerably more discretion to "set aside" (or refuse to enforce) arbitral awards rendered inside mainland China. Unlike foreign arbitral awards rendered outside mainland China, which can only be set aside on very limited grounds set forth in the New York Convention, domestic arbitral awards can be set aside by the Chinese courts on the ground that the evidence for ascertaining facts was insufficient or that there was a clear error in the application of the law. Arbitral awards rendered inside mainland China can, in other words, be reversed by the Chinese courts much like a normal court appeal. This, in turn, makes any arbitration inside mainland China ultimately reliant on the views of the Chinese courts if the losing party chooses to challenge the concerned arbitral award. The fact that the local Chinese courts have less discretion to vacate a foreign arbitral award is a critical point for non-Chinese companies doing business in China. The local courts in China are still mostly financed by the local governments, and certain local Chinese governments have proved all too willing to interfere improperly in the judicial process with a view to obstructing enforcement. Thus, by agreeing that any dispute with a Chinese business will be arbitrated outside mainland China, a non-Chinese business should be able to avoid a Chinese court "re-deciding" a case already decided against the Chinese business. ①

① Henry (Litong) Chen, MWE China Law Offices and B. Ted Howes, McDermott, Will & Emery, The Enforcement of Foreign Arbitration Awards In China (© 2009 Bloomberg Finance L. P. All rights reserved. Originally published by Bloomberg Finance L. P in the Vol. 2, No. 6 edition of the Bloomberg Law Reports-Asia Pacific. Reprinted with permission. The views expressed herein are those of the authors and do not represent those of Bloomberg Finance L. P. Bloomberg Law Reports® is a registered trademark and service mark of Bloomberg Finance L. P.), Accessed on 2 March, 2016.

In conclusion, upon thorough observation of arbitration laws in both countries, it is found out that there are common legislative intentions to settle the commercial disputes peacefully and fairly. However, the forum or venue of international arbitration both in China and Myanmar seem to be much unfriendly for the international commercial businesses and investors. One surest thing is that the role of domestic courts takes their respective role more than that of the courts prescribed in international norms.

Definitely, china's experience in recognizing and enforcing foreign and domestic arbitration awards could be valuable to Myanmar to some extent, particularly in the respects of how to make efficient and enforceable arbitrative awards. Equally, there is hope that Myanmar will now be "in the vanguard" of the development of international arbitration law and practice and contribute equally to the emergence of a "global free-standing body of substantive arbitration law".

Based on comparison of between arbitration system in Myanmar and China, Myanmar should take into consideration the following points in their new arbitration law;

- To use both *ad hoc* and institutional arbitration.
- To bring the arbitration more in line with international standards.
- To include less stringent panel requirements, the power of arbitral tribunals to decide on their own jurisdiction, the system for selecting the chairman of an arbitral tribunal, the freedom of parties to choose the seat of the arbitration and the place of the hearing, and the discretion given to arbitral tribunals to decide whether arbitral or non-arbitral.
- To promote the practice of arbitration, facilitate the legislative process and further the process of adaptation.
- To uses the combination of arbitration with mediation (the "Med-Arb" System).
- To balance the grounds for cancellation of domestic awards and foreign-related awards.

• To take the arbitration proceedings concerns the investigation conducted by the tribunal itself.

• To grant multi-party and multi-contract disputes introduced a new proceeding for "consolidation of arbitrations".

• To establish the "pre-reporting" system among the people's courts in reviewing the effect of foreign-related arbitration agreements and arbitral awards.

• To establish arbitration institutions and need to build arbitration institutions.

Moreover, greater clarification is needed both in China and in Myanmar to ensure safe and open access to international arbitration administered by international institutions and to facilitate the enforcement of awards. Further reforms are needed to strengthen the independence of arbitration institutions, bring legislation closer to international standards, and allow fuller expression of autonomy of the party with regard to the issues on jurisdiction over arbitration, handling of jurisdictional challenges, and setting aside and enforcement of awards.

In Myanmar, only a few cases have been referred to arbitration in the past and the current practice is not yet seen. Most of the differences are concerned with Myanmar unique culture. In Myanmar, a time honored old saying as "let the graver offences be mitigated and the smaller ones be settled", and "let amity be ever-lasting and enmity be ephemeral". ①As an Asian country, Myanmar reserves and encourages the good attitudes the confrontation should always be avoided by kindness and compromise.

There are other obstacles in the case of the execution of arbitral award decided in Myanmar in the relevant foreign countries. The system of China has developed differently from the system in Myanmar. New York Convention is the

---

① Dr. MaungMaung, *supra* at p. 15 [EiEiKhin. "An Overview of Arbitration in Myanmar." The Journal of the Study of Modern Society and Culture, Niigata University 38 (2007): 291 – 311], Accessed on 10 March 2016.

most widely recognized convention for enforcement of arbitral awards and thus it could facilitate enforcement of awards in all contracting states. Furthermore, the UNCITRAL Model Law of 1985 provides for a code for resolving commercial disputes by means of arbitration with the aim of unification and harmonization of international common practices in an easily accessible form.

Myanmar's New Arbitration Law implicitly accede enforcement of foreign awards on the basis of the New York Convention. In large part, it is based on the UNCITRAL Model Law on International Commercial Arbitration of 1985. The Arbitration Law of 2016 provides foreign investors with the option to resolve commercial disputes before a domestic or foreign independent tribunal of the parties' contracted choice. Moreover, Myanmar Arbitration Law is a new one and it is processed to be used in the very near future. Now, Myanmar arbitration system is weak till. Then, it also requires Myanmar courts to enforce and recognize foreign arbitral awards which are generally supported by due process and not in opposition to the national interests or policies of Myanmar.

Definitely, China's experience in composition of arbitration commission and tribunal and other committees could be valuable to Myanmar to some extent, particularly in the respects of how to make efficient arbitrative institutions and method of formation, appointment, removal of arbitrators and defined qualities and exactly quantity of arbitrators. More specifically, the concerns for foreign in essence are the doubts of accountability in arbitration tribunals and court intervention towards arbitration.

It is recommended to build the institutional arbitration in Myanmar, which can increase the transparency and accountability of arbitration tribunals, the issue of procedure in particular. The institutional arbitrative body can introduce the requirements of arbitrators and supervise the arbitrators continually, in order to enhance the reasonableness and fairness of arbitral awards. On the other hand, reducing the court intervention focused on the independence of arbitrators and the impartiality of awards, which is required by international arbitration conventions, as well as expected by the parties to disputes.

The disputes arise from jurisdictions under civil law or a combination of civil and common law administration by an arbitration institute own rules and procedures in time and finally enforceable better than *ad hoc* arbitration awards. Myanmar has to change the system of *ad hoc* arbitration to institutional arbitration.

Enforcement of Mediated Settlement Agreement and Arbitral Award

—A Race for Efficiency

Cecilia Wong *

Ⅰ. Introduction

Hong Kong possesses a diverse and international commercial and financial environment that disputes are bound to be inevitably occurred. Since the Civil Justice Reform (CJR) was in effect in 2007, alternative dispute resolution (ADR), including Mediation and Arbitration are becoming an increasingly popular trend in settling commercial disputes which are opted by parties outside litigation procedures. The CJR set out underlying objectives of the reform in O. 1A, r. 1 of the Rules of High Court (Cap. 4A). The CJR aims at increasing costs effectiveness of civil proceedings, to facilitate settlement, to ensure fairness, to ensure cases be dealt with in a practical manner and with procedural economy. ADR provides an effective means to suit the objectives of CJR.

The reasons for their widely usage are attributed to its strict confidentiality of the proceedings, its efficiency in settling dispute compared to litigation procedures, and most importantly the finality nature of the arbitral award and mediated

---

* Cecilia Wong，吴建华律师行合伙人，香港和解中心调解员。

settlement agreement.

As parties enter into ADR procedures voluntarily, parties' adherence to the arbitral award and mediated settlement agreement is thus vital in truly settling the dispute. As a result, enforceability of both mediated settlement agreement and arbitral awards is the most important issue when we examine the effectiveness of Arbitration and Mediation procedures in resolving disputes.

Ⅱ. Enforcement of Mediated Settlement Agreement

Nature of a Mediated Settlement Agreement

A Mediated Settlement Agreement is a binding contract between both parties who have both autonomies to enter into and to decide the terms of the settlement itself. Under Sample Agreement to Mediate by Law Society of Hong Kong (the "*Sample Agreement*"), section 4. 1, it provides that a mediator should not impose an agreementupon the parties; the role of a mediator is a neutral facilitator between both parties to assist in developing settlement options and reaching their own agreement in balance of both parties' interests.

To enforce a settlement agreement, the starting point should be the Mediation Ordinance Cap. 620 which is the only statutory provision in Hong Kong governing mediation procedures. The statue specifies the nature of mediation as a "structured process" without the effect of adjudication of disputes but only assist parties to reach an agreement regarding the resolution of the dispute, [①] however, it is silent on the enforcement of the settlement agreement. Settlement agreement therefore is treated as a binding contractual agreement enforceable under Common law principle. As such, mediated settlement agreement is not legally binding unless such terms are incorporated into the agreement. The Sample Agreement to Mediate also suggests, under Section 8. 1 "Settlement of the Dispute", parties to "sign the agreement and make it binding... to the extent that the law may allow" or "the parties' lawyers shall be responsible for concluding binding terms of settlement

① Section 4 (1), Mediation Ordinance, Cap. 620.

between the parties".

Parties have a variety of options to formulate a settlement agreement and its terms, for example, binding terms can either be included in the memorandum of agreement, or the agreement to mediate can state that any agreement reached in mediation would not be binding unless reduced to writing and signed by both parties, or a provision in the agreement stating that parties should obtain independent legal advice and thereafter agree to be bound by the settlement agreement. The forms of the binding terms can vary but it will be in the best interest of both parties if the agreement specifies the parties' intention to be bound.

Enforcing Mediated Settlement Agreement as a Contract

In viewing a settlement agreement as a contract, oral settlement agreement is not recommended because of its uncertainty for parties' intention to be bound. The enforcement of an oral settlement agreement will be the same under the standard contract law principle. The validity of the oral contract will be recognized if the parties can persuade the court there was a meeting of minds as to all material terms and intention to be bound. A written settlement agreement is highly preferable as to avoid any subsequent dispute on this issue. It should be noted that parties should consider enforceability of mediated settlement agreement if one of the parties to the mediation is a foreign party or the settlement agreement needs to be enforced overseas. Any local procedural rules that may affect its enforceability should also be included as terms in the settlement agreement.

Governed by contract law principle, if one party subsequently does not honor the terms of the settlement agreement, fresh legal proceedings can be initiated to enforce the agreement. In Champion Concord Ltd. v. Lau Koon Foo (No. 1) [2011] HKEC 699, the general principle is that the non-defaulting party of the settlement agreement was to be left in a position where it started in most cases having a contract which it is trying to enforce. This case is a Hong Kong Court of Final Appeal case concerning the true construction of a mediated settlement agreement setting out amended terms for the sale and purchase of a village house in Sai Kung, it was held that none of the principles of construction relied upon would justify a liberal construction of the settlement agreement, and the invitation to adopt such an interpretation is an impermissible invitation to re-write the parties' contract, in other words, disputes over the construction of clauses in the mediated settlement agreement is to be interpreted according to plain wordings of the agreement. Agreeing with the Defendant counsel Mr. Scott, the court ruled that "the Settlement Agreement means what it means, no more or less". ①

Enforcing Mediated Settlement Agreement by way of Consent Order

Mediated settlement agreement can also be incorporated into a court order by consent. W v. W[1994]1 HKC 430, 437 is family mediation case concerning Mediated Settlement Agreement to settle custody of child and matrimonial asset after divorce, and parties agreed to the settlement terms of joint custody and maintenance payments by way of consent order specified in the agreement. ②Godfrey J, in the Court of Appeal confirmed that it would normally give effect to an agreement which is fairly arrived with the benefit of competent legal advice, unless there were good and substantial grounds for concluding that there was injustice done. He also referred to the case Edgar v. Edgar③to examine on what basis the court would conclude there are grounds for injustice, namely "undue pressure by one side, exploitation of a dominant position to secure an unreasonable advantage, inadequate knowledge, possibly bad legal advice, an important change of circumstances, unforeseen or overlooked at the time of reaching agreement". ④

Under Order 42, Rule 5A of the Rules of the High Court (Cap 4A), a Tomlin order can be pursued by parties if litigation proceedings have already commenced but parties would like to settle by way of mediation. By Tomlin Order all further proceedings in the consolidated action were stayed except for the purpose of

① Champion Concord Ltd. v. Lau Koon Foo (No. 1) [2011] HKEC 699, para. 34.

② W v. W[1994]1 HKC 430, 437, para. 9.

③ [1980]1 WLR 1410.

④ Ibid., at 1417.

carrying such order and the settlements terms will be contained the Tomlin Schedule. ①The settlement agreement signed by parties and the Tomlin Order with the Schedule thus form a final settlement agreement collectively and allows parties to apply to court to enforce the terms of the order, avoiding the need to start fresh proceedings. *Lam ChiMing v. Leung Hop Fook and others*[2013]*HKEC* 1786 is such a case where partiespursuant to the settlement agreement, a Tomlin Order based on the terms of the settlement agreement was signed and filed. The plaintiff commenced proceedings by reason of the breach of the Settlement agreement and demanded enforcement of the Tomlin Order. The court held that as the 2nd Defendant had been legally represented during the mediation process, there was no basis for her to dispute the Tomlin Order. ② Specific performance of the terms in the Tomlin Schedule was granted by the court in favour of the plaintiff.

If an arbitration proceedings have already commenced and parties wish to settle the matter by way of mediation, the mediator can also be granted the powers of an arbitrator for the purpose of preparing consent award which is a mediated settlement agreement agreed by the parties. A consent award is treated as arbitral award and is enforceable with the leave of the courts in the same way as a judgment of the courts. The mediator and the parties can agree for the purpose of settlement only the mediation is converted into arbitration so that the settlement can be recorded. ③

Ⅲ. Enforcement of Arbitral Awards

Arbitration Ordinance (Cap. 609)

Under the now repealed Arbitration Ordinance (Cap. 341), there were separate regimes for the conduct of domestic and international arbitrations in Hong Kong. The regime for domestic arbitration was largely based on the United Kingdom ("UK") arbitration legislation, while the regime for international

---

① Lam Chi Ming v. Leung Hop Fook and others[2013]HKEC 1786, para. 9.

② Ibid., at para. 24.

③ HK Mediation Handbook (2nd Edition) 10 - 035.

arbitration was based on the Model Law. In June 2011, a new Arbitration Ordinance (Cap. 609) has come into effect which reforms the arbitration law of Hong Kong by unifying the two legislative regimes for domestic and international arbitrations in one which is based on the Model Law on International Commercial Arbitration of the United Nations Commission on International Trade Law ("Model Law").

Enforcement of Arbitral award in Hong Kong will be based on Section 84 of Arbitration Ordinance. S 84 (1) provides that subject to section 26 (2), an award, whether made in or outside Hong Kong, in arbitral proceedings by an arbitral tribunal is enforceable in the same manner as a judgment of the Court that has the same effect, but only with the leave of the Court. If leave is granted under subsection (1), the Court may enter judgment in terms of the award.

To enforce the arbitral award in court as a judgement, parties should produce the duly authenticated original award or a duly certified copy of it, the original arbitration agreement or a duly certified of it and a translation of it if the award or agreement is not either or both in official language. ①

New York Convention

More than 150 states are members of the New York Convention. Arbitral awards made in Hong Kong can be enforced in all State parties to the New York Convention on the recognition and enforcement of Foreign Arbitral Awards. The New York Convention first become part of Hong Kong law in 1977, at that time since the United Kingdom exercised sovereignty over Hong Kong, UK membership of the convention was in effect extended to Hong Kong. In 1997, after the hand-over of Hong Kong to People's Republic of China (PRC), PRC notified the Secretary-General that the Convention with the reservation made by China will also apply to the Hong Kong.

Under Article Ⅲ of the New York Convention, each Contracting State shall

① Section 85, Arbitration Ordinance (Cap. 609).

recognize arbitral awards as binding and enforce them in accordance with the rules of procedure of the territory where the award is relied upon, under the conditions laid down in the its articles. There shall not be imposed substantially more onerous conditions or higher fees or charges on the recognition or enforcement of arbitral awards to which this Convention applies than are imposed on the recognition or enforcement of domestic arbitral awards. In other words, arbitral awards made in a state which is a party to the Convention (apart from China) are thus enforceable as Convention awards having the same effect and status as a domestic arbitral award in Hong Kong.

Rules to Set Aside Arbitral Awards

There are limited grounds on setting aside arbitral awards in both local statutory and Convention regime. Under Section 86 of the Arbitration Ordinance which incorporated Article 34 of the Model Law in Section 81 sets out very exclusivegrounds for refusal to enforce arbitral awards which replicates minor modification of Article V of the New York Convention, parties who would like to set aside must prove either of the following grounds:

(a) A party to the arbitration agreement was under some incapacity;

(b) Arbitration agreement was not valid under the law to which the parties subjected it; or under the law of the country where the award was made;

(c) The party making the application was not given proper notice of the appointment of an arbitrator or of the arbitral proceedings or was otherwise unable to present his case;

(d) The award deals with a dispute not contemplated by or not falling within the terms of the submission to arbitration, or contains decisions on matters beyond the scope of the submission to arbitration;

(e) The composition of the arbitral tribunal or the arbitral procedure was not in accordance with the agreement of the parties or the law of the country where the arbitration took place;

(f) The award has not yet become binding on the parties or has been set aside or suspended by a competent authority of the country in which, or under the law of which, it was made. ①

The challenge procedure over the arbitrator is set out under Section 26 incorporated Article 13 of the Model Law. Basically, the parties are free to agree on a procedure for challenging an arbitrator② or follow the procedure set out in subsection 3. If the court upholds the challenge, the court may also set aside the award. ③

Enforcement of an award may also be refused by the court if the award is in respect of a matter which is not capable of settlement by arbitration under the law of Hong Kong; or it would be contrary to public policy to enforce the award; or for any other reason the court considers it just to do so. ④This is considered to be the court's power to refuse enforcement and two cases will be illustrated below for its application.

i. Grand Pacific Holdings Ltd. v. Pacific China Holdings Ltd. (in liq) (No. 1) [2012] 4 HKLRD 1

The Plaintiff, GPH, commenced arbitration proceedings in Hong Kong against the PCH to recover a debt of US $40 million plus interest under a loan agreement. After numerous interlocutory applications and rulings, the arbitral tribunal made its final award in favour of GPH on 24 August 2009, ordering PCH to pay US $55,176,170.48 with interest at 5% pa from 1 June 2009. On 8 March 2010, PCH applied to the Court of First Instance to set aside that award. PCH applied to set aside the award invoking UNCITRAL Model Law Article 34 (2) (a) (ii) non proper notice of appointment of arbitrator or arbitral proceedings and (iv) composition of the arbitral tribunal or the arbitral procedure was not in accordance with the agreement of the parties. The application succeeded but the

---

① Section 86 (1), Arbitration Ordinance (Cap. 609).

② Section 26 (1), Arbitration Ordinance (Cap. 609).

③ Section 26 (5), Arbitration Ordinance (Cap. 609).

④ Section 86 (2), Arbitration Ordinance (Cap. 609).

Court of Appeal (CA) allowed GPH's appeal and restored the award. PCH applied for leave to appeal to the Court of Final Appeal, which was dismissed and CA's decision was reaffirmed.

The court has been clear to the scope of the court's power in setting aside the award. The Court will only concern with "the structural integrity of the arbitration proceedings" and the remedy of setting aside is not an appeal to the outcome of the arbitral award itself, therefore the Court will not address itself to the substantive merits of the dispute, or to the correctness of the award, whether concerning errors of fact or law. It will address itself only to the form and process of the arbitration proceedings.

CA dismissed the appeal on the basis that the rulings complained of were made by the tribunal in the proper exercise of its procedural and case management discretions and the award reflected its assessment of the requirements of procedural fairness as appropriate to the circumstances, thus, there was no basis for interference by the Court to set aside the arbitral award.

The obiter discussion by the CA also shed light on when the court will interfere to set aside an arbitral award. The Court was of the view that even if there was a breach of Model Law, the court might refuse to set aside the award if it was satisfied that the tribunal could not have reached a different conclusion. The threshold in satisfying a violation of Art. 18 of the Model Law was high as only a sufficiently serious error might be regarded as one that undermined due process and the court in exercising its discretion will depend on its view of the seriousness of the breach. For example, the court will consider whether the party resisting enforcement of the arbitral award had been prejudiced or not, or whether the error was material one, an error should be one that was not material to the outcome and not a merely trivial or non-serious error.

One should also pay attention to the costs a party should pay upon an unsuccessful application in setting aside or resisting enforcement of the arbitral award since in the absence of special circumstances, the court would normally order costs on an indemnity basis. In this case, the court held that to order cost on an indemnity basis for unsuccessful application was neither wrong in principle nor an abrogation of the court's discretion as to costs under O. 62 r. 5 (1) of the Rules of the High Court (Cap. 4A, Sub. Leg.), which took account of Civil Justice Reform and its underlying objectives, namely that indemnity costs could be awarded "to ensure fairness between the parties". The court may be more ready to consider this as appropriate under CJR. Further, the fact that the challenge was reasonably arguable was not a special circumstance. ①The Plaintiff successfully appeal against the decision of CFI in setting aside the award thus allowed to have the costs of the appeal be taxed on an indemnity basis.

ii. A v. R (Arbitration: Enforcement) [2009] 3 HKLRD 389

Plaintiff, a Danish company, brought arbitration proceedings in Denmark against the Defendant, a Hong Kong company for breach of an agreement. The contract between parties had a clause that the party in breach shall indemnify the other party US $ 1million in addition to any damage the winning party may have under law. Defendant applied to Court in Hong Kong to set aside enforcement of the arbitral award as penalty clause was not allowed in HK or Danish law, invoking the ground of setting aside the award based on violation of public policy. The court dismissed Defendant's application and ordered for enforcement of the award and costs to Plaintiff on indemnity basis.

This case provided guidance on the scope of invoking public policy ground in objection to enforcement under s. 86 (2) of the Arbitration Ordinance. The court held that public policy objection to enforcement under s. 44 (3) of the Arbitration Ordinance (Cap. 341) was a narrow ground and should only be applied where the consequence of enforcing an award would be to "violate the most basic notions of morality and justice".

Although the case was ruling based on the old Arbitration Ordinance which is now replaced by Arbitration Ordinance (Cap. 609), they share the same section of

---

① Grand Pacific Holdings Ltd. v. Pacific China Holdings Ltd. (in liq) (No. 1) [2012] 4 HKLRD 1, para. 569.

public policy. The principle for invoking public ground is that the court must be vigilant that the public policy objection was not abused to obtain for the losing party a second chance at arguing a case, which would undermine the efficacy of the parties' agreement to pursue arbitration and would not be conducive to the public good.

In enforcing a foreign arbitral award, the court must be even more careful as Hong Kong court is an enforcing court but not the supervisory court. The court in the same case held that since the penalty clause argument had neither been raised in the arbitration nor before the Danish Court, the enforcing court (Hong Kong) should not, in the guise of applying public policy usurp that exclusive supervisory jurisdiction and in effect itself supervise the supervising court.

A v. R also explained the reason for an indemnity cost upon unsuccessfulapplication. Since applications by a party to appeal against or set aside an award or for an order refusing enforcement should be exceptional events, where a party unsuccessfully makes such application, he should in principle expect to have to pay costs on a higher basis and to prevent parties to have an attitude for a "worth a go" high-risk strategy. As according to CJR and O. 1A r. 3 of the Rules of the High Court, there should be a duty to assist the court in the just, cost-effective and efficient resolution of a dispute.

Mutual enforcement of Arbitral awards between Hong Kong and China

Before 1997, the enforcement of arbitral awards between the China and Hong Kong was carried out by way of the New York Convention on the Recognition and Enforcement of Foreign Arbitral Awards. The convention ceased to apply between Hong Kong and China once Hong Kong became a Special Administrative Region in 1997. As Hong Kong and China have different judicial system, it requires new agreement to enforce the arbitral awards.

An agreement, "Arrangement Concerning Mutual Enforcement of Arbitral Awards between the Mainland and the HKSAR", for mutual recognition and enforcement of arbitration awards between Hong Kong and Mainland China was signed on 21 June 1999 and came into effect in 1999 after the handover. Sections 92 to 98 of the Arbitration Ordinance allows the enforcement of Mainland arbitral awards in Hong Kong, and the "Announcement of Arrangement of the Supreme People's Court on Reciprocal Enforcement of Arbitration Awards between the Mainland and the Hong Kong Special Administrative Region" allows the Arrangement into effect in the Mainland on 1 February 2000 in accordance with Art. 95 of the Basic Law which stipulates that HKSAR may, through consultations and in accordance with law, maintain juridical relations with the judicial organs of other parts of the country, and they may render assistance to each other.

As a result, HKSAR agrees to enforce arbitral awards made pursuant to the Arbitration Law of PRC and PRC also agrees to enforce arbitral awards made in HKSAR pursuant to Arbitration Ordinance. However, the award may be refused if PRC courts hold that such award would be contrary to public interests of PRC but it does not weaken the advantages of having arbitration in Hong Kong as overseas awards can also be refused by PRC on the same ground.

Ⅳ. Conclusion

Both Mediated Settlement Agreement and Arbitral Award can be effectively enforced in Hong Kong. While mediation procedure gives parties more room to discuss and come up with creative solutions to the dispute, arbitral award is granted by arbitrator without parties' involvement in the decision making process.

Subject to such difference in the purpose and nature of mediation and arbitration procedure, although there is no statutory mechanism in enforcing a mediated settlement agreement, its voluntary nature enables parties to be more willing to be bound and a settlement agreement is effective worldwide subject to local law & procedural requirements of the enforcing country. The UNCITRAL in fact is now preparing an instrument on enforcement rules and procedures on international commercial settlements agreements to enhance the enforceability of mediated settlement agreements worldwide. [1]

Arbitral award is enforced pursuant to a statutory regime for domestic award and the New York Convention for foreign award. Its enforcement thus relied more on the Hong Kong court's willingness to enforce it as a judgement and the court also discourage parties to challenge the award by way of indemnity costs charged against the defaulting party had he or she fails.

The distinct nature and purpose of Mediation and Arbitration thus attract parties with different concerns and desires in mind on the way they want to settle the dispute. They are both indispensable and in a way complement each other to cater to the different needs in the commercial environment of Hong Kong, thanks to such availability of alternative dispute resolutions and its effectiveness of enforcement, Hong Kong is able to maintain its competitiveness in attracting diverse foreign investments and commercial opportunities.

① International commercial conciliation: preparation of an instrument on enforcement of international commercial settlement agreements resulting from conciliation, UNCITRAL working group Ⅱ, 12 – 23 September 2016.

图书在版编目(CIP)数据

上海国际仲裁评论. 2018年卷/上海国际经济贸易仲裁委员会(上海国际仲裁中心)主办. -- 北京:法律出版社,2018
ISBN 978-7-5197-2797-0

Ⅰ. ①上… Ⅱ. ①上… Ⅲ. ①国际仲裁-研究 Ⅳ. ①D994

中国版本图书馆CIP数据核字(2018)第240674号

上海国际仲裁评论
(2018年卷)
SHANGHAI GUOJI ZHONGCAI PINGLUN
(2018 NIAN JUAN)

上海国际经济贸易仲裁委员会
(上海国际仲裁中心) 主办

策划编辑 田 浩
责任编辑 田 浩
装帧设计 鲍龙卉

出版 法律出版社
总发行 中国法律图书有限公司
经销 新华书店
印刷 固安华明印业有限公司
责任校对 王晓萍
责任印制 胡晓雅

编辑统筹 法商分社
开本 720毫米×960毫米 1/16
印张 13.75
字数 181千
版本 2018年10月第1版
印次 2018年10月第1次印刷

法律出版社/北京市丰台区莲花池西里7号(100073)
网址/www.lawpress.com.cn
投稿邮箱/info@lawpress.com.cn
举报维权邮箱/jbwq@lawpress.com.cn
销售热线/010-83938336
编辑电话/010-83938130

中国法律图书有限公司/北京市丰台区莲花池西里7号(100073)
全国各地中法图分、子公司销售电话:
统一销售客服/400-660-6393
第一法律书店/010-83938334/8335 西安分公司/029-85330678 重庆分公司/023-67453036
上海分公司/021-62071639/1636 深圳分公司/0755-83072995

书号:ISBN 978-7-5197-2797-0 定价:70.00元
(如有缺页或倒装,中国法律图书有限公司负责退换)